書影蘊椒

朱海明版本收藏鉴赏录

朱海明 著

苏州大学出版社

图书在版编目(CIP)数据

书影苏州:朱海明版本收藏鉴赏录/朱海明著.—苏州:苏州大学出版社,2011.3
ISBN 978-7-81137-675-3

Ⅰ.①书… Ⅱ.①朱… Ⅲ.①书影—收藏—中国 Ⅳ.①G894

中国版本图书馆 CIP 数据核字(2011)第 044791 号

书影苏州:朱海明版本收藏鉴赏录

朱海明 著

责任编辑 倪浩文

苏州大学出版社出版发行
(地址:苏州市十梓街1号 邮编:215006)
苏州市大元印务有限公司印装
(地址:苏州市三香路998号 邮编:215000)

开本 700 mm×1 000 mm 1/16 印张 20.75 字数 325 千字
2011年3月第1版 2011年3月第1次印刷
ISBN 978-7-81137-675-3 定价:88.00元

苏州大学版图书若有印装错误,本社负责调换
苏州大学出版社营销部 电话:0512-65225020
苏州大学出版社网址 http://www.sudapress.com

序一

提起苏州，人们联想得更多的也许是小桥流水、吴侬软语、古典园林等，而隐藏在这些情景背后的这座城市悠久的历史和博大精深的吴文化，到底又有多少为人所知呢？

苏州是吴文化的发源地、江南文化中心，历代人文荟萃，又是仕宦退隐之邦，著述宏富，雄冠东南，他们的著作及典籍和艺术作品是吴文化的典型代表。苏州自伍子胥在两千五百多年前"相土尝水、象天法地"建城以来，历代文人雅士、专家学者的作品可说是浩如烟海。就《苏州民国艺文志》记载，苏州仅民国期间文人学士就达九千一百八十七人，著录著作达三万余种。该书编著者许培基是年七十九岁，以人系书，人必详其传略，书必究其版本源流、存佚及收藏单位。作者在序中言：曾发愿续撰民国部分，终因年老力不从心而不能如愿。苏州历代至今到底问世过多少典藏和作品？未见著录的有多少？恐怕谁也无法统计出一个准确数字。遗憾的是，许多著录在案的，仅是书目，原版早已消失。

人类书写物质的载体，从早期的结绳记事，到上古时期的甲骨文、竹简，到中世纪纸质的出现；从木刻线装唯一的形式，到近代印刷术传入我国，再到光绪末年的石印铅印，再到现在电子纸质出现，每一次重大物质载体的诞生，都伴随着文化的变革。苏州历史上还是刻书藏书之地。唐以前，书籍的流传多赖手抄。唐太和九年（835），苏州一带已有民间刻印的历书。宋元以后，苏州各地官府、郡学、书院以及寺庙相继刻书。据《江苏刻书》记载，明代苏州刻书，官刻有九家：苏州府、府学、吴县、长洲县、昆山县、常熟县、吴江县、吴江县学、太仓州；坊刻有金阊书林等四十家；私刻二百二十家（人）：冠名吴郡、苏州的十一家，吴县五十九家，长州二十八家，常熟六十三家，昆山二十二家，吴江二十一家，太仓十六家。“凡刻之地有三：吴也、越也、闽也。”苏州以刻书最精闻名天下。清末至民国时期，苏州文学山房闻名全国书坊。除刻书以外，全国清代藏书家一千九百七十人，大多属江浙地区，而苏州是历代藏书家最为密集之地，藏书家为全国首位。从全国范围来看，据李玉安、陈传艺编撰的《中国藏书家辞典》，收载明代藏书家二百零三人，苏州有六十六人，占全国的百分之三十二点五一。据梁战、郭群一编著的《历代藏书家辞典》记载，苏州共有藏书家五百七十六人。明代，以长洲顾元庆大石山房和常熟毛晋汲古阁最负盛名；清代，以长洲黄丕烈士礼居、昆山徐乾学传是楼、常熟钱谦益绛云楼、常熟钱曾述古堂和瞿绍基铁琴铜剑楼而闻名。此外，还有历经数代聚书至三十万卷的吴县潘氏，以及历经四代书香不绝的吴县木渎东街的吴氏。东山席氏也为吴中望族，藏书甚富。元和顾氏藏书可追溯到顾文彬所建过云楼，祖孙四代以藏名贵书画著称。常熟的翁氏家族是晚清望族，科第出众，翁同书、翁同龢为第二代，建有藏书楼双桂轩、柏古轩，子孙谨守，历久不散。还有清末藏书家叶昌炽等都是苏州名气令人如雷贯耳的藏家。苏州钟灵毓秀，书香门第、文化世家甚多，经济富庶，藏书读书成为风俗，富家有万卷，寒俭之家藏书也是琳琅满目，贫贱之家有几百册图书也并不为奇。在这种文化风尚下，苏州历代状元的数量也为全国之最，苏州状元数占全国状元总数的百分之二十二点八一。

值得说明的是，我国私家藏书自宋至清进入雕版印刷是与手抄并举的。手抄之兴盛在明代，藏书家抄书成风，或自抄，或雇抄，以便广聚图书，扩大珍本流传，并且被视为读书一法，出现了许多精抄本。叶德辉《书林清话》列举明代抄本“最为藏本家所秘宝”的有几十家，很多出自苏州。抄本自为藏书事业作出了很大贡献，但存世者寥寥。

最具崇文，耕读传家，自是苏州。攻读应试，创立学派，著书立说，篆刻作画，舞台演艺，搜罗古籍，苏州自古嗜学成风，代不乏人，但存世者少，或毁于战火，或被他国劫去，或在“文革”中被烧毁。日寇侵华时曾觊觎苏州市图书馆馆藏，幸亏馆长蒋吟秋把古籍秘藏东山和西山二处，才幸免于难，但因馆舍被日军侵占，图书、木刻书版损失惨重，抗战胜利后清点，图书损失两千零三十八种，一万两千八百册，报刊全毁。苏州下属各县及其他机构，还有民间古籍文献书刊损失巨大，自不用说。

人类物质文明留下的遗迹我们可以见证，但精神有它的残留物吗？苏州一向注重乡邦文献、金石书画之收藏，民国二十六年(1937)2月20日至3月2日在可园举行的“吴中文献展览”，便是一次精神的考古，是精神文物的展览。此次展览汇吴中文物精华之大成，开吴中文物展览之先河，盛况空前。总计展出文物典籍四千余目，约六千余件，分十四室陈列。其中第二室为图书典籍，有卷帙浩繁的苏州及所属各县历代编修的志书。第三室为先贤著述，分稿本、刻本、批校本、手抄本四类，内不乏宋元刻本和明清善本、孤本。以上二室吴中各家珍秘一览无余。第五室为版本书影，可见吴中刻书之概况。第十四室为潘氏文献。彭、宋、潘、韩为吴中四望族。潘世恩一族文采弗替，所藏最富，专列一室以见其盛。参与征集和展览的各界知名人士、专家学者一百八十余人，苏州各大藏家鼎力相助。可惜这七十多年前盛极一时的吴中文献展览已成绝唱。

有人曾定论，藏书楼的光荣历史和功绩永远留在人们记忆中了。十分欣喜的是，朱海明先生已搜罗古籍及民国版本上万本(册)，应该说，对当今时代来说，这个数字是惊人的。海明先生不但广为搜求，而且研究整理，今著成《书影苏州》，不但有益社会，更能使这份遗产流传。苏州是常创造奇迹的城市，纸香墨润，诗兴文采更是如此，这是苏州人文底蕴所在，是千年不泯的人文魅力所在。

历史上中国的知识分子常在“研究学术”和“忧时济世”两者之间作两难选择，如今我们遇到的新问题是诱惑太多，名和利使得一些人心气浮躁，很难静下心来用功。海明先生非专业出身，在经营传媒公司的同时不舍昼夜，藏书做学问，其精神着实可贵，让我感受到了一句话：“这一代人还是有些信仰的。”书话作品，诞生于20世纪40年代，引起读者注意，还是在五六十年代。当时的书话作家，只有唐弢、阿英、赵家璧、钱君匋等有限的几位，成书的只有唐弢《书话》一种。近几年，书话类、民国版本类书籍是出版的一大热点，也产生了一批有影响的专家和学者，但据我所知，以地域性作专项图例实录的论著至今还没有。有些书话类专著质量不是太高，其原因并不是作者文采欠佳或研究不深，而是缺乏图例实证，想必作者未曾拥有旧版本，求证释义存在一定的局限性。《书影苏州》的可贵之处在于以书影版本为“抓手”。海明先生以家藏作“鉴赏录”，这些苏州历史上的文化标本,对苏州文献版本学有求证之例的帮助,还能使读者触摸苏州历史文化底蕴和品格,认识和理解苏州文化背景和襟怀。可以说,这是一本既具有学术价值,又是别有会心的读物。

江苏省作家协会主席、党组书记
中国作协全委会委员
全国政协委员
苏州市文联主席
范小青

2010年11月10日

序 二

海明先生的学术专著《书影苏州——朱海明版本收藏鉴赏录》（以下简称《书影苏州》）付梓出版了，此实乃可庆可贺之事！

海明先生是与我相交甚笃的老友。他有着丰富的人生历练：多年的军旅生活，砥砺他的心志，奠定了他人生发展的基石；十余载的广电事业，激发了他的生命潜能，使他的人格不断臻于完善；而他在自己创办的传媒公司的打拼，又进一步磨炼了他的意志，造就了他发奋自励、坚定自信的刚毅性格，升华了他的人生境界。先前，海明先生惠赐的《我也是海》、《为奋斗而歌》两书，既彰显了他睿智的眼光和敏捷的才思，又形象地体现了他人生发展的不凡历程。

哲人云："天行健，君子以自强不息。""终有着一颗上进之心"的海明先生并不满足于自己业已取得的成果。近几年来，他不甘寂寞，竟做起了与深不见底的古籍版本学相关的功课，这似乎有点令人匪夷所思，但这也事出必然。长期以来，海明先生对中国古代文化，尤其是苏州地域文化怀有一种特殊的情愫。可以这么说，海明是中国古代文化遗产的极为虔诚的守护者。走到他的家里，你似乎到了一个小型的图书馆，这里有他费尽心力和财力通过各种渠道收购而来的历史珍贵文献。在这里，你可以深深地感受到浓浓的文化书卷气息。如果你是一位收藏家，一定会为他这种大规模的收藏而惊羡万分。

然而，海明先生并不是一般的收藏家。他不断利用得天独厚的客观条件，在历史的天空中穿行，在文化的宝库中徜徉，在学术的大海中拼搏。他是既"藏"又"述"，既

"述"又"作"的。近几年中,他心无旁骛,废寝忘食,沉浸醲郁,含英咀华,进入到了研磨深悟、愈往而不知其穷的美好境界。终于,他的研究成果《书影苏州》正式面世了。

在《书影苏州·自序》中,海明先生谦称其《书影苏州》为"藏而为学的小小成果"。其实不然,《书影苏州》对苏州历史地域文化的发掘和研究具有极大的学术价值。

《书影苏州》收文近九十篇。有的是对古代典籍的精要介绍,有的是对特定作品的客观评说,也有对古籍所涉人物和事件的臧否,形式多样,不拘一格。但海明先生能始终不渝地恪守一个原则,那就是尊重历史,尊重文化,以历史唯物主义的观点,客观公正地还历史以本来面目。诚如作者所说:"我们无力改写历史,但我们要尽可能恢复历史的记忆。"如《柳亚子与〈怀旧集〉》一文,将柳老先生一生从多个角度作了客观的评说:柳老先生一生的最大成就、投身新文化运动的重大举措、参与的政治活动、文学主张以及对文学的主要贡献,作者娓娓道来,客观真切,其中涉及其搜集乡邦文献方面的贡献,更是如数家珍。作者尊重历史、推崇前贤的创作原则在此得到了充分的体现。

作者对苏州历史文化具有特殊的"情结"。他"静轩寻书追古贤,莽野觅路溯物源",苦心搜罗多年,已获古籍及民国版本一万余册(件),其中许多版本为图书馆所不存。因此,《书影苏州》中所涉及的某些古籍和民国版本更显得弥足珍贵。如书中介绍的流传极少的《庚申噩梦记》、方枕云的《枕云山斋遗集》、一位苦命男儿的诗文集《柳波舫集》等,弥补了苏州地域文化研究的缺憾,丰富了苏州历史文化的内涵。可以毫不夸张地说,作者对苏州地域历史文化所作的某些开拓性的研究,其学术价值绝不可小觑。

更为难能可贵的是,作者对历史典籍的相关人物、事件的评说,并不囿于成说,拘于定论。作者充分利用自己占有的丰富独特的资源,对某些问题发表了自己的独特之见。如《哈佛大学的〈沧浪小志〉是康熙刻本吗?》一文,对著名学者沈津之说提出了质疑。作者从康熙刻本的特征、简单的复制常识等角度否定了成说,并进一步用自己掌握的光绪年间的翻刻本作比对,进一步证实了《沧浪小志》并非康熙刻本的结论。在《书影苏州》中,这种执本求原的考证并不鲜见,而且,作者的每次考证均能言之有理,持之有效。这充分体现了海明先生作为学人缜密、严谨的治学态度和求真、务实的科学精神。

《书影苏州》大多是介绍和评说苏州地域历史典籍的。其中,对典籍中所涉及的文学作家和作品,海明先生慧眼独具,往往能用精当的语言作出恰如其分的评论。诸如:

俞平伯的散文创作经历了由繁缛到素朴的发展过程。初始抒情细致委婉,词义深入曲折,描写缜密漂亮。

——《俞平伯的新文学善本〈燕知草〉》

当然,我们不能简单或单纯地以鸳鸯蝴蝶派来定位周瘦鹃。除哀情小说外,他还创作了许多爱国小说、伦理小说、社会小说。应该让人敬重的是他深深的爱国心。

——《周瘦鹃的〈紫罗兰〉情缘》

一个人只有具备了品德这个基础,才能获得做人的自信;一个民族,一个国家,只有具备了内在的品格和精神,才能保持从容和独立。

——《扬情抗理的〈联芳楼记〉》

这些议论性文字,真是可圈可点。作者对文学内容、形式以及艺术表现手法所作的论说,切中肯綮,十分精彩,令读者如被清风霁月,豁然顿悟。

拜读《书影苏州》,收获颇丰。它可以让我们品尝到苏州历史文化甘甜的滋味,可以让我们领略到苏州历史文化美好的景观,可以让我们倾听到苏州历史文化不绝的回音!谢谢海明,他让我们享用了不可多得的丰盛的精神文化的大餐。

海明先生正值盛年,在诸多方面,特别是对苏州历史古籍的研究方面已作出如许成绩,实为不易。期盼海明先生能以"长风破浪会有时"的豪情壮志,在自己从事的领域里,摘取更为丰硕的研究成果。

谨为序。

江苏省语文特级教师
江苏省首批教授级高级教师　李建邡
苏州大学硕士研究生导师
2010年11月4日下午于木渎寓所

自序

苏州各类图书馆及民间如今到底有多少古籍文献？至1985年，苏州九所大学、十所职工大学、二十九所普通中学、二十三所中专和职中以及市级机关企业单位七百六十多个图书馆（室），累计藏书六百四十余万册，而作为善本上报的古籍也仅有一千四百一十一部、三千八百二十九册。

近几年来，苏州曾举办多次藏书家评选，所评选出的藏书家，无一不是当代新书的藏书家，藏书量一般在万册左右。当然，不同年代的藏书家有不同的标准。要求当代藏书家以明清古籍、民国版本为标准，似是强求。

甚幸，笔者搜罗数年，已获古籍及民国版本一万余册（件）。主要专业方向：清代古籍、民国新文学版本、手稿抄本、民国期刊、日军侵华时日军所出期刊及画册。其中按专项已形成鲜明的收藏特色，如民国才女的版本、有关作家的专题收藏、日本侵华期间自印的期刊及写真集、民国新文学版本。同时，笔者不遗余力地致力于苏州乡邦文献的收藏。按质量及数量，民国新文学版本的收藏在全国可名列前几位是不容置疑的。

若问我，长期搞的是广告经营主业，业余喜文学创作，哪有时间收藏？其实，道理很简单。心怀热爱之心，见缝插针，乐此不疲。从时间上来说，由于不是整块时间，也不费多少精力和时间。一是每周到苏州三香路、苏福路废旧商品市场中的旧书摊去一次（现在很少能淘到了）。二是建立一个网络，苏州有苏北的一批人长期住在苏州走家串户收罗古旧书，一旦有获，必电于我，或送上门，或晚上我上门遍访(其实,这一做法最具实效性)。三是委托外地书友收罗。四是出差外地必寻访当地旧书市场。五是雅兴来时网上参与拍卖。长期以来,有心坚持,不知不觉,数量已颇可观。

从家藏本中选取部分编著这部《书影苏州》,以苏州市区为主,旁及苏州下辖县市及寓居苏州人士之著作择要编列,也择入历史上与苏州相关联的重要的人和事的著述文献,试图证明苏州的文化基因及人文之盛及历史印记,是本书编著的构想。这一构想基于两层考虑:一是历史上对苏州文化名人的记录,仅有两种体例——汇编式的著述目录及志书中艺文志类目。此外,散见于作家们书话之中的线索,既可满足目录版本学搜捡考证之需,还具雅俗共赏通俗性,为常人能读得下,能让人们重新看到我们苏州先贤大师们的作品的本来面目和印记,唤起人们的回忆。采用图文并茂形式是本书一个特色。在开掘撰写整理过程中,由于本人占有资料,因而使之能把当时社会、出版机构和作品及与作者发生的故事结合起来,同时还尽可能按照前辈唐弢先生在20世纪70年代提出的观点去做,即"书话的散文因素需要包括一点事实,一点掌故,一点观点,一点抒情的气息;它给人以知识,也给人以艺术的享受"。第二个考虑是,试图通过书影,勾勒出当时苏州的政治环境、经济基础、文化素质、技术水平、人才及社会风气等,尽管这是粗线条的,但由此可感悟到历史上苏州的民众情感、文化意识以及精神世界觉醒、变化的心路历程,包容及儒雅的文化襟怀。我们无力改写历史,但我们要尽可能恢复历史的记忆,尽管这是零散片段的搜集和整理,但这种积累是很重要的。书香情醇润千年。通过书影和书,以达"窥一斑而知全豹"之功效。

书中的一些版本为图书馆所不存,有些版本即使有,也是凤毛麟角,因此更显珍贵。有些民国版本,更显物以稀为贵。有一段时间,民国版本受人轻视,谁认为民国书作版本,要被人当笑话,在学术界看来,版本似乎只有线装雕版才有资格论道。殊不知,铅印时代如果不论版本,中国的文化岂不断层?曾记得一次笔者在一家废品收购站,两大麻袋竟都是民国书的封面,哀哉!叹也!这"杰作"自是出自图书馆,为了便于登记造册,把封面撕下扔掉,然后糊上土黄的纸作书衣,再写上编号。殊不知,书籍失去了最重要的元素,就是实质性的"废物"。近几年来,专家学者们恍然大悟,民国书成重要版本已成共识,但已晚矣。民国版本稀少还有一个原因是政治的因素，在1912年至1949年的民国时期，一本书销量达几千册便已是畅销书了，因此一般印数很少。新中国成立后，历次政治运动，特别是“文革”时期，民国时代的东西都被扫进了历史垃圾堆，或焚烧，或运到造纸厂化浆，恐没有一户人家敢保存的，由此遗存下来更少。

本书的图录是苏州文化的拾遗补缺，文章则是抛砖引玉。先贤前辈的作品卷帙浩繁，国内外图书馆藏本及民间遗存无法统计，一般难见其容；本书以史料文章为主，虽单纯，攻其一点不及其余，不如具有系统性特点的学术论著价值高，但倘若能让读者感受到苏州的历史沧桑，能找到阅读乐趣；或具文化传承之义，或有学习检索之便；对研究书籍装帧发展脉络和艺术有直观之要，对出版印刷源流有参考之需，对藏者具实用功能，乃是作者之最大欣慰。

2010年10月31日凌晨于苏州东吴花园

目录

苏州为吴文化的发源地、江南文化中心，历代先贤著述宏富，雄冠东南。苏州历史上还是刻书藏书之地，唐太和九年（835）苏州已有民间刻印的历书。宋元以后，苏州各地官府、郡学、书院、寺庙相继刻书。据《江苏刻书》记载，明代苏州刻书，官刻有九家，坊刻有四十家，私刻两百家（人）。“凡刻之地有三：吴也、越也、闽也。”苏州刻书以最精闻名天下。然而历经一次又一次文化大浩劫及他国抢掠，遗存稀见。保护苏州古籍，就是保护苏州文化，因为这是苏州文化内在的品格与精神。

顾嗣立十七册康熙初集《元诗选》

清朝康熙年间，苏州曾有一位闻名全国并被誉为“诗仙”的人。他叫顾嗣立，是明末吴中名士顾予咸之子，家住史家巷。

顾嗣立（1665—1722），字侠君。《元诗选》为清代顾嗣立所编有元一代的诗歌总集。元代立国时间虽短，但文学创作十分繁荣，尤其是诗歌作品，其质量与数量都超越前代。元诗的选编工作，早在元代当时就有人做了，如傅习、孙存吾的《皇元风雅》即选了一百多人的诗作。到了明代，偶桓《乾坤清气集》、孙原理《元音》、宋绪《元诗体要》、李蓘《元艺圃集》等相继问世。但以上各书，或收录范围较窄，或每家收诗至多三四十首，都很难反映元代诗歌的全貌。

笔者藏本《元诗选》初集，共十七册，据考证，这是原刊的册数，有拍卖行初编达几十册之多，这实是藏者在修书过程中重新装订所致。

《元诗选》是元代诗歌的总集。除初集外，还有二集、三集及癸集。

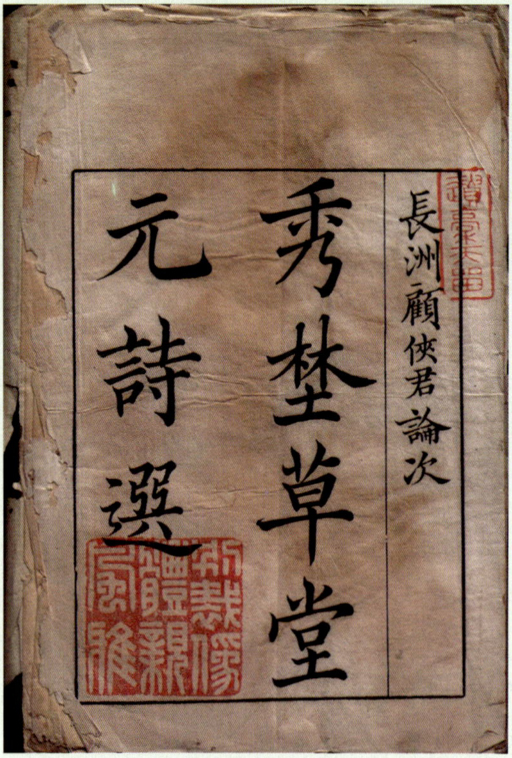

16.8 cm×25.3 cm

中华书局重新出版的《元诗集》初集1987年1月版的出版说明中称：

顾嗣立，江苏长洲（现苏州）人，博学工诗，曾被召入京分纂宋、金、元、明四代诗选及《皇舆全览》等书；康熙五十一年（1712）会试，特赐进士，改翰林院庶吉士，后以散馆改授知县，移疾而归。顾氏年轻时即留意元人诗集，着手选编《元诗选》。康熙三十二年（1693），顾氏二十八岁时已将初集一百家（并附一百十六家）编成，并在次年由顾氏的秀野草堂刊行。是书的二集（并附一百零

長洲　顧　嗣立　俠君　集

文宗皇帝

自集慶路入正大統途中偶吟

穿了氁衫便著鞭一鉤殘月栁梢邊二三點露滴如雨六七个星猶在天犬吠竹籬人過語雞鳴茅店客驚眠須臾捧出扶桑日七十二峯都在前

望九華

昔年曾見九華圖爲問江南有也無今日五溪橋上見畫師猶自欠工夫

順帝

贈吴王

金陵使者過江來漠漠風煙一道開王氣有時還自息皇恩

七家)刊于康熙四十一年(1702),三集(并附一百十七家)刊于康熙五十九年(1720)。顾嗣立将每集又分编为十集,其中自甲至辛八集所收各家均有专集可据,方外、闺秀编入壬集;诸家选本仅存四、五首及山经、地志、稗官、野史所传者则总编为癸集附后。因此初、二、三集均无癸集。顾氏在世时,癸集虽已编目,并在秀野草堂开刻,但不久顾氏谢世,因此未及最后成书。过了十余年,才由顾氏门人席守朴编成并补刊剩余部分,但并未印行。经战乱,旧版散失,守朴之子席世臣又在顾嗣立的曾孙顾果庭处寻得已刻之版和未刻之稿,又经十载,终于在嘉庆三年(1798)刊印成书。这个印本后来又在战乱中散失。现存的癸集是席世臣的曾孙席威根据残存的旧印本与扫叶山房的藏版,在光绪十四年(1888)重新刊印成书的。

顾嗣立一生博览群书,著述繁富,这为《元诗选》的编选创造了良好条件。《元诗选》的价值,正如《四库全书总目提要》所说:"网罗浩博,一一采自本书,具见崖略,非他家选本饾饤缀合者可比。有元一代之诗,要以此本为巨观矣……而嗣立所见,今不著录者亦往往而有,盖相距五六十年,隐者或显,而存者亦或偶佚。残膏剩馥,转赖是集以传,正未可以不备为嫌也。"顾氏刊印《元诗选》初集时,刊行于世的元人专集仅百家而已;顾氏通过各种途径据以采择的元集几近四百家,初、二、三集即收录三百四十家,而顾氏去世半个世纪之后,《四库全书总目》所著录并存目的元集仅有一百四十五家了。癸集所收多达两千三百余人,还没有统计在内。大量元人诗作赖以流传至今,顾氏之功诚不可没。至于《元诗选》在编选上的得失,清人亦颇多评议。如王士祯称其"甚有雅裁"(《带经堂诗话》卷四),而翁方纲则评曰:"体裁洁净,胜于吴孟举《宋诗钞》远矣,犹嫌未尽审别雅俗耳。"(《石洲诗话》卷五)翁氏认为顾嗣立将元遗山编入《元诗选》是一大错谬。

《元诗选》从初集到癸集陆续刊行于世,其间相隔近二百年,除秀野草堂本外,别无他本。

以上录重新出版说明,可观《元诗集》出版渊源,但有一点需要说明的是,乾隆时又有顾奎光汰选的七卷本《元诗选》,笔者曾亲眼见过,据说此本所择不精。

笔者藏本为《元诗选》初集,康熙本,为秀野草堂的写刻本,有书写刻精工之称,所收名家皆有小传,并附译语,寓史于诗,当是具一代文献,有元之诗,当以此本为巨观。在上海、北京的拍卖行,初集有三万元至八万五千元的成交记录。

朱鹤龄辑注的康熙本《杜工部诗集》

"口诛笔伐"、"拿起笔来作刀枪"。笔下起风雷，纸上生狼烟。

"过来人"都会记得那时学校作文常引用的杜甫的一句千古名句："朱门酒肉臭，路有冻死骨。"这句诗由于充分表达了对人民的深刻同情，揭露了封建社会剥削与被剥削之间的尖锐对立，在"不忘阶级苦，牢记血泪仇"的"文革"诉苦运动中，以及历次的"大批判、大字报"政治运动中，曾被推向了更加辽阔的境界，并成为防止资本主义复辟，永葆红色江山不变色的警句，与"千万不要忘记阶级斗争"、"阶级斗争一抓就灵"这家喻户晓的伟人语录联结在一起，成了那个时代阶级性的专用名句。

这句诗的作者盛唐大诗人杜甫一生写下了一千多首诗，其中最著名的有"三吏"、"三别"、《兵车行》、《茅屋为秋风所破歌》、《丽人行》、《春望》等。杜甫的诗具有很高的人民性。杜甫的这种爱国热忱，在《春望》和《闻官军收河南河北》等名篇中，也表现得非常充沛。而在"三吏"、"三别"中，对广大人民忍受一切痛苦的爱国精神的歌颂，更把他那颗爱国爱民的赤子之心展现在读者面前。出自对祖国和人民的热爱，杜甫对统治阶级奢侈荒淫的面目和祸国殃民的罪行，必然怀有强烈的憎恨。这一点在不朽的名篇《兵车行》、《丽人行》中更是得到了淋漓尽致的表现。一个伟大爱国者的忧国忧民之情，必然在其他方面也有所表现。杜甫的一些咏物、写景的诗，甚至那些有关夫妻、兄弟、朋友的抒情诗中，也无不渗透着对祖国、对人民的深厚感情。总之，杜甫的诗是唐帝国由盛转衰的艺术记录。杜甫以积极的入世精神，勇敢、忠实、深刻地反映了极为广泛的社会现实，无论在一种怎样险恶的形势下，他都没有失去信心，在我国悠久的文学史上，杜甫诗歌的认识作用、借鉴作用、教育作用和审美作用都是常人所难以企及的。杜诗最大的艺术特色是，诗人常将自己的主观感受隐藏在客观的描写中，让事物自身去打动读者。例如《丽人行》中，诗人并没有直接去斥责杨氏兄妹的荒淫，然而从对他们服饰、饮食等方面的具体描述中，作者的爱憎态度已显露无遗。

杜诗语言平易朴素、通俗、写实，但极见功力。他还常用人物独白和俗语来突出人物性格的个性化。

吳江朱氏杜詩輯注序

余箋解杜詩興起於盧德水商榷於程孟陽已而學子何士龍馮已蒼族子夕公遞代讎勘麁有成編猶多闕佚老歸空門不復省視吳江朱子長孺館余荒邨出所撰輯注相質余喜其發凡起例小異大同敝簏蠹紙悉索舉眎長孺檃括詮次都爲一集書成謂余宜爲序自昔箋注之陋莫甚於杜詩僞注假事如鬼馮人勦義竄辭如蟲食木而又連綴歲月割剝字句支離覆逆交跖旁午如鄭卬

15.9 cm×24.9 cm

在刻画人物时,杜诗特别善于抓住细节进行描写,如《北征》中关于妻子儿女的一段文字就是非常突出的例子。杜甫诗风多变,但总体来看,可以概括为沉郁顿挫。这里的沉郁是指文章的深沉蕴蓄,顿挫则是指感情的抑扬曲折,语气、音节的跌宕摇曳。所有这一切,确立了杜甫在三千多年的中国文学史上至高无上的“诗圣”地位。

阅读杜诗,总是被那沉郁顿挫的诗风深深地感染,被作品中根植于现实的高度的爱国主义和深厚洋溢的人道主义所深深震撼。千百年来,有多少文人墨客沿袭着杜甫的创作道路前行。如王安石、陆游、苏轼、文天祥等都从杜诗中汲取到了营养。

杜甫与李白合称“李杜”,为了与另两位诗人李商隐与杜牧即“小李杜”区别,杜甫与李白又合称“大李杜”,杜甫也常被称为“老杜”。虽然杜甫在当朝不为世人所知,但经过后世的研究,他的作品最终对中国文学和日本文学产生了深远的影响。他的约一千五百首诗歌被保留了下来,作品集为《杜工部集》。他在中国古典诗歌中的影响非常深远。

杜甫与杜牧是远房宗亲,同为晋朝灭孙吴的大将杜预之后裔(杜甫为杜预二十世孙)。杜甫的曾祖父杜依艺曾任巩令一职。祖父是初唐诗人杜审言,官至膳部员外郎且有自己的自传。父亲杜闲有奉天令一职。青年时期,杜甫曾游历过今江苏、浙江、河北、山东一带,并两次会见李白,两人结下深厚的友谊。

杜甫善于运用古典诗歌的许多体制,并加以创造性地发展。他是新乐府诗体的开路人。他的乐府诗,促成了中唐时期新乐府运动的发展。他的长篇古风,亦诗亦史,展开铺叙,而又着力于全篇的回旋往复,标志着我国诗歌艺术的高度成就。杜甫在律诗上也表现出显著的创造性,积累了关于声律、对仗、炼字炼句等完整的艺术经验,使这一体裁达到完全成熟的阶段。

朱鹤龄(1606—1683),字长孺,苏州吴江人。生于明神宗万历三十四年,卒于清圣祖康熙二十二年,终年七十八岁。明诸生。颖敏嗜学,尝笺注杜甫、李商隐诗,盛行于世。鼎革后,屏居著述。晨夕一编,行不识途路,坐不知寒暑。人或谓之愚,遂自号愚庵。尝自谓“疾恶如仇,嗜古若渴。不妄受人一钱,不虚诳人一语”云。著有《愚庵小集》。

笔者所藏朱鹤龄的《杜工部诗集辑注》共计二十四卷,其中诗二十卷、集外诗一卷、文集二卷、年谱一卷,为清康熙叶永铭万卷楼刊本。同其他注本相比较,朱本“于经史典故及地里职官，考据分明。其删汰猥杂，皆有廓清之功”。这与朱鹤龄精于经史典故、职官制度及地理学研究有密切关系。朱本对宋以来的丰富而庞杂的杜诗学遗产进行全面而细致的整理，既不遗漏任何一条有价值的见解，又不放过任何一条有影响的误解，做到扶正驳谬、去伪存真。例如元人高楚芳编辑的《集千家注杜工部诗集》以及刻成于康熙六年(1667)的《钱注杜诗》却仍取用《新唐书》本传之说。朱本则对赵次公的见解予以收录，其去伪存真之功至大。朱注又一长处是立言谨慎，诸如对杜诗的编年、“公自注语”的判定、旧注引文的存删、古今诗话的采录等，均能以求实态度慎重对待之。在杜诗编年上，朱氏认为“某诗必系某年，则拘固可笑”(见《凡例》)，为此，他只在各卷之首标为“公某时某地作”。这种编年方式可以避免妄断之失。杜诗除部分诗作明确写作时间地点，尚有部分作品实难决之。后人未与杜甫同游，安能清晰如此？对于千家本上的“公自注语”，朱氏“向疑后人附益”，经过考察，发现这些自注语多为“王原叔、王彦辅诸家注耳，未可尽信”(见《凡例》)，遂将旧本所无者俱加删削。长期以来，所谓“公自注语”，扰人甚重，裁决诗旨，常为所惑。朱氏此举，功诚大焉。对于旧注的引文，亦采取慎重态度决定取舍；对汉魏以下失传的典籍，凡经《十三经注疏》、《两汉书注》、《文选注》及唐宋人诸类书所载者，则保存之；对旧注所引六朝人诗，有的未见于诗集，朱氏怀疑“宋时尚有全本”，因此“不敢尽以伪撰废之”；而对于那些“文义不类”者，则“概从芟汰”(见《凡例》)。可知朱氏查阅原典耗费时间之巨，甄别真伪用心之深。对于古今诗话的采录，不以求全为事，“必于诗理、诗法有所发明者，方采入一二”(见《凡例》)。有利于解诗者方取用之，与某些注家炫耀学问渊博大相径庭。朱氏的注疏指导思想亦颇重要，他认为“训释之家，必须事义兼晰”，诗中之事与诗中意旨都要解释清楚，并且把两者有机结合起来，既不可释事忘义，又不可弃事发义。他的做法是“于考注句字之外，或贯穿其大意，或阐发其微文”(见《凡例》)。上述各条，给人以深刻的感受：朱鹤龄是一位存心端正而专注的杜诗注家。《杜工部诗集辑注》作为杜诗学之重要文献，应该成为后世研杜者必读之书。

沈德潜的乾隆原刊本《明诗别裁集》

清代苏州诗人沈德潜的故事，至今仍为人们所津津乐道。沈德潜生于1673年，卒于1769年。他曾是出了名的落榜生，有道是“人生七十古来稀”，沈德潜从十八岁那年起连考四十八年到六十六岁，乾隆三年(1738)才考中举人，次年考中进士，已是虚龄六十七岁。

沈德潜中进士，被选入翰林院任编修，不久授职礼部侍郎。老年得志，诗兴大发，乾隆召见，进入词馆伴君。乾隆很欣赏他的诗才，称他为“江南老名士”。在朝时，君臣经常以诗唱和。

乾隆十六年(1751)冬，第一次南巡，沈德潜随从同行。

乾隆十七年(1752)沈德潜八十岁了，他奏请致仕(即退休)。

乾隆二十二年(1757)第二次南巡到苏州，八十五岁的沈德潜去接驾。乾隆很高兴，恩升他为礼部尚书。

乾隆二十七年(1762)第三次南巡，九十高龄的沈德潜与嘉兴钱陈群(原刑部侍郎)到常州去接驾，乾隆题诗勉慰。

乾隆三十年(1765)第四次南巡，乾隆特赐德潜太子太傅爵位，享受正一品的特优俸禄。

乾隆三十四年(1769)，沈德潜病故苏州，终年九十七虚岁。乾隆追念他，在苏州沧浪亭对岸西北(可园)其寓所旁建祠，亲笔赐“道存风雅”牌坊，祠内赐匾“诗云耆硕”，又赐楹联：“玉皇案吏今祠客；天子门生更故人。”又令将沈德潜列入贤良祠，享春秋二祭。

沈德潜死后九年，福过灾生。沈德潜曾有个好朋友，东台举人徐述夔，沈德潜很钦佩他，曾替他撰写了传，称颂他“品行文章皆可效法”。徐述夔将生平所著诗文汇成一册，题《一柱楼诗钞》。徐死后，他的儿子、孙子等将《一柱楼诗钞》刊刻付印，并在社会上流行。

乾隆四十三年(1778)，有人摘下《一柱楼诗钞》中的“大明天子重相见，且把壶儿搁半边”、“明朝期振翮，一举去清都”等句认为是诋毁朝廷的逆诗，向官府告发。江南河道总督萨载(满洲正黄旗人)将此案奏告乾隆。乾隆大怒，下旨：“壶

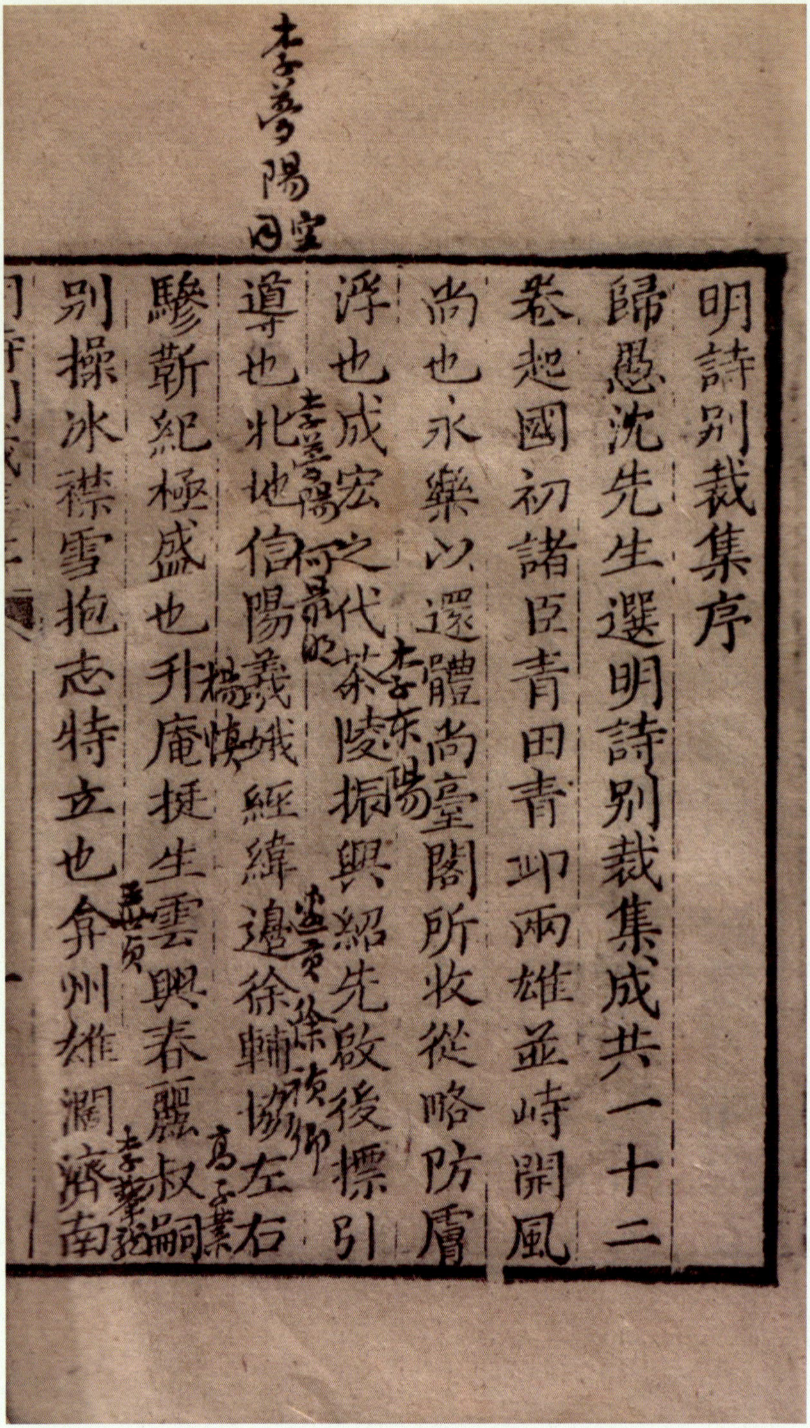

明詩別裁集序

歸愚沈先生選明詩別裁集成共一十二卷起國初諸臣青田青邱兩雄並峙開風尚也永樂以還體尚臺閣所收從略防膚浮也成宏之代茶陵振興紹先啟後標引導也北地信陽羲娥經緯邊徐輔協左右驂靳紀極盛也升庵挺生雲興春麗叔嗣別操冰襟雪抱志特立也弇州雄瀾濟南

9.1 cm×13.7 cm

儿即胡儿，有诽谤意，借朝夕之朝作朝代之朝，且不言到清都而言去清都，显有兴明朝去本朝之意，实为罪深恶极。”徐述夔父子已死，处剖棺戮尸，其他有关人等斩首。处理这一案件时，发现沈德潜为徐述夔写的传，内容又是称颂的句子。在古代，对皇帝的效忠被看成是一个读书人起码的道德要求。乾隆大怒，下令削除沈的谥号、官爵。将沈的牌位抛出贤良祠，命两江总督高晋、江苏巡抚杨魁将沈德潜墓前、祠内御赐的碑文、匾对一律拆除。

在追查《一柱楼诗钞》案中，又有人检举沈德潜的《咏黑牡丹》诗中出现的“夺朱”是指本朝夺取明朝朱家政权，“异种”影射满洲贵族。乾隆岂容诽谤清朝文字，严令将沈德潜剖棺戮尸。

沈德潜历经康熙、雍正、乾隆三个朝代，这三个朝代正是清朝盛世。德潜平生正直，廉洁奉公，在官不请托，关心民间疾苦，荐才学之士，虽居高位，但生活不改其旧。沈德潜从生前皇帝宠儿到死后受“文字狱”株连的遭遇，是封建专制下产生的典型代表。沈德潜诗论和作品影响很大，他学有本源，诗才卓越，当时海外诸国，也出重金来争购。他在《说诗晬语》开头就说：“诗之为道，可以理性情，善伦物，敢鬼神，设教邦国，应对诸侯，用如此其重也。”他提倡“温柔敦厚、斯为极则”，鼓吹儒家传统“诗教”。在艺术风格上，他讲究“格调”。他的“格”是指“不能竟越三堂之格”，认为“诗至有唐，菁华极盛，体制大备”，而宋元则流于卑靡。实质上他与明代前后七子一样，主张扬唐而抑宋。所谓“调“，即强调音律的重要性。他说：“诗以声为用者也，其微妙在抑扬抗坠之间。读者静气接节，密咏恬吟，觉人声中难写，响外别传之妙，一齐俱出。”

沈德潜的著作有：《归愚诗钞》二十卷、《诗钞馀集》十卷、《归愚文钞》二十卷、《文钞馀集》八卷、《说诗晬语》二卷、《矢音集》四卷、《归田集》三卷、《八秩寿序寿诗》一卷、《九十寿序寿诗》一卷、《黄山游草》一卷、《台山游草》一卷、《南巡诗》一卷、《归愚诗馀》一卷、《浙江通志图说》一卷、《自订年谱》一卷，共十五种、七十五卷，总名《沈归愚诗文全集》，于乾隆三十二年（1767）刻成，牌记镌“教忠堂”藏版。

另外，他和陈培脉（树滋）合辑《唐诗别裁集》，于康熙五十六年（1717）先刻十卷行世。后经增加补充，题名为《增订唐诗别裁集》二十卷刊行，书口下方刻有“教忠堂”三字。其早年所作诗名《竹啸轩诗钞》十八卷，刻于康熙五十五年（1716）。又先辑上古至隋代的古诗和歌谣编成《古诗源》十四卷，初刻于雍正三年(1725),这是一部影响较大的古诗选本,闻名海内外,故有多种翻刻版本。乾隆四年(1739)刊其与周准合辑之《明诗别裁集》十二卷。乾隆十八年(1753)又刻自著《杜诗偶评》四卷。均单刻别行。

还有一种所辑《国朝诗别裁集》,初次镌刻系乾隆二十四年(1759)完竣,三十六卷本,为其门人蒋重光出赀代刊。后因纂校未精,又在乾隆二十五年(1760)复经增删镂版,共三十二卷,为与其门人翁照、周准共同校镌。刻成后带京献与清帝。因第一卷所收均明朝降臣,引起了乾隆的不满。时距沈德潜卒后已七年,乾隆四十一年(1776)十二月一日发上谕,认为:"集内将身事两朝,有才无行之钱谦益居首,有乖千秋公论,而其中体制错谬及世次前后倒置者,亦复不胜枚举。"因于御制文内申明其义,并命内廷翰林为之精校去留,俾重锓版,以行于世,其原版自一并销毁。因此之故,沈德潜自刻之书成为禁书,取而代之者为乾隆御制序文(红印)的《御选国朝诗别裁集》,其中第一卷已将钱谦益、王铎、吴伟业等人诗删去,易为慎郡王、蕴端、德普等满洲贵族之诗。所以后来凡有沈德潜自序及钱谦益等人诗的"教忠堂"原刻本,无不被视为珍品。

笔者藏本《明诗别裁集》是乾隆四年(1739)原刊本,据1997年7月第1版钱仲联等编《中国文学大辞典》载:

此书又有1975年中华书局影印本、1979年上海古籍出版社标点排印本。原刊本卷首有乾隆三年(1738)沈德潜题于苏州木渎灵岩山居的序。序中阐明编选宗旨,即以"怨而不怒"、"和平渊雅"为准绳,力求体现其尊唐尚古的诗歌理论,并申明,"因诗存人,不因人存诗"。全书共收录三百余位诗人的一千零一首诗。按照作者行年先后排列,各人各下均有小传,部分诗后附有笺评。本书实是沈德潜锤炼其"格调说"诗论的蓝本。与《唐诗别裁集》等合称"五朝诗别裁",是流传颇广、分量适中的一部明诗选本。

沈德潜曾在清初用隶书为拙政园题过"远香堂"的横匾。"文革"时,横匾遭难,现在的这块为张辛稼先生补写。

沈德潜与乾隆皇帝,正如乾隆批准他退位离京时所说:"我们以诗始,现在以诗终。"沈德潜因诗戮尸,使他的原刊本更加珍贵。可以想象,当时要保存沈德潜的刊本,是要冒杀头风险的,笔者藏本《明诗别裁集》已存世两百七十多年,真应叩谢神灵护佑。

唐伯虎辑《六如居士画谱》

在苏州西郊横塘，长眠着一位扬名海内外的“江南第一风流才子”唐伯虎。大门内，一块巨大的青石屏风上刻着唐寅最著名的《桃花庵歌》，石雕“江南四才子”悠闲地抚琴、吟诗、作赋……

唐寅（1470—1523），明朝苏州人，字伯虎，一字子畏，号六如居士、桃花庵主、鲁国唐生、逃禅仙吏等，据传于明宪宗成化六年庚寅年寅月寅日寅时生，故名唐寅。他玩世不恭而又才气横溢，诗文擅名，与祝允明、文徵明、徐祯卿并称“江南四才子”；画名更著，与沈周、文徵明、仇英并称“吴门四家”。

笔者藏本唐伯虎所辑《六如居士画谱》一册三卷木刻本，为光绪五年（1879）八月仁和（杭州）葛元煦所刻。是“啸园丛书”的零种，辑录内容有：卷一：叙画源流、制作楷模、图画名意、画训、画意、画题、画格拾遗。卷二：山水诀、山水赋、画说、山水节要、画诀、六法三品、六要六长、三病、十二忌、书画一法。卷三：画龙辑议、写像秘诀、采绘法、调合服饰器用颜色、合用颜色细色、衬绢色式、用笔、用墨、皴法、辨古今名画优劣、古画真迹难存、古画用笔设色、名画无对轴、士夫画、无名人画、没骨画、院画、粉本、御府书画、画难题名、题跋画、赏鉴、古画绢色、古画绢素、装褫、装褫定式。

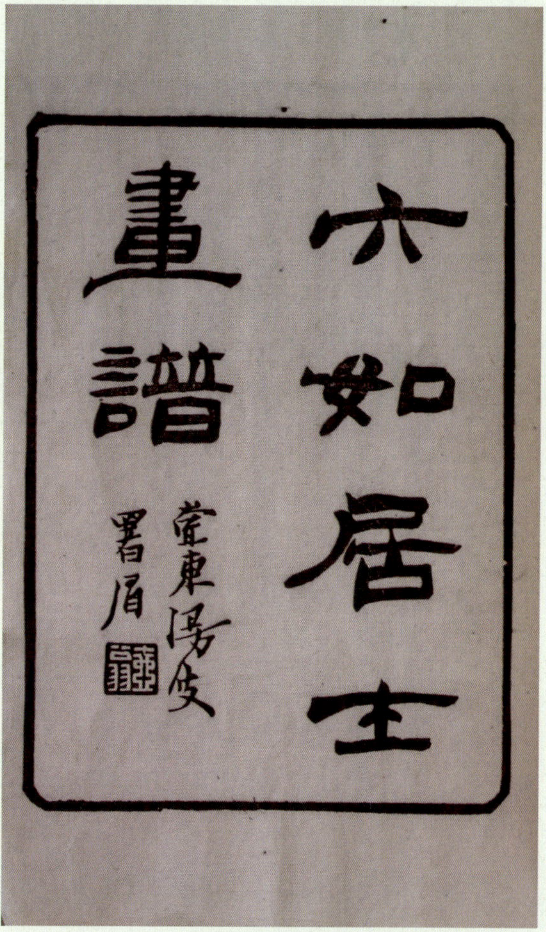

11.8 cm × 14.4 cm

唐伯虎所题内容是：

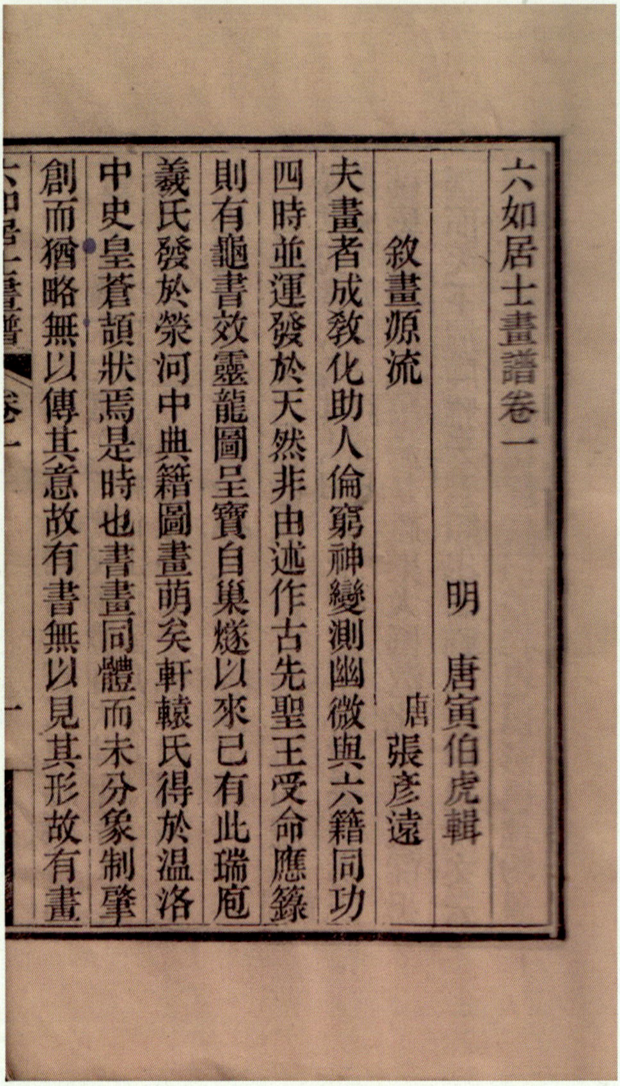

六如居士畫譜卷一

明　唐寅伯虎輯

敘畫源流　唐　張彥遠

夫畫者成教化助人倫窮神變測幽微與六籍同功四時並運發於天然非由述作古先聖王受命應籙則有龜書效靈龍圖呈寶自巢燧以來已有此瑞庖羲氏發於滎河中典籍圖畫萌矣軒轅氏得於溫洛中史皇蒼頡狀焉是時也書畫同體而未分象制肇創而猶略無以傳其意故有書無以見其形故有畫

六如居士畫譜　卷一　一

世之谈画者，大都人物山水花木鸟兽尽之矣。顾人物有神仙仕女之别，山水有远近潜深之别，花木有淡浓荣瘁之别，鸟有翔集鸣食之别，兽有毛骨牝牡之别，以至运笔施彩种种。有诀而三品六法六要六长三病十二忌，皆当究心焉者。予弃经生业，乃托之丹青自娱，因述旧闻，附以己见，名曰画谱。有志于图绘者悉心披阅，而寄兴寓情更求诸笔墨之外，俾赏鉴者以神品目之，则进乎技矣。

明朝年间至清光绪五年，有三百多年历史跨度，仍依旧刻印，足以说明唐伯虎在中国画坛的地位。

误识康熙刻本《古诗源》

《古诗源》是中国诗学史上一部十分重要而且著名的经典选本。沈德潜在选诗时坚持如下原则:追求雅正,注重襟怀抱负,推崇至性至情,展示源流新变。《古诗源》的价值首先在于比较完整清晰地展示了唐前诗歌发展嬗变的轨迹,比较全面充分地展现了唐前诗歌创作的具体成就。其次,它所选录的作品,反映了不同时代的风云变幻,记录了社会风尚的变迁,是读者了解历史演变,认识时代发展的形象史料。再次,《古诗源》集中了唐以前《诗经》、《楚辞》以外诗歌的精华,是对该阶段诗歌的一次巡礼。但《古诗源》也有局限,儒家诗教的束缚,在该书的编选中烙下了鲜明的印痕,使一部分诗歌的取舍有所失当。

《古诗源》收录唐前古诗歌谣共七百余首,且作评注。编者以为诗极盛于唐,唐以前之诗乃唐诗之源,故名。

据苏州大学出版社 1999 年 9 月第 1 版《苏州辞典》第 977 页:《古诗源》原刊本为雍正三年(1725),后来翻刻本甚多。另有民初上海石印、铅印本等。笔者藏本六册十四卷写刻本《古诗源》霁月山房藏版,因序末有"康熙己亥夏五长洲沈德潜书于南徐之见山楼"之字样,一直对《苏州辞典》中关于原刊本为雍正三年(1725)的说法存有疑惑。康熙早于雍正,难道《苏州辞典》中有误?笔者 2010 年 9 月 2 日专程请教江澄波老先生。江老看罢藏本,说:序末"康熙己亥夏"为康熙五十八年(1719),根据该书刻印质量,不像是原刊本,不能因为书有沈德潜在康熙五十八年作的序,就认定是康熙刻本。历史上一些翻刻书上未记载翻刻年月的不是个例。江老认为,《苏州辞典》记载《古诗源》原刊本是雍正三年(1725),结论较为正确,笔者藏本霁月山房所刻《古诗源》为后来翻刻本可能性较大,当然定为清刻无疑。至于霁月山房此本何年月所刻,暂无从查考。

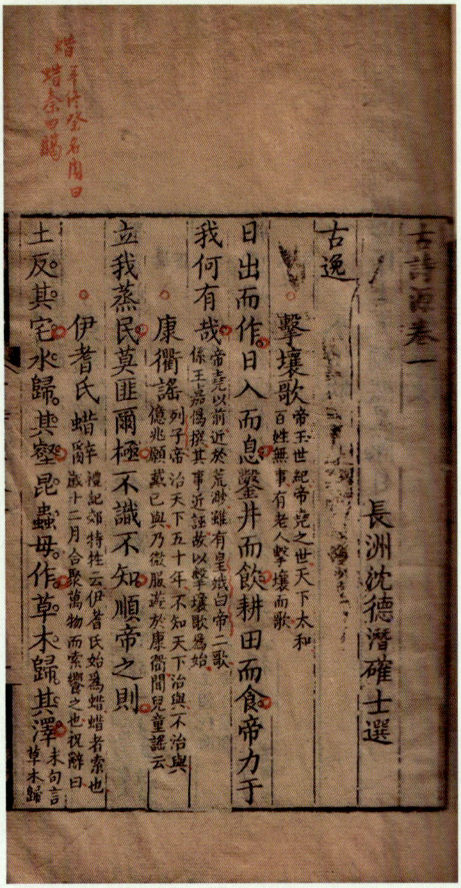
古詩源卷一

長洲沈德潛確士選

古逸

擊壤歌 帝王世紀帝堯之世天下太和百姓無事有老人擊壤而歌

日出而作日入而息鑿井而飲耕田而食帝力于我何有哉 帝堯以前近於荒渺雖有皇娥白帝二歌係王嘉僞撰其事近誣故以擊壤歌爲始

康衢謠 列子帝治天下五十年不知天下治與不治與億兆願戴己與乃微服遊於康衢聞兒童謠云

立我蒸民莫匪爾極不識不知順帝之則

伊耆氏蜡辭 禮記郊特牲云伊耆氏始爲蜡蜡者索也歲十二月合聚萬物而索饗之也祝辭曰

土反其宅水歸其壑昆蟲毋作草木歸其澤 末句言草木歸

16.5 cm×26.2 cm

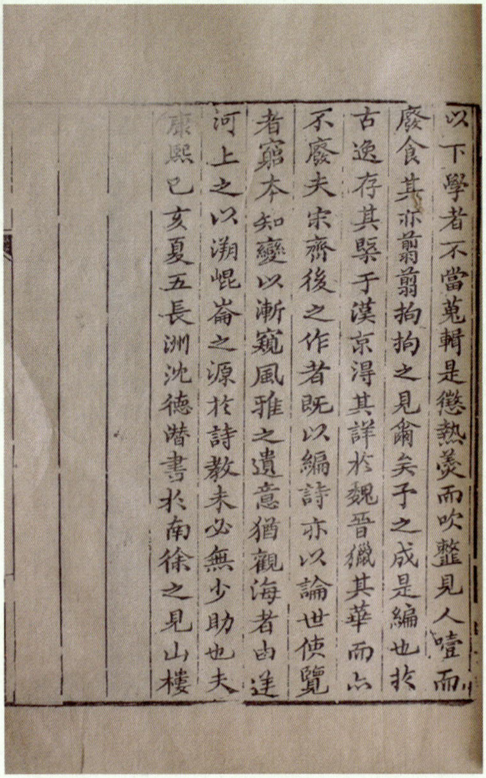
以下學者不當蒐輯是懲熱羹而吹虀見人噎而廢食其亦翦翦拘拘之見爾矣予之成是編也於古逸存其槩于漢京得其詳於魏晉獵其華而亦不廢夫宋齊後之作者既以編詩亦以論世使覽者窮本知變以漸窺風雅之遺意猶觀海者由逆河上之以溯崐崙之源於詩教未必無少助也夫

康熙己亥夏五長洲沈德潛書於南徐之見山樓

赵诒琛的《又满楼丛书》

赵诒琛的生卒年值得考实。浙江古籍出版社2005年1月1版陈玉堂编《中国近现代人物名号大辞典》第862页标赵诒琛生卒年为“？—1934年前后在世”。广陵书社2005年11月第1版《苏州民国艺文志》第520页，也仅有“　—1946”的注释。

赵诒琛是近现代刻书史值得纪念的人物。他是昆山人，字学南。父赵元益(1840—1902)，是我国近代著名的翻译家、藏书家，与傅兰雅合译《儒门医学》、《西药大成》、《西药大全补编》、《冶金录》及与金楷理合译《行军指要》、《光学》等十七种书。其中《光学》是19世纪中国介绍近代光学最重要的著作，《西药大成》是当时最大的一部西药译著。光绪二十三年(1897)赵元益与董康等人创立上海译书公会，翻译出版时事、外国史地、书籍多种，所译《法律医学》是我国第一部翻译西方法医的著作。同年与吴仲韬创立医学善会。王韬逝世后，主持上海格致书院。早年，太平军攻克苏州、常熟等地，赵元益避居上海，多见古书流散，如黄氏士礼居、汪氏艺云精舍等，多宋刊元本，故不惜重金购藏，后于江南制造总局之西建峭帆楼藏书。其藏书善本辑入《高斋丛刊》。

赵诒琛编有《峭帆楼善本书目》一卷，刻有《峭帆楼丛书》十八种。又有《又满楼丛书》十六种，1911—1919年刻本。中国国家图书馆存。另刻著数种。笔者藏赵诒琛校刻《又满楼丛书》中《辛丑纪闻》、《徐巡按揭帖》、《校正万古愁》、《龚安节先生年谱》四种，以及他的信札一封。

仲宣在日尚可与谈今则更觉因循不振亦可慨也前日

姑母大人来舍畅谈数十年前旧事感慨欣喜一时交并又述及

棣孝履 堂上不胜敬慕之至此复祇颂

冬安

表兄赵詒琛上 十月十二日

聖一表棣大鑒：日前奉
手書，藉悉一是。曾郵寄呈新青衿錄二冊，諒
收到不誤。此等書因科舉已廢，竟無所用，然將
來足資考據，與世風轉移之人固不能語此
也。四部叢刊中各書均屬善本，敝族弟叔莊亦
定購黄紙一部，除廿四史託熟人轉購，價係九折，
可謂便宜矣。兄一生他無所好，而酷嗜書籍，三
十餘年中所費不貲，然尚自恨力不足，未能暢
我之欲也。至敝族中並無一人同好，從前家兄

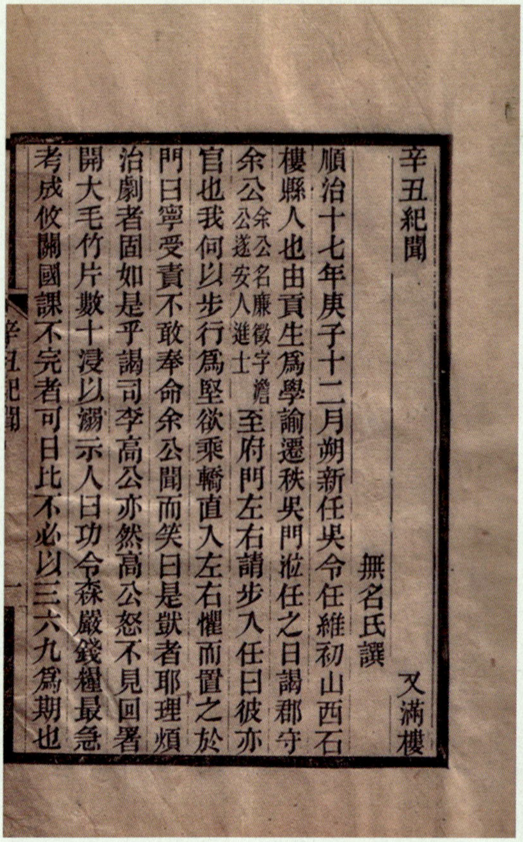

辛丑紀聞　　無名氏譔　　又滿樓

順治十七年庚子十二月朔新任吳令任維初山西石樓縣人也由貢生爲學諭遷秩吳門涖任之日謁郡守余公（余公名廉徵字澹公遂安人進士）至府門左右請步入任曰彼亦官也我何以步行爲堅欲乘轎直入左右懼而置之於門曰寧受責不敢奉命余公聞而笑曰是獃者耶理煩治劇者固如是乎謁司李高公亦然高公怒不見回署開大毛竹片數十浸以溺示人曰功令森嚴錢糧最急考成攸關國課不完者可日比不必以三六九爲期也

辛丑紀聞　一

17.3 cm×27.5 cm

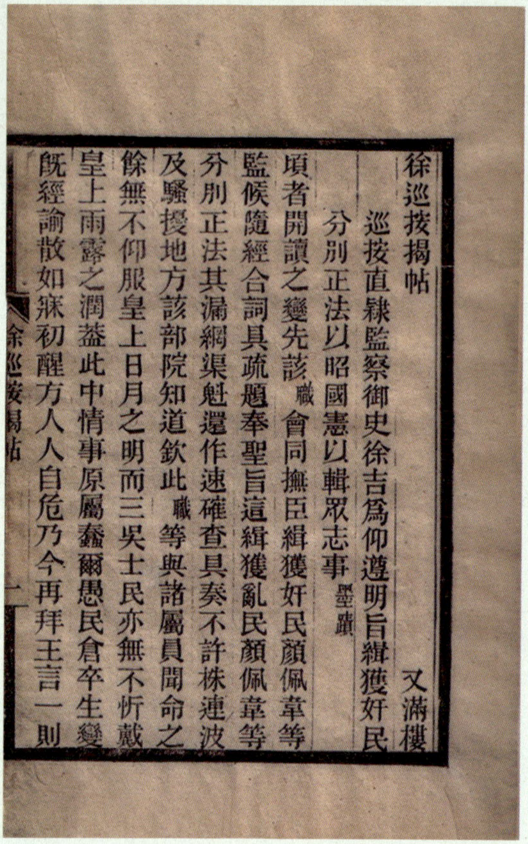

徐巡按揭帖　　又滿樓

巡按直隸監察御史徐吉爲仰遵明旨緝獲奸民分別正法以昭國憲以輯衆志事（墨蹟）

頃者開讀之變先該職會同撫臣緝獲奸民顏佩韋等監候隨經合詞具疏題奉聖旨這緝獲亂民顏佩韋等分別正法其漏網渠魁還作速確查具奏不許株連波及騷擾地方該部院知道欽此職等與諸屬員聞命之餘無不仰服皇上日月之明而三吳士民亦無不忻戴皇上雨露之潤葢此中情事原屬蠢爾愚民倉卒生變既經論散如寐初醒方人人自危乃今再拜王言一則

徐巡按揭帖　一

校正萬古愁 原名擊筑餘音

崑山 歸莊 玄恭

〔起詩〕譜得新詞歎古今悲歌擊筑動哀音莫嫌變徵聲悽咽要識孤臣一片心

〔曼聲引〕太極混元苞卻被那盤古皇無端嚁唣生刺刺捏兩丸圓彈子撮幾粒碎塵磽云是烏飛兔走岳鎭也山朝更蛀幾條兒疥蟲路挖半掌兒蛙涔道到如今崑崙萬仞撐天柱江漢千支入海潮弄這虛囂

〔入拍〕那女媧氏你斷甚麼柱天鼇那有巢氏你架甚麼避風巢那不識字的老包羲你畫甚麼奇和偶那

龔安節先生年譜

里後學趙詒翼校錄

鈍菴素履潔白至性忠孝以高年壽終雖志傳班班可考而循年紀事之譜尙爾闕然翼幼辱化誨長荷薰陶親承遺教其容不文已乎乃稽其行事纂其言之發於忠孝者附之歲年之下述譜如左

洪武十五年壬戌是歲十月十一日生先生於岳州考諱督字叔言蘇之崑山人翼按沈魯墓誌王執禮祠堂記並云崑山婁縣村人惟蘇府志則云家崑山眞義里眞義爲遇仙翁發祥地子孫世居於此有龔邦衡過仙樹傳可據崑山本古婁縣地梁天監六年析婁縣置信義縣大同二年婁縣廢隋開皇十八年信義縣亦廢以後爲村爲鎭

曹允源的复庵文集刻本

“独存古趣搜编简；厌听春风送鼓鼙。”这是曾做过民国大总统的徐世昌为省立苏州图书馆馆长曹允源写的挽联，也算是给昔日同科出道却长期官运不通的曹允源的一点慰藉。同时，也是对曹允源德才兼备的一生的总结。

曹允源，字根荪，号复庵，室名煮字斋。吴县（今苏州）人，生于清咸丰五年（1855），卒于民国十六年（1927），享年七十三岁。其妻程夫人，与其同岁，为当时吴县名诸生程培元之女，端庄贤惠，生活简朴，民国六年（1917）因感寒疾去世，终年六十三岁。光绪十二年（1886），三十二岁的曹允源高中进士，开始了他在清末二十五年的仕宦生涯。中进士后他先在京师任职，曾任兵部主事、职方司主事、武选司员外郎及职方司郎中等职，由于政绩卓著，在京官考察中名列一等，后出京外任地方官。

曹允源在就任地方官的十年中颇为不顺，三次调动，从直隶到山东再到湖北。

17.5 cm × 28.0 cm

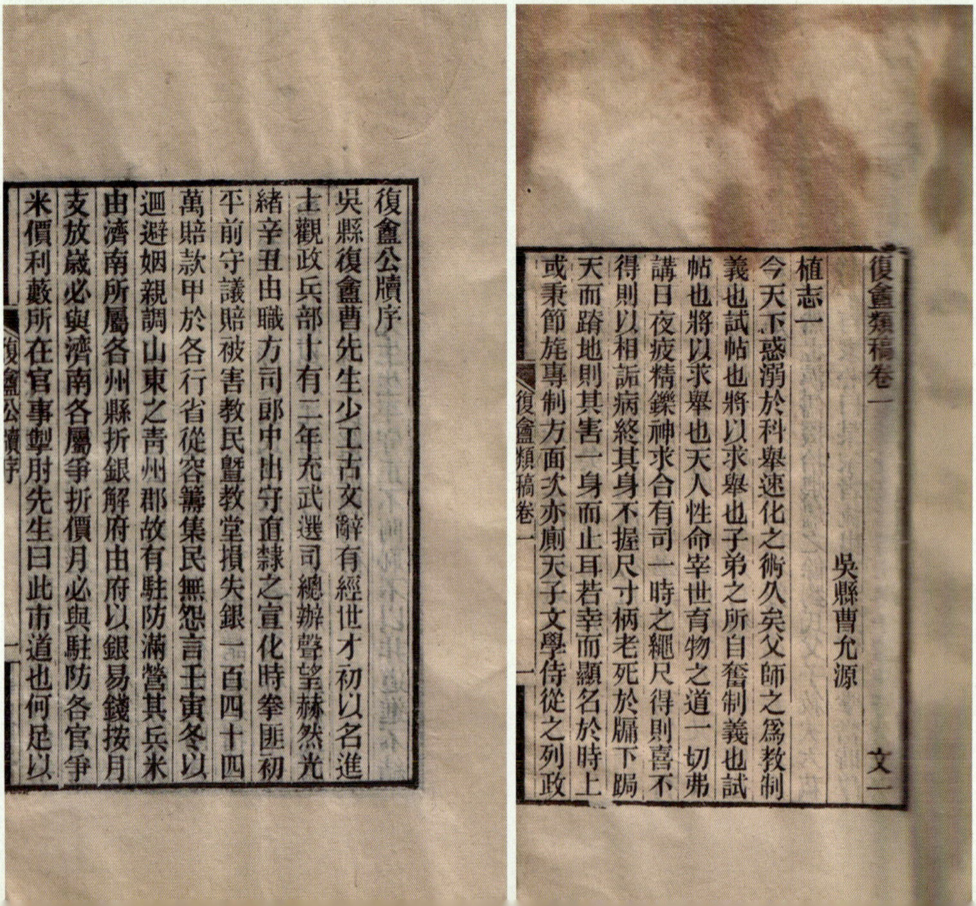
復盦公牘序
吳縣復盦曹先生少工古文辭有經世才初以名進士觀政兵部十有二年充武選司總辦聲望赫然光緒辛丑由職方司郎中出守直隸之宣化時拳匪初平前守議賠被害教民暨教堂損失銀一百四十四萬賠款甲於各行省從容籌集民無怨言壬寅冬以迴避姻親調山東之青州郡故有駐防滿營其兵米由濟南所屬各州縣折銀解府由府以銀易錢按月支放歲必與濟南各屬爭折價月必與駐防各官爭米價利藪所在官事掣肘先生曰此市道也何足以

復盦公牘序　一

復盦類稿卷一　　文一

吳縣曹允源

植志一

今天下惑溺於科舉速化之術久矣父師之爲教制義也試帖也將以求舉也子弟之所自奮制義也試帖也將以求舉也天人性命宰世育物之道一切弗講日夜疲精鑠神求合有司一時之繩尺得則喜不得則以相詬病終其身不握尺寸柄老死於牖下蹐天而踏地則其害一身而止耳若幸而顯名於時上或秉節旄專制方面次亦廁天子文學侍從之列政

復盦類稿卷一　一

曹允源仕途坎坷，这主要是因为他生性孤傲，不屑于投机钻营和溜须拍马，颇遭同僚忌妒，但他的政绩赢得了百姓好评。他为官清廉，为百姓免饥寒而食不下咽、卧不安枕。回顾在清末为官经历，曹允源感到问心无愧，“自问十余年来，无日不亲理民事”。

他任宣化知府时，义和团运动刚刚结束，该地因教案应赔款一百四十四万金，这对百姓是一大负担。曹允源与上力争，最终让赔款大部分由“省款分担”。任青州知府时，原来驻防于此的满营兵米先由州县解银到府，再由府以银换钱放米，由于中间多了一道，贪官污吏从中可捞到好处。曹允源取消旧俗，直接以银发往满营让其自购。

上任青州时，他兴办工艺，提倡商业，整修街道，审结疑难案数十起。他重视教育，把书院改学堂，还增添英文、算学、理化诸新学。

在襄阳，他经过治理“年谷顺成”，盗贼锐减；并办商业学堂，创办师范学堂，还亲捐俸禄。上面有人认为他在仕途上走不了多久，在他离职后，还调他做了一

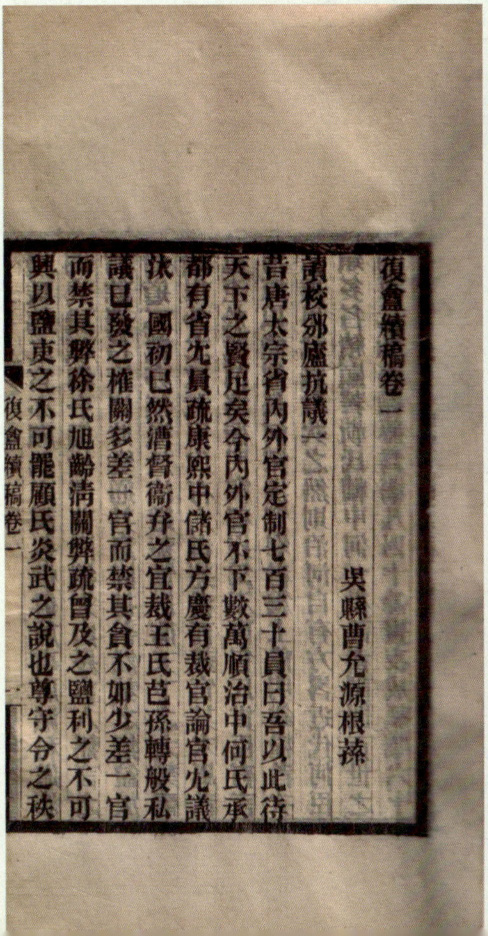

復盦續稿卷一
吳縣曹允源根蓀
議裁邠廬抗議一
昔唐太宗省內外官定制七百三十員曰吾以此待
天下之賢足矣今內外官不下數萬順治中何氏承
都有省冗員疏康熙中儲氏方慶有裁官論官冗議
拔國初已然漕督衛弁之宜裁王氏芑孫轉般私
議已發之榷關多差一官而禁其貪不如少差一官
而禁其弊徐氏旭齡清關弊疏曾及之鹽利之不可
興以鹽吏之不可顧氏炎武之說也尊守令之秩
復盦續稿卷一

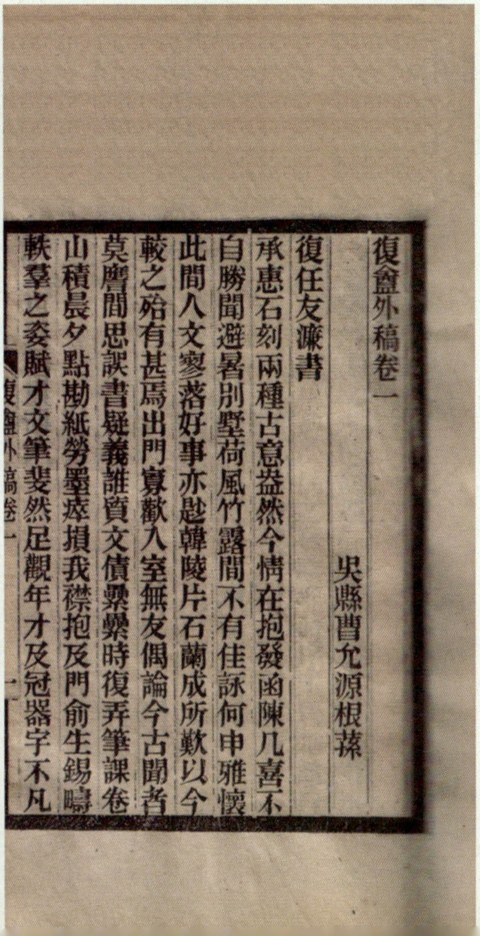

復盦外稿卷一
吳縣曹允源根蓀
復任友濂書
承惠石刻兩種古意盎然令情在抱發函陳几喜不
自勝聞避暑别墅荷風竹露間不有佳詠何申雅懷
此間八文寥落好事亦尠韓陵片石蘭成所歎以今
較之殆有甚焉出門寡歡入室無友偶論今古閒者
莫賡間思訳書疑義誰質文債纍纍時復弄筆課卷
山積晨夕點勘紙勞墨瘁損我襟抱及門俞生錫疇
軼羣之姿賦才文筆斐然足觀年才及冠器宇不凡
復盦外稿卷一　一

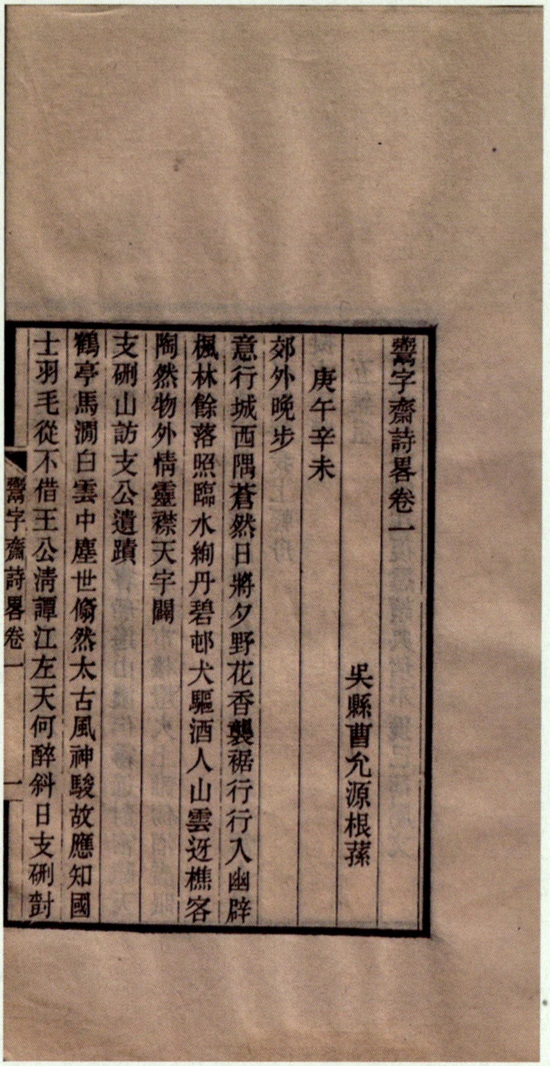

鬻字齋詩畧卷一

吳縣曹允源根蓀

庚午辛未

郊外晚步

意行城西隅蒼然日將夕野花香襲裾行行入幽辟
楓林餘落照臨水絢丹碧邨犬驅酒人山雲迸樵客
陶然物外情靈襟天宇闢

支硎山訪支公遺蹟

鶴亭馬澗白雲中塵世儵然太古風神駿故應知國
士羽毛從不借王公清譚江左天何醉斜日支硎對

鬻字齋詩畧卷一　一

个肥缺的官职，但他依然没捞什么好处。

没落前的清朝，有德有才者自然成为边缘状态。曹允源书生气又太重，一直无缘提拔，他中进士时的这一科后来出了民国大总统徐世昌等高官显宦，而他一直到清朝覆亡时仍是一知府而已，百无一展。无法在更大范围内施展政治抱负，使他心中颇为郁闷。

清朝灭亡，曹允源回到苏州，居住在泗井巷，闭门著述，过着深居简出的遗民生活。民国四年（1915）4 月，创建半年多的江苏省立苏州图书馆因首任馆长沈维骥辞职，江苏省政府任命曹允源担任馆长。曹允源本人喜欢藏书，曾达五万卷，后来连遭丧乱，散佚十之六七，先世留传下的法书名画丧失殆尽。

曹氏接任馆长时，苏州图书馆尚处于草创阶段。曹允源在其著作《复庵外稿》卷一《复卢绍刘书》中指出当时苏州图书馆的藏书缺点有三：一是有书无图，名实不副；二是收藏的只有传统的经史子集丛五部，缺乏实业、财政等新学诸书，“异域名著，时流新说，概付阙如”，未能适应当时欧风东渐之形势；三是当时所藏书“或抉择未精，或版本未善”，不便于学者，甚至会形成误导。

曹允源上任后修整馆舍，在大量购置新学诸书的同时，还不遗余力地搜求珍稀文献，“或访之故家，或得诸贾舶，偶遇佳本，力所能逮，必为购置”。

在图书分类上，曹允源采用六部分类法，在原有的经史子集丛五类的基础上增加新部。所谓新部，主要是指商务印书馆、有正书局等新兴图书出版机构所印之西学及实业书。

民国五年(1916)6月，曹允源编辑刊印了《省立第二图书馆续编目录》，记载了他上任一年以来共计增购的经部书一千六百四十七卷，史部书九千五百一十七卷，子部书两千六百四十五卷，集部书七千九百一十七卷，丛部书四千一百二十一卷，新部书两千九百一十七卷，共计两万八千七百六十四卷。这些新增书目大大丰富了馆藏。

民国十年(1921)，曹允源还修刻了江苏省立苏州图书馆所藏已经多有漫漶的《古逸丛书》、《资治通鉴》等书版，使这些书版得以完整。民国十一年(1922)编辑刻印了《书目三编》，又记载了新购书四万四千七百七十四卷，捐赠书三千一百五十九卷，另外该书目中还记载了他上任后搜集的明刻书两百四十余种，乾嘉以前精刻书四百余种，名家手稿暨旧钞精本书五六十种。曹允源是民国苏州图书馆实际上的第一任馆长，他的管理思想以及积累的家底影响深远，功绩举世瞩目。

民国十六年(1927)3月，曹允源卒于馆长任内。他担任馆长达整整十二年之久。

还值得一提的是，曹允源主编的民国《吴县志》，可说是对苏州文化的一大贡献。此外，他还和吴荫培、蒋炳章一起被吴县知事吴其昌聘为《吴县志》总纂。当时吴县失修县志一百余年，又并掉了长洲、元和两县和太湖、靖湖两厅，且处于清朝灭亡的翻天覆地变化中，此时修志，面广量大，“事关三县两厅”之文献存亡，并且吴县又为清代江苏巡抚驻地，头绪繁多，编修起来很不容易。在这种情况下，曹允源不顾自己年老体弱，慷慨接任，劳心焦思，伏案不辍，可谓尽瘁。

曹允源一生著述甚多，笔者藏有他《复庵文集》刻本。

《复庵公牍》四卷，上有“甲寅春三月刊”字样(1914年曹氏刻本)。

《复庵类稿》八卷，上有“光绪甲辰刊于青州”字样(1904年曹氏刻本)。

《复庵续稿》四卷，上有“壬戌秋九月刊”字样。

《复庵外稿》二卷，上有“辛酉夏五月刊”字样。

《鬻字斋诗略》四卷，《诗续》一卷。上有“光绪丙申冬中阳湖汪洵署检”字样(光绪二十二年曹氏家刻本)。

曹允源“循声播四省，品学传千秋”，虽耳濡目染官场种种不良习气，但仍坚持诚实做官，一心为民。他“天性和易，但绝不以崖岸自高”。同时，他始终勤奋读书，无一日间歇，“心无丝毫役于外物”，虽为官未达，但他取得了卓越的成就，同样受到了后人的敬仰。

顾炎武的《天下郡国利病书》

“天下兴亡，匹夫有责。”提起这句响亮的口号，大多数人都知道这最早是出自顾炎武的呼喊。但他的《天下郡国利病书》未必有多少人知晓。

顾炎武生于明万历四十一年（1613），卒于清康熙二十一年（1682），享年七十岁。江苏昆山人，初名绛，字忠清，入清后为表示不与清朝合作，改名为炎武，易字宁人，号亭林。明末清初著名的思想家、史学家、语言学家。

研读中国历史，会发现一个有趣的现象：某一人物，生在某一时代是福气，头上顶着光环，到处受人尊敬，换到另一个时代，便成了天地难容的人物，不但吃尽苦头，弄不好还会丢掉性命。把中国历朝历代作一个区分，则可以说：春秋战国养士，汉朝养武，唐朝养艺，宋朝养文，明清多养小人。一个朝代也会使某种人得到特别的发展，照这个逻辑推理，顾炎武一生刚好跨越明清，不能不说是悲剧。此外，政坛越是腐败，想当官的人也就愈多，这几乎成了定律。因为一些心术不正的人可以通过当官来获取非分的名利。按市场经济学观点，官职永远属于短缺经济。这就导致了买官卖官。大官吃小官，小官吃百姓，官民的尖锐对立使大明朝陷入深刻的危机。但是，俗世的享乐与眼前的利益促使明朝的士人放弃了忧患，官场因此变成了名利场。

明末是乱世，饥民暴动，农民起义此起彼伏，自然灾害严重，倭寇成患，内患甚重。面对黑暗的社会，顾炎武是极少数清醒的读书人之一。他认为当务之急在于探索“国家治乱之源，生民根本之计”。他对中国的君权制度提出了大胆地质疑。他在《日知录》的“君”条中，旁征博引地论证了“君”并非封建帝王的专称，并进而提出反对“独治”，主张“众治”，所谓“人君之于天下，不能以独治也。独治之而刑繁矣，众治之而刑措矣”，强调“以天下之权寄之天下之人”。他虽然未直接否定君权，未能逾越封建的藩篱，但这种怀疑君权、提倡“众治”的主张，却具有反对封建专制独裁的早期民主启蒙思想的色彩。

他深感国家处于多事之秋，如果没有真才实学，就不能挽救国家和民族的危亡，于是发愤读书，着手进行《天下郡国利病书》的写作。崇祯十二年（1639）后，为了写作此书，顾炎武通读“二十一史”和天下郡国地方志、名人文集、奏章文册

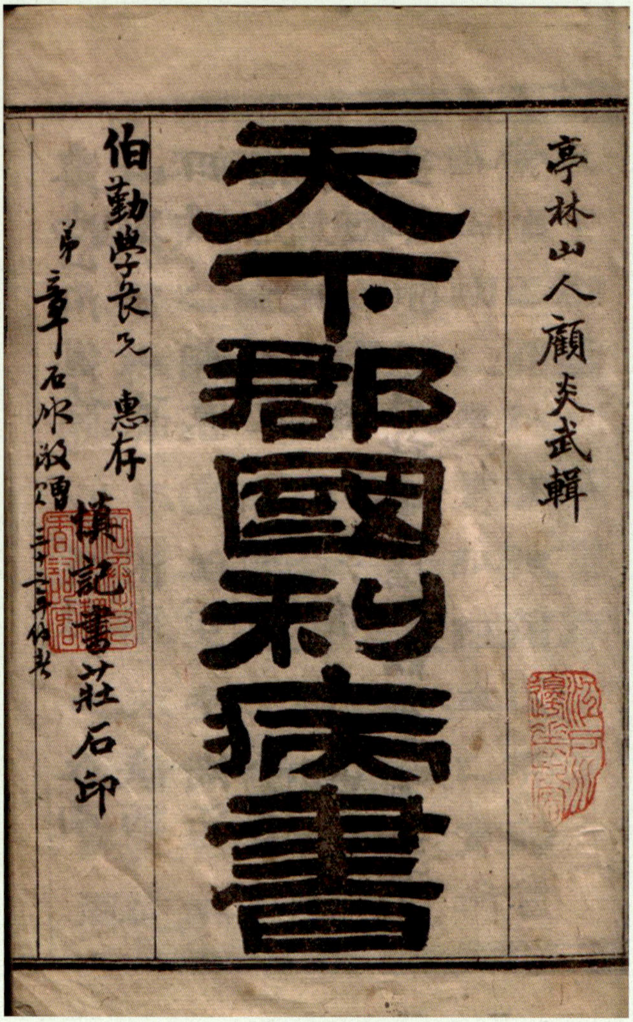

13.5 cm×20.0 cm

之类数万卷，单就查阅的地方志书就有许多部。他还往来南北做实际调查，行程两三万里。晚年时，他又将此书一分为二，“一为舆地之记，一为利病之书”，前者即《肇域志》，后者为《天下郡国利病书》。

他在纂辑的《天下郡国利病书》中，首先关注的是土地兼并和赋税繁重不均等社会积弊，并对此进行了有力的揭露，指出“世久积弊，举数十屯而兼并于豪右，比比皆是”，乃至出现了“有田连阡陌，而户米不满斗石者；有贫无立锥，而户米至数十石者”的严重情况。

《天下郡国利病书》以讲究郡国利病贯穿全书，重点辑录了兵防、赋税、水利三方面内容。作者十分重视研究各地兵要地理，深感兵防之重要，所以书中对全国各地的形势、险要、卫所、城堡、关寨、岛礁、烽堠、民兵、巡司、马政、草场、兵力配备、粮草供应、屯田以及有关农民起义和其他社会动乱等方面资料，无不详细摘录。梁启超在《中国近三百年学术史》中称此书为“政治地理学”。

《天下郡国利病书》叙述边疆的形势和沿革特别详细，于此可看到作者对于祖国边陲的深切注意及其中蕴含着的爱国深情：在有关云南省的篇章中，历述了大理、临安、永昌、楚雄、曲靖、澄江、蒙化、鹤庆、姚安、寻甸等府和车里、木邦、孟养等军民宣慰司的沿革；在《边备》一卷中，介绍了辽东、宣府、大同、榆林、宁夏、甘肃、哈密等地的形势；在《河套》及《西域》两卷中，叙述了交趾、安南、日本、真腊、爪哇、三佛齐、暹罗、满剌加、苏门答腊、锡兰、佛郎几等地的位置、沿革、交通和物产等情况。这些内容对于我们今天了解古代边境各地和国外的情况仍有相当重要的参考价值。

顾炎武约于康熙初年编定成书，后又不断增改，终未定稿。该书先叙舆地山川总论，次叙南北直隶、十三布政使司。除记载舆地沿革外，所载赋役、屯垦、水利、漕运等资料相当丰富，是研究明代社会政治经济的重要史籍。

笔者藏本为民国慎记书庄石印本二十四册一百二十卷，至于慎记书庄何年刊印，各种史料均无记载。从藏本序中可知，曾有康熙、嘉庆、成都道光年间的刻本。此书扉页有“伯勤学长兄惠存，弟章石水敬赠，三十三年”字样。

《吴梅村诗集》

说到吴梅村的《圆圆曲》，人们印象最深的肯定是“恸哭六军俱缟素，冲冠一怒为红颜”的诗句。

吴梅村，明万历三十七年（1609）生于太仓，清康熙十一年（1672）卒于太仓，终年六十三岁。

清初有影响的诗人，史推“江左三大家”——钱谦益、吴伟业和龚鼎孳，而真正有资格与“才名满天下”（钱泳《履园丛话》）的诗坛领袖钱谦益并列的，只有吴伟业。钱氏尊宋，吴氏学唐，此后清代的各种诗派，大抵不出这二人的门户，足见二人对清代诗歌影响之深远。钱谦益极口赞誉吴伟业的诗才，曾用“以锦绣为肝肠，以珠玉为咳唾”（《梅村诗集·序》）来形容吴伟业诗歌之风华绮丽。康熙帝亲制御诗《题〈吴梅村集〉》：“《梅村》一卷足风流，往复搜寻未肯休。秋水精神香雪句，西昆幽思杜陵愁。裁成蜀锦应惭丽，细比春蚕好更抽。寒夜短檠相对处，几多诗兴为君收。”对吴伟业诗歌给予恰当中肯的高度评价，从而奠定了吴伟业诗歌在有清一代的地位。

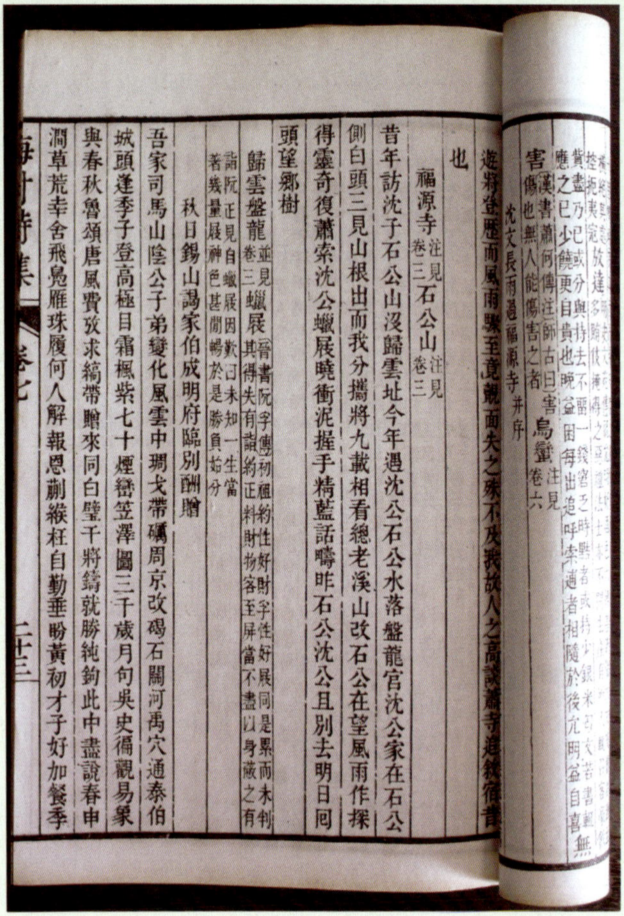

16.6 cm×20.0 cm

吴伟业的诗歌专模唐人格调，辞藻华丽，长于七言歌行，尤工讽咏

时事之古诗。这一方面可以举《永和宫词》、《圆圆曲》、《楚两生歌》为其代表作品，与唐代白居易之《长恨歌》、《琵琶行》可谓同调。因此，后人以“诗史”评价吴伟业诗歌，说他的诗歌是“诗中有史”。吴伟业的诗歌创作以明亡为界，分为两个阶段。前一阶段的诗作，才华艳发，吐纳风流；后一阶段的诗作，风格一变，苍凉萧瑟，晚年学庾信，风骨愈上。

吴伟业一生写诗千余首。著有《梅村家藏稿》五十八卷，《梅村诗馀》。另有传奇《秣陵春》，杂剧《通天台》、《临春阁》，史乘《绥寇纪略》、《春秋地理志》等。

吴伟业以明末清初的历史现实为题材，反映山河易主、物是人非的社会变故，描写动荡岁月的人生图画，志在以诗存史。这类诗歌约有四种：一种以宫廷为中心，写帝王嫔妃凄婉的恩宠悲欢，引出改朝换代的沧桑巨变，如《永和宫词》、《洛阳行》、《萧史青门曲》、《田家铁狮歌》等。第二种以明清战争和农民起义斗争为中心，通过重大事件的记述，揭示明朝走向灭亡的趋势，如《临江参军》、《雁门尚书行》、《松山哀》、《圆圆曲》等。第三种以歌伎艺人为中心，从见证者的角度，叙述南明福王小朝廷的衰败覆灭，如《听女道士卞玉京弹琴歌》、《临淮老妓行》、《楚两生行》等。最后还有一种以平民百姓为中心，揭露清初统治者横征暴敛的恶政和下层民众的痛苦，类似杜甫的“三吏”、“三别”，如《捉船行》、《芦洲行》、《马草行》、《直溪吏》和《遇南厢园叟感赋》等。此外还有一些感愤国事、长歌当哭的作品，如《鸳湖曲》、《后东皋草堂歌》、《悲歌赠吴季子》等，几可备一代史实。

痛失名节的悲吟，是他诗歌的另一主题。这以清顺治十年出仕为标志。在灵与肉、道德操守与生命保存之间，吴伟业选择苟全性命，堕入失节辱志的痛苦深渊，让自赎灵魂的悲歌沉挚缠绵，哀伤欲绝。《自叹》、《过吴江有感》、《过淮阴有感》、组诗《遣闷》等，如“误尽平生是一官，弃家容易变名难”，“我本淮王旧鸡犬，不随仙去落人间”等句，忏悔自赎，表现悲痛万分的心情。

吴伟业死前曾说：“吾诗虽不足以传远，而是中之寄托良苦，后世读吾诗而知吾心，则吾不死矣。”他所说“寄托良苦”，一是指他的诗歌多影射时事，只是慑于清廷之威不敢直言，所谓“诗史”之义即指此；二是指他以诗歌抒发自己失节之恨，希望后人能通过读他的诗歌而了解他的内心痛苦，并体察他复杂矛盾的心情，进而唤起人们的爱国热情。

临终前，吴梅村作《临终诗》四首，并再三嘱托家人：在其死后，要“殓以僧装，葬吾于邓尉、灵岩相近，墓前立一圆石，题曰‘诗人吴梅村之墓’，勿作祠堂，勿乞铭一人”。

家人按其遗愿，择墓于苏州太湖边的邓尉山。据《吴县文物》记载，其墓在光福石壁山憨山台附近。

吴梅村诗文有康熙中刊本《梅村集》四十卷、乾隆四十年刊《吴诗集览》二十卷及嘉庆十九年沧浪吟榭《吴梅村诗集笺注》十八卷。宣统间，武进董康诵芬室亦有刊本。笔者藏本为民国时中华图书馆印行，沧浪吟榭校本八册十八卷，函套上有日文朱笔题耑。

中国的雕版线装本，已有一千多年历史。民国时期，西方新的印刷技术和装订工艺逐渐传入我国，但传统线装的图书依然凭着它独特的民族性格与新式印装的图书和平共处，尤其是其中一些集部类者，因其印数有限，留存至今者较为罕见。有些书虽装帧上仍延续线装的形式，但内页已尝试采用铅字印刷。这些书设计虽大同小异，但稳重大方，书卷之气溢于纸色，书页绵糯，书香阵阵。

《朱伯庐夫子治家格言释义》

在中国数千年辉煌灿烂的文明中，家训是思想文化园中的一朵奇葩。家训又称庭训、庭诰、家范、家诫等，是长辈垂诫子孙后代，用以规范家人行为、处理家庭事务及社会人际关系的言行准则。家训取材广泛，或剪辑经典，或采撷百家，或阐发前人教诲，或总结切身体验，熔铸成文朴义实的精炼语言，堪称治家从学、立身处世的指南。

早期的家训著述，大多保存在一些子书、史传、文集之中，如周公的《戒伯禽》、管仲的《弟子职》、司马谈的《遗训》、诸葛亮的《诫子书》等。其特点是语言精粹，发人深省，但篇幅短小，内容较为简略。北齐颜之推的《颜氏家训》是首部家训专著。宋人陈振孙称："古今家训，以此为祖。"（《直斋书录解题》）其教育对象，已从具体的人和事扩展为整个家族和子孙后代。此后，家训著作层出不穷，其著者如唐李世民的《帝范》、柳玭的《柳氏家训》、宋司马光的《家范》、袁采的《世范》、明庞尚鹏的《庞氏家训》等，五彩缤纷，蔚为大观。

明清是家训著述的繁盛时期，而朱柏庐的《治家格言》便是这一时期的一篇具有代表性的名作。家训全篇虽仅五百多字，但字字句句可谓经典。

黎明即起，洒扫庭除，要内外整洁；既昏便息，关锁门户，必亲自检点。

一粥一饭，当思来处不易；半丝半缕，恒念物力维艰。

宜未雨而绸缪，毋临渴而掘井。

自奉必须俭约，宴客切勿留连。

器具质而洁，瓦缶胜金玉；饮食约而精，园蔬愈珍羞。

勿营华屋，勿谋良田。

三姑六婆，实淫盗之媒；婢美妾娇，非闺房之福。

奴仆勿用俊美，妻妾切忌艳妆。

祖宗虽远，祭祀不可不诚；子孙虽愚，经书不可不读。

居身务期质朴，训子要有义方。

勿贪意外之财，勿饮过量之酒。

与肩挑贸易，毋占便宜；见贫苦亲邻，须加温恤。

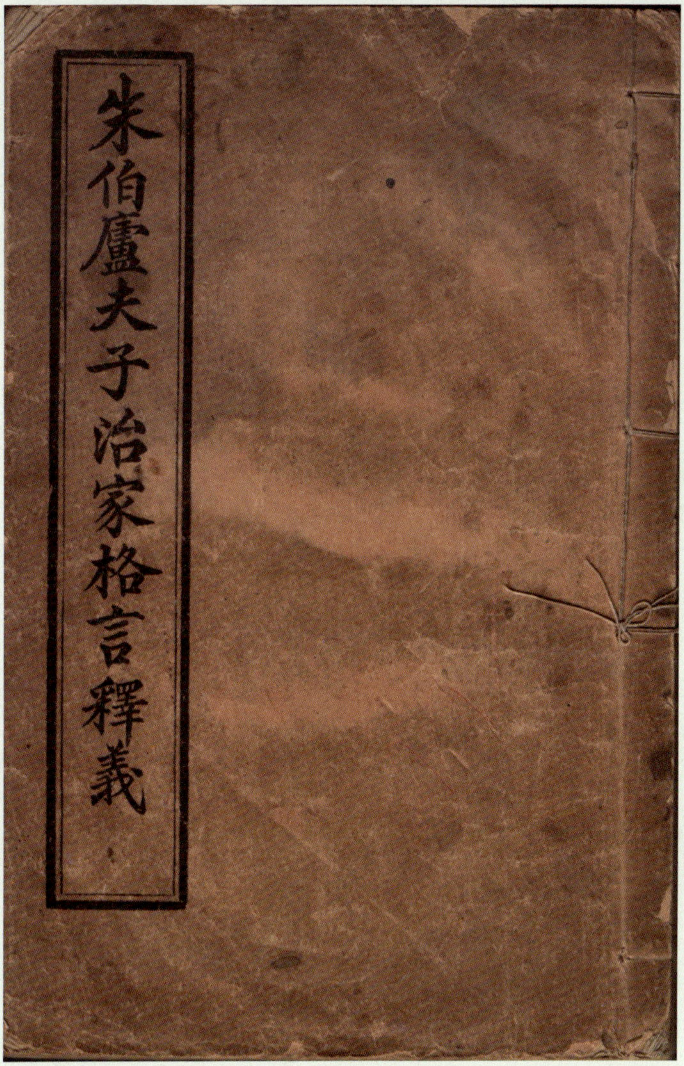

13.3 cm×20.1 cm

刻薄成家，理无久享；伦常乖舛，立见销亡。

兄弟叔侄，需分多润寡；长幼内外，宜辞严法肃。

听妇言，乖骨肉，岂是丈夫；重资财，薄父母，不成人子。

嫁女择佳婿，毋索重聘；娶妇求淑女，勿计厚奁。

见富贵而生谄容者，最可耻；见贫穷而作骄态者，贱莫甚。

居家戒争讼，讼则终凶；处世戒多言，言多必失。

毋恃势力，而凌逼孤寡；毋贪口腹，而恣杀牲禽。

乖僻自是，悔误必多；颓惰自甘，家道难成。

狎昵恶少，久必受其累；屈志老成，急则可相倚。

轻听发言，安知非人之谮诉，当忍耐三思；因事相争，安知非我之不是，须平心再想。

施惠无念，受恩莫忘。

凡事当留余地，得意不宜再往。

人有喜庆，不可生妒忌心；人有祸患，不可生喜幸心。

善欲人见，不是真善；恶恐人知，便是大恶。

见色而起淫心，报在妻女；匿怨而用暗箭，祸延子孙。

家门和顺，虽饔飧不继，亦有余欢；国课早完，即囊橐无余，自得至乐。

读书志在圣贤；非徒科第；为官心存君国，岂计身家。

守分安命，顺时听天，为人若此，庶乎近焉。

《朱伯庐夫子治家格言释义》二卷，由湖州戴立羽清所著，此书全面评析了每句含义，故为"释义"。作于光绪十五年(1889)，笔者藏本为民国十五年(1926)春月三版，上海宏大善书局石印本。令人不解的是此本封面将朱柏庐改成了朱伯庐，二字虽同音，但不同义，因何而错，费思。

朱伯庐(1627—1698)，是中国历史上有影响的文学家、戏曲家、思想家、书画家、教育家。在昆山历史上，与顾炎武、归有光同称光耀中华史册的"昆山三贤"。朱伯庐原名朱用纯，伯庐是号。《治家格言》注重以儒家的伦理道德规范和子孙，内容主要有"勤俭节约、正直朴直、和睦安顺、读书明理"四大要点。有道是家和万事兴。可以见得，一个人如果连家都管理不好，子女都不能教育好，事业心、激情、欢乐、幸福都不会长久。格言家训有许多积极向上的观点，在今天，特别在建设和谐社会中有着一定的借鉴意义。当然，由于所处时代不同，一些提法也存在一定的局限性，甚至有违时代精神。因此，当注意鉴别。

吴湖帆与《联珠集》

在苏州城南小王山的松林中，中国一代艺术大师，名震中外的画家、书法家、鉴赏家、收藏家吴湖帆的墓修在这里。1978 年 10 月，有关部门为吴湖帆平反昭雪，恢复名誉，并举行追悼大会。1991 年 6 月，吴湖帆“梅景书屋”的弟子在小王山建成了吴湖帆衣冠冢，留下的只是叹息和钦慕。

吴湖帆 1894 年出生于苏州南仓桥。后在沪上画名日盛，作画就以金条计酬。他虽出身名门望族，却是一位有着满腔热血的爱国艺术家。1945 年抗日战争胜利，吴湖帆写贺《英雄独立图》，将上下千年、南北两脉、纵横画坛的名派名家的表现特色熔于一炉。

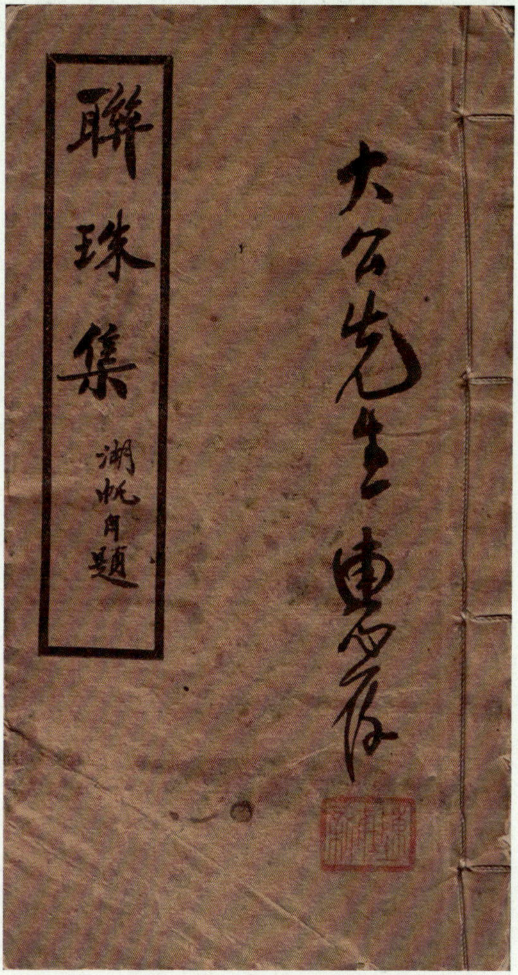

10.7 cm×19.5 cm

吴湖帆对新中国成立更是饱含着满腔深情，新社会让他爆发了旺盛的创造力。1949 年，为庆贺新中国成立所作的《洞天新城》、《峒关蒲雪图》，洋溢着他对新中国成立的喜庆之情，成为其代表作。

吴湖帆对新中国的深情不但倾注于笔端，而且用实际行动来表达热爱之情。1949 年，吴湖帆曾致信苏州地区专署，愿捐献收租田两千亩、本人田产五百亩、苏州甫桥西街房屋四五十间及祖遗文物。他在任上海市政协委员、文史馆员时，又将花三十多年时间搜集的清代状元七十多家所书扇面献给了苏州市文管会。这七十余柄书扇，是他千方百计搜罗

吴湖帆、潘静淑像

而来的，有的是出高价收买的，有的是用极其珍贵的藏品与人交换而来的，其价值无可估量。

出于对伟大领袖的爱戴，新中国成立之初，吴湖帆托姨表兄黄炎培，将自己的一帧扇面转交给毛主席。主席很喜爱，不但回赠大衣一件，还加上五百元润笔费。

主席是诗词和书法的高手，1954 年，吴湖帆将自作自书的诗词作品，影印成书，再转呈主席。主席也很快将自己诗词手稿的影印本回赠。

按常理，凭吴湖帆和主席曾经的交往情谊，是不至于落难而亡的。其实，新中国成立后，吴湖帆头上顶着光环的日子没几年，从时间上来说，他悲惨的命运在 1956 年就有了预兆。这一年，周总理在国务会议上指出，要在北京和上海各成立一所中国画院。同年 8 月 3 日，上海中国画院筹备委员会组成。主任是上海市委宣传部副部长赖少其。强手如林，而院长一职更是成为关注的焦点，经在画家中征询提名，院长：吴湖帆；副院长：赖少其、傅抱石、贺天健、潘天寿。这一结果与上海市委下达的任命基本相符。

就在画院即将揭牌之际，有人以吴湖帆是大地主、大官僚出身而提出异议，并引起了上层的重视，画院组阁方案搁浅。吴湖帆从此成为边缘人物，仅作为普通画师供职于画院。

1957年"反右"斗争开始，画院成为"反右"中心，吴湖帆被卷进了旋涡。他虽饱受心灵创伤，以致受疾病一次次侵蚀，但对祖国还保持着深深的爱恋。1964年，我国第一颗原子弹爆炸成功，吴湖帆历经数月，在1965年夏创作出《原子弹爆炸》，在当代绘画史是极其成功的佳作。1966年"文革"爆发，吴湖帆又成为受冲击对象，被无休止地批斗，身心受到严重摧残，终于再度倒下，住进了医院。

"情中明事体，理外见天机。"这是一代大画家吴湖帆在自尽前几天，为前来探视的外甥朱梅邨留下的绝笔。1965年9月，吴湖帆身体已极度虚弱，靠插入导管维持生命，但造反派竟还在他病榻之侧开起了"批斗会"，并将吴湖帆家藏精品尽行抄去。吴湖帆万念俱灰，愤而拔去导管，旋即离世。在那人类道德、秩序沦丧的时代，吴湖帆的遗体火化后，连骨灰也未能保存，其作为死者的基本尊严都没有得到尊重。不久，吴的续弦之妻顾抱真因被造反派强迫劳动疲惫仆地而亡。被极"左"思想害死的还有吴湖帆的长子孟欧，他因在祖宅内开办无线电学校，以"偷听敌台罪"被枪决。

一代名门望族，一代大师，何以有如此悲惨结局？

在20世纪中国画坛，吴湖帆与张大千等一道构筑的辉煌，使之成为继宋、元、明末清初之后中国画史的又一高峰。他集书画、鉴赏、收藏于一身，作为少有的一个"复合型"艺术家，本身就构成了一个博大精深的体系。

吴湖帆六岁入小学，课余随先贤陆廉夫摹写花果，接受指导。陆原为吴大澂幕下军师，他悉心调教湖帆看图识字，教他在自己画上印着摹写。吴湖帆天性爱笔墨，聪颖过人，晚清大臣吴大澂观其所书后欣慰地叹道："此子他日必有所成。"晚年的吴大澂在病榻前，以平生藏物之名目相授，并细观其悟性。吴湖帆均能举一反三。吴大澂慨然而叹："有嗣如此，死复何憾！"遂将所藏字画多留给吴湖帆。这成了吴湖帆日后技艺大进的养料。吴湖帆生母沈静研为名门沈韵初女，幼承庭训，诸子百家、琴棋书画皆通，使得吴湖帆未进学前已受濡染。

吴湖帆十三岁起习山水，数年之间遍抚“四王”真迹，然后旁涉恽南田、吴历，又复上溯“明四家”。十余年间，文质数变，最后目光渐为董其昌吸引。一段时间，他浸润在董其昌书画艺术世界中。1936年，标志吴湖帆创作崭新起点的山水画杰作《云表奇峰》问世。《云表奇峰》震动了当时画坛，但见图上群峰绵延，远峰一抹直入云中，山谷白云弥漫；中景是松杉簇拥，楼阁掩映；近景则为溪流。整个画面极尽丘壑之美，观者无不惊叹。

吴湖帆在20世纪40年代已名震东南。作为苏州人，他继承发扬了吴门画派的精粹。民国时，中国画坛有“三吴一冯”之说，三吴即吴湖帆、吴子深、吴待秋，冯即冯超然，三吴中以吴湖帆为首。张大千佩服的“两个半画家”中，第一个就是吴湖帆。他说：“识湖帆先生，其人渊博宏肆，作画熔铸宋、元而自成一家，甚服我心，乃知天下画人未易量也。”

学而能化、转益多师、集众所长是吴湖帆的最大特点；再加上绘画、诗词、鉴赏诸多陶冶，吴湖帆的书法不仅能独成一家，且格调高雅。书法既具骨力，又富诗情画意，大小皆能自出机杼，尤其与其所作之画及题跋内容相配，更是浑然一体，堪称一绝。

在书画鉴定方面，吴湖帆能“触目立判真伪”，有“一只眼”之称。古代书画，真伪混杂，吴湖帆究本溯源，苦心孤诣，终于在鉴别分析、考证等方面总结探索了一系列经验。1934年，他接受北京故宫之邀，竟看出故宫一半以上藏品是赝品，还能指出是某人伪作。之后整理撰写成《目击编》与《烛奸录》。这两部非常重要的著作，把在故宫鉴定精品时审查出的一批伪作记录在案，为后人辨别真伪留下了最直观、最权威、最有参考价值的档案史料。

吴湖帆雅善填词，他曾先后向朱古微、吴霜厓两位宗师请益。他学词与学画一样，喜广收博取，又能择善而从，融会贯通。笔者藏本《联珠集》为民国三十七年(1948)七月“吴氏梅景书屋”刊行，自印本，线装铅印，有序一两页、序二两页、自叙两页、目录四页、正文二十九页、跋及勘误表两张。封面书名由吴湖帆自题，扉页有叶恭绰所题“吴湖帆集古词联珠集”字样。《联珠集》相当珍贵，是研究吴湖帆以及民国画坛的重要珍贵史料，是吴湖帆为后人留下的一份重要文化遗产。

《联珠集》成词六十首，兹录篇目如下：

莺啼序·(集周美成句)答静淑、千秋岁·(集宋人句)庚午春静淑返苏代简、春风袅娜·(集宋人句)庭中红梅忽放绿华、金缕曲·(集宋人句)随《董美人墓志》初拓本、瑞龙吟·(集宋人句)和周清真韵、满江红·(集刘后村句)题李印泉先生《西山访古记》、满江红·(集宋人句)《秋夜草疏图》、瑞鹤仙·(集吴梦窗句)自题《梅景书屋图》、烛影摇红·(集吴梦窗句)自题《梅景书屋图》(潘静淑作)、玉漏迟·(集吴梦窗句)慰庞京周兄病中、玲珑四犯·(集宋人句)题《张紫东配邢夫人遗像》、芳草·(集宋人句)题袁鸥波《芳草集》、潇湘夜雨·(集宋人句)《潇湘云影图》、陌生花·(集宋人句)冯超然画桃花、八声甘州·(集宋人句)《罗浮梦》剧本、减字木兰花·(集辛稼轩句)、酹江月·(集辛

稼轩句)石涛画《清湘感旧图卷》、摸鱼儿·(集辛稼轩句)《溪山渔隐图》、洞仙歌·(集周美成句)白莲、齐天乐(集宋人句)、探秋慢·(集张玉田句)《江南春色图》、临江仙·(集宋人句)题《畹秋施姬照》、水龙吟(集宋人句)、八宝妆(集元章蜕岩句)、花心动·(集周草窗句)西泠感怀、西子妆·(集吴梦窗句)湖上、绮罗香(集姜白石句)、桃源忆故人·(集宋人句)自画桃花小卷、点绛唇·(集吴梦窗句)冯涤舸画《樱桃小卷》、虞美人(集秦少游句)、蝶恋花(集吴履斋句)、玉楼春二首(集辛稼轩句、集晏元献句)、眼儿媚(集宋人句)、金缕曲(集吴梦窗句)《琼楼倚月图卷》、鹧鸪天二首(集晏小山句、集张子野句)、满庭芳(集宋人句)、踏莎行(集元章蜕岩句)《凌波图》、玉楼春(集宋人句)、凉州令(集晏小山句)、淡黄柳(集宋人句)、烛影摇红(集柳耆卿句)、两同心·(集周美成句)《司马相如、卓文君双印册》、龙山会·(集辛稼轩句)狄平子、叶遐庵戊辰重九之约、点绛唇·(集张芦川句)寿徐漱芳丈七十、烛影摇红·(集晏元献句)寿庞京周母冯太夫人七十、风入松·(集宋人句)寿吴九珠丈六十、杏花天·(集宋人句)《杏花双燕图》、雨霖铃(集方千里句)、夜合花(集吴梦窗句)、垂杨(集史梅溪句)、章台柳四首·(集山谷、六一《淮海》、《东山》句)冯超然画《河东君象》、浪淘沙·(集宋人句)张大千画莲花、水调歌头(集辛稼轩句)、清平乐(集辛稼轩、刘后村二家联句)。

此集刊行时,潘静淑已离世九年。词集中收进了最有意义、最能代表吴湖帆与潘静淑爱情的潘静淑所作的《烛影摇红》,可见他对静淑的感情之深。潘静淑曾祖父潘世恩是乾隆五十八年(1793)状元,官至大学士。祖父潘曾莹,官至工部侍郎,是当时有名的诗人和画家。伯父潘祖荫,咸丰二年(1853)探花,官至工部尚书、军机大臣,名气甚大。静淑是潘祖年次女。受家族文化传统的渊源和深厚的艺术修养滋养,她从小吟诗作画,既无金玉纨绔浅薄之爱,又不喜应酬,后来夫妇两人在庭园或闺房作诗作画,恩爱有加。1922年,静淑三十岁时,她父亲用珍贵的宋刻《梅花喜神谱》相赠,作为爱女生日纪念。这本《梅花喜神谱》为南宋景定年间的版画刻本,宋伯仁编绘,非常罕见,现藏于上海博物馆。夫妇俩喜不自胜,即以"梅景书屋"名其居,静淑填了一首《烛影摇红》以表感激喜悦之情。

茸屋营花,行云应在孤山畔。靓妆临水最相宜,春近江南岸。唤赏清华池馆,记留连。歌尘凝扇,裁冰词笔,一幅闲情,铅香不断。　　避影繁华,梅花重洗春风面。玉纤香动小帘钩，翠羽飞梁苑。共倚赁屏葱茜，殢绿窗。星罗万卷，新诗细掐，卧笛长吟，洞箫低按。

或许两家望族联姻过旺，或许两人过于完美，命中有劫。1939 年 6 月 29 日，静淑在上海突患腹疾，竟至不治，仅三日即去世，年仅四十七岁。吴湖帆为悼亡妻，在彼去世一个月内足不出户，含泪汇编亡妻生前所作画、词及他自己的作品合为《梅景书屋画集》、《梅景书屋词集》，并亲自手工装订，分送亲朋好友，以纪念静淑。直到 1942 年续娶了静淑的陪嫁侍女顾抱真，生活才趋向正常。人们悲叹，静淑倘若不早逝，才情自当不可量。

《联珠集》最后印有“继室顾抱真谨录、六女吴惠欧校字”，由此，对广陵书社 2006 年 7 月《苏州名门望族》第 137 页中湖帆生二子二女的记载就难免产生费解。词集最后由徐邦达跋。

此词集封面有“大公先生惠存”、“陈在新”章印，由此推断此诗集曾在这二位手中传藏。经查，陈在新（1905— ），浙江海盐人，工画，擅木刻，兼精图案，历任上海商务印务印书馆副馆长、上海市画家协会会长。

另附梅影书屋民国二十九年（1940）1 月初版《梅景书屋画集》中的吴湖帆、潘静淑照及作品。

金震的《东庐诗钞》

“月落乌啼霜满天，江枫渔火对愁眠。姑苏城外寒山寺，夜半钟声到客船。”一首《枫桥夜泊》，不仅使诗人张继以一诗名天下，也使寒山寺名声远播。

其实，关于寒山寺的诗还有很多，如南宋陆游（1125—1210）的《宿枫桥》：“七年不到枫桥寺，客枕依然半夜钟。风月未须轻感慨，巴山此去尚千重。”陆游是今浙江绍兴人，有《剑南诗稿》、《渭南文集》等传世。公元1170年，陆游时年四十六岁，闰五月十八日离开山阴到四川，六月十日路过苏州，夜宿枫桥。在此七年前，即公元1163年，陆游被贬谪出朝，曾路过苏州，投宿枫桥。诗中的“半夜钟”语出张继《枫桥夜泊》，“风月”是指美好景色。一二句将自己七年来两次途经枫桥联系起来，言这次再来，寒山钟声萦绕于耳，诗人有感张继名篇，抒发对姑苏胜迹的怀念。三四句是自勉，由眼前美景想到将去的四川，这不只是写景，也表达了诗人的人生遭际：报国有心，却未可预卜。

笔者所藏民国时苏州出版的《东庐诗钞》中还有一首《枫桥夜泊》。此诗创作于民国，读来别有意境：“钟声依旧寺桥东，瘦尽寒山冷尽枫。夜半不知客船到，两山渔火隔桥红。”作者金震，江苏吴县（今苏州）人，字东雷，号东庐。译有《英国文学史纲》，1937年上海商务印书馆版，中国国家图书馆存；著《莲心和草》一卷，1922年铅印本，中国国家图书馆存。《东庐诗钞》还有1938年石印本，南京师范大学图书馆存。

《东庐诗钞》六卷附词一卷全一册，铅印线装，民国廿五年（1936）7月初版。版权页上代售处署苏州沧浪亭省立图书馆、苏州公园中国国学会及全国各大书坊。《东庐诗钞》卷一收五言古体二十七首。卷二收七言古体十三首。卷三收五言律诗七十九首。卷四收七言律诗八十一首。卷五收五言绝句四十六首。卷六收七言绝句二百九十首。共诗五百三十六首。

《东庐诗钞》大部分是对苏州名胜古迹、人文典故的抒怀以及作者的情感记忆。其中有一首《石家小酌》很有兴味：“当年梅雨记滂沱，访古曾随无礼过。泛水登山心不厌，杏花村里有吟窝。”不过，笔者最欣赏的是《昨夜》：“昨宵雷雨震春眠，惊破吟魂梦又牵。别有孤居滋味在，青灯追忆读书年。”

15.5 cm×25.5 cm

《东庐诗钞》在当时诗坛应有较高的地位。书名由国民党元老李根源题署，作序者有六人，还有费树蔚等六人的题词。费树蔚（1878—1935）是苏州吴江人，清朝秀才，曾在袁世凯总统府任过职。

但令人遗憾的是，陈玉堂编《中国近现代人物名号大辞典》中只记载了金震著目。广陵书社2005年版《苏州民国艺文志》中也仅有书目记载和生平简略，对生卒年作了“生卒年不详”的括号说明。

《东庐诗钞》有一序者叫吴康，他的序作于民国廿五年中秋节上海大同大学。序首云：“壬申秋，余任江苏省立苏州中学教课，于金君东雷共事一校。”可见，金震曾在苏州中学教过书，但有关详细生平未见著述，甚憾。

陈去病的《吴江诗录》

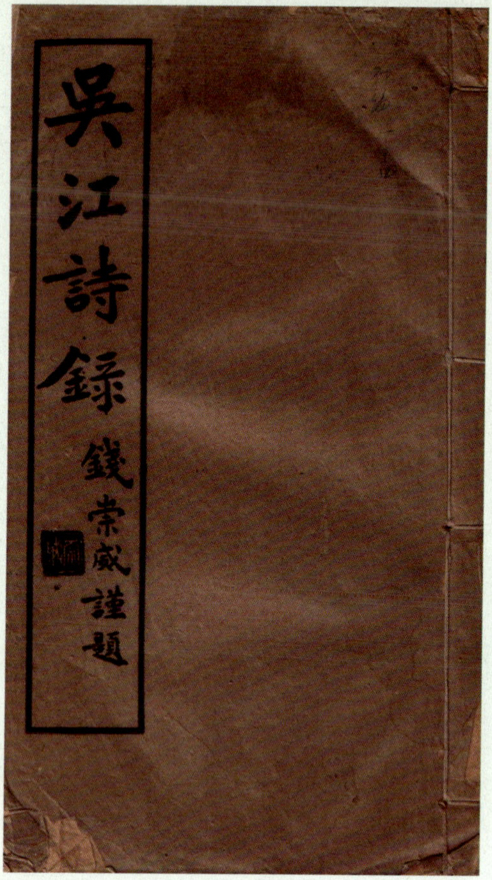

15.0 cm×26.2 cm

陈去病，原名庆林。少年时读霍去病名句“匈奴未灭，何以家为”时，激动万分，毅然改名为“去病”。他1874年出生在苏州吴江同里镇，祖上经营榨油业。光绪二十四年（1898）在家乡组织雪耻学会，响应维新运动。1903年赴日本，加入中国留学生组织的拒俄义勇队。次年在上海任《警钟日报》主编，同时创办《二十世纪大舞台》杂志，提倡戏剧改良。1906年加入同盟会，从此走上革命生涯。同年，为纪念明末进步思想家黄宗羲，在安徽府中学堂与黄宾虹等组织黄社。次年，到上海编辑《国粹学报》，与吴梅等组织神交社。光绪三十四年（1908），在绍兴府中学堂组织匡社。为了纪念秋瑾，又在杭州组织秋社。次年，在苏州与柳亚子、高旭一起创办南社。武昌起义后创办《大汉报》，在绍兴为越社主编《越铎日报》。

1913 年，参加讨袁的二次革命。孙中山对他十分信任，曾任命他为参议院秘书长。1917 年，追随孙中山赴粤护法。1922 年，孙中山督师北伐，陈去病任大本营前敌宣传主任。因对蒋介石统治不满，逐渐脱离政治，转入学术研究。后曾任南京东南大学教授、江苏革命博物馆馆长等职。1933 年中秋在吴江同里病逝，葬于苏州虎丘山麓冷香阁旁。

据《吴江县志》记载，陈去病著有《雅谭》、《巢南杂著》、《明清最初交涉史》、《孙中山先生世系表》等。

陈去病重视戏剧，认为它在鼓动平民、普及思想于社会方面具有其他艺术形式无法比拟的作用。在诗歌主张上，陈去病和柳亚子引为同调，推尊“唐音”。1917 年，柳亚子受到南社内外宋诗派的围攻时，陈去病曾愤起支持。他激烈地指责宗法江西诗派的闽派诗人陈宝琛、郑孝胥等，认为“其声益噍杀而厉”。在散文写作上，他反对分门别户，尤其反对桐城派。他说：“文无论古今，总祈一是，义理、词章、考据三者何适而不可，只须用得其当而已，于彼宗派何与乎？”

陈去病的诗大多为咏怀之作，集中抒发了诗人推翻清朝统治的壮志。《将赴东瀛赋以自策》写离乡去国、探求救国真理的愿望。《重九歇浦示侯官林獬、仪真刘光汉》写年华虚度而所志不遂的怅惘。《图南一首赋别》劝慰妻子以补天填海的千秋大业为重，不必为远别感伤。《访安如》写向挚友辞行，“此去壮图如可展，一鞭晴旭返中原”，相信尽管道路崎岖，但终有胜利相见的一日。

陈去病的诗，体现了清末国粹学报派的特点，即借历史作反清的宣传。《题〈明孝陵图〉》抒发“几时还我旧山河”的抱负，《题〈郑延平战捷图〉》、《自厦门泛海登鼓浪屿有感》写对于民族英雄郑成功的思念，《校定〈长兴伯遗集〉书其后》、《九月初七日新安江上观水嬉，并为有明尚书苍水张公作周忌》等诗，缅怀明末抗清英雄吴易、张煌言、瞿式耜等人。这类诗易于为具有民族思想的知识分子所接受，但缺少民主主义思想。陈去病的散文散见于清末民初的报章杂志，其中的《明遗民录》是为明末遗民、义士所作的传记集，《五石脂》是记载东南文人抗清事迹的笔记，兼具诗话、文话的性质，均发表于《国粹学报》。

笔者收藏的陈去病《吴江诗录》一册，分初编四卷，二编四卷，为吴江百尺楼 1927 年版。

俞绣孙的《慧福楼幸草》

关于《慧福楼幸草》，曾有所闻，仅知是俞樾次女俞绣孙的诗作。查遍苏州所有史料，也未见俞绣孙线索。2009 年的一天，在江澄波老师那儿，《慧福楼幸草》为我所得，虽是民国年间手抄本，也未有民国何时何人所抄的记载，但俞绣孙和《慧福楼幸草》的故事终于得到了佐证和解读。

俞绣孙，天资聪慧，酷嗜诗赋。幼时，父亲亲自教读《诗经·国风》，又选唐诗数十首教她背诵、品味。稍长，她见前人或时贤诗集，无不取而细观慢读，终日手不释卷。一日，父亲问她："能读懂吗？"绣孙脸红，轻声答道："没懂。"父亲笑道："你别诳我啦！哪有读不懂而成天捧着书不厌的？"即以《咏月》为题，要女儿做诗。绣孙略一思索，成七绝一首，虽然韵律尚可调整，却有举头天外之境界。俞樾见诗，不禁又喜又忧，喜的是绣孙才学兼富，忧的是她小小年纪却如此多愁善感，恐不能久驻人世！

清同治二年(1863)，俞绣孙出嫁，夫婿是钱塘许家的许祐身。许氏虽出自望族，但中举后，科场却不再顺利，不得已，捐资入刑部得一小职位，住到北京，去参加那边的进士考试。绣孙随夫客居京师，备尝艰辛。俞楼建成之初(光绪五年，1879 年)，她正随丈夫请长假返乡而回到杭州。俞樾偕夫人来住，她前来侍奉两老，为此赋《俞楼落成，两大人同来湖上，赋此谨志》诗两首，一扫她诗作中惯见的悲愁气氛，洋溢着欢悦的情愫。诗中写道：

高楼筑向圣湖边，一笑先登五百年。
翰墨自能传后世，风流应不让前贤。
偶来小住原非隐，修得闲身便是仙。
指点跨虹桥边路，波光如镜柳如烟。

(原注：俞楼之筑，家大人有且待五百年后之说，故次句云然。)

小筑经营弟子才，诗囊茶鼎共携来。
映阶草色因书润，隔院钟声破梦回。
四面青山图画里，一湖春水镜帘开。
从今好与逋仙约，不让先生独种梅。

可惜,俞家父女春秋相聚湖楼,为期只有三年!光绪八年(1882)十二月,年仅三十四岁的俞绣孙,死于产后虚脱。噩耗传来,俞樾痛不欲生。

老人决定,要以自认为最好的方式寄托哀思——将绣孙所作诗词稿,汇集刊刻以传世。谁知,绣孙病倒前,竟将手头所存诗稿尽行付之一炬,俞樾只是从她旅居北京时的家书中寄录以及许祐身等人回忆背诵所得,搜集到爱女诗作七十五首,词作十五首,编为薄薄一小册,题名《慧福楼幸草》付梓。

"慧福楼",是绣孙在苏州马医科俞宅所住的闺房小楼。俞樾命名此残稿汇编为"幸草",其义取自《论衡》"火燔野草,其所不燔,谓之幸草"。所幸的是,《慧福楼幸草》中,尚有一阕《祝英台近》并序,可借以略窥俞绣孙多愁善感秉性之一斑:

静一主人宴饮湖上,折梅花数枝而归。忆季英仲嫂濒行时,欲作湖上游,束装不果,对花惜别,不禁黯然,倚此寄之。

惜匆匆,分手易,寂寞怨朝暮。几日东风,春色顿如许。探芳旧约蹉跎,六桥烟柳,未识我、别时情绪。　　泪如雨。一枝欲寄凭谁,相对更无语。水远山长,空赋断肠句。怜他一段幽香,绣帏今夜,能否伴、梦魂归去?

在《慧福楼幸草》的序中,俞樾老人还沉痛地写道:"人或言:死者于地下仍相聚如生人。余闻之,欣然欲往矣!"又云:"女从前赋《落花词》,有云'叹年华、我亦愁中老。'余谓:'少年人不宜作此凄惋语。'为和其词以广其意。今女卒,年仅三十有四,是求其于'愁中老'而不得也。悲夫!"

俞绣孙何以过早去世?她为何预先尽焚诗稿?连她最亲密的父亲俞曲园当年也非常迷惑。其实,就身体状况而言,生子女过多(先后八胎)导致体亏气虚,显然是绣孙英年早夭的主要原因;而从精神状态看,俞绣孙与许祐身夫妻感情很好,他们一起咏诗填词,夫唱妇随,志趣相投。然而,俞绣孙闺媛诗人气质太重,过于悲凉感伤,为此,她的健康,在多愁善感中已然被悄悄地大量透支。这一点,虽早就为俞樾所觉察,如他在《慧福楼幸草·序》中就提到:"女素弱,而所产子甚多。存者丈夫子一,女子子六。去年十一月之望又产一男。时余在吴下,子原书来言产后甚健。余贻书戒之曰:'健则尤不可不慎饮食寒暖,毋忽也。'乃越十日而病,二十余日而竟卒!"此外,这从俞绣孙传世的近百首诗词充满忧愁烦闷的感

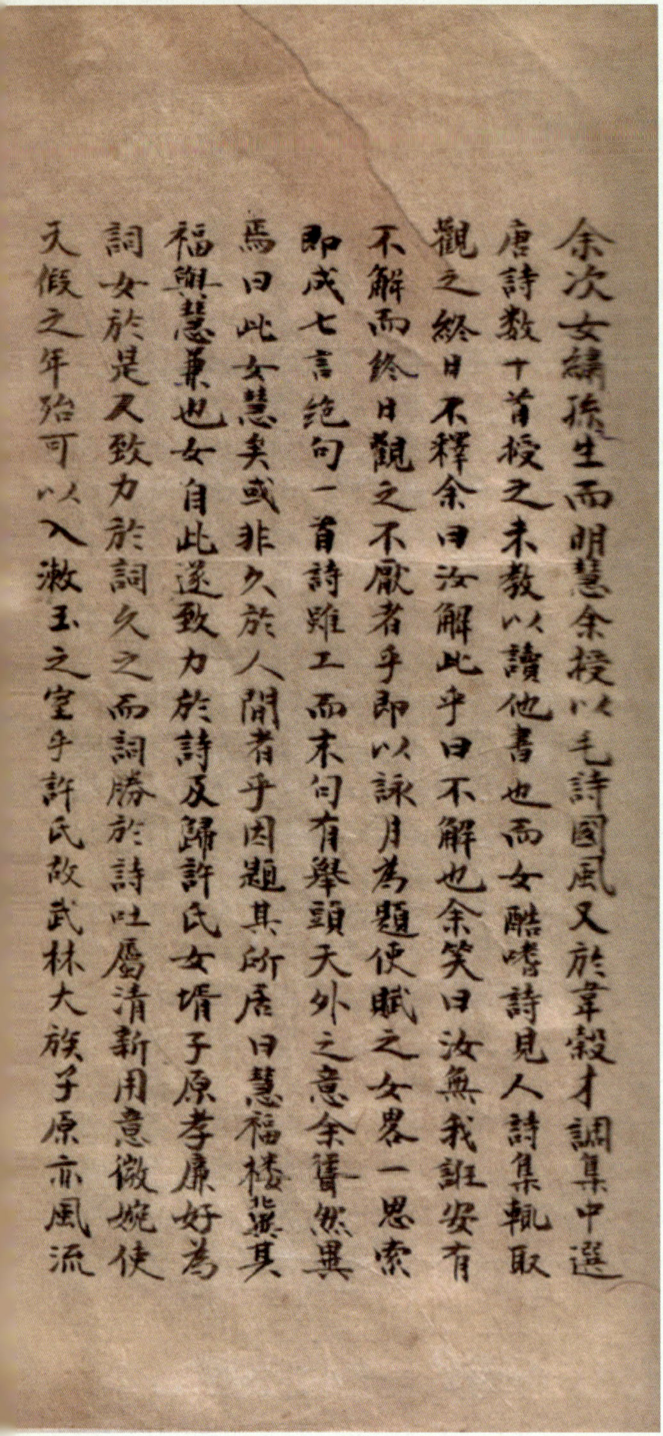
余次女繡孫生而明慧余授以毛詩國風又於韋縠才調集中選唐詩數十首授之未教以讀他書也而女酷嗜詩見人詩集輒取觀之終日不釋余曰汝解此乎曰不解也余笑曰汝無我誑安有不解而終日觀之不厭者乎即以詠月為題使賦之女畧一思索即成七言絕句一首詩雖工而末句有舉頭天外之意余瞿然異焉曰此女慧矣或非久於人間者乎因題其所居曰慧福樓冀其福與慧兼也女自此遂致力於詩及歸許氏女婿子原孝廉好為詞女於是又致力於詞久之而詞勝於詩吐屬清新用意微婉使天假之年殆可以入漱玉之室乎許氏故武林大族子原亦風流

14.5 cm×22.8 cm

喟中，也可得到印证。又由于绣孙的母亲姚夫人于俞楼建成不久即因病去世，加以绣孙与父母分居也比较早，俞樾未能也无法对爱女多有劝导和提醒，以致他在为《慧福楼幸草》作序时痛感："览其遗稿，触绪悲来。援笔作序，不知其云云之多也。"其时，已经无力回天了。如今我们拾读俞绣孙的遗作，想见她的才情和结局，禁不住扼腕叹息，且不能不引以为鉴啊！

也许是一种宿命，艺术华美的背后隐藏着的往往是一种常人无法想象的凄楚和辛酸，文化史上不少艺术家都经受了人生的种种苦难，而后在生命的砥砺中真正臻于艺术的巅峰。俞樾，这位晚清名重一时、名扬海外的朴学大师，没想到命运让他在老年尝尽了丧女之痛，他一生所填词作虽颇多佳篇，但传诵最广亦为下面这阕《金缕曲》：

花信匆匆度，算春来，瞢腾一醉，绿阴如许！万紫千红飘零尽，凭仗东风送去。更不问、埋香何处？却笑痴儿真痴绝，感年华，写出伤心句：“春去也，那能驻？” 浮生大抵无非寓。漫流连，鸣鸠乳燕，落花飞絮。毕竟韶华何尝老，休道春归太遽。看岁岁，朱颜犹故。我亦浮生蹉跎甚，坐花阴，未觉斜阳暮。凭彩笔，绾春住。

女儿绣孙为《金缕曲》和其词、广其意，倚此咏落花，自成一阕《落花词》。想不到“落花”应验。难道冥冥之中真有预兆？

如今，位于苏州人民路马医科43号的俞樾故居（曲园）已被列为江苏省文物保护单位，供后人参观。面对这清同治年间俞樾亲自规划所建，如今还保护如旧的建筑与陈设，我们一定会记住1956年把故居捐献归公、大名鼎鼎的古典文学研究家、红学家、诗人、作家俞平伯（俞樾曾孙），但我们没有理由淡忘俞家这位叫“绣孙”的极其才情的才女。

张蛰公的《食破砚斋诗集》

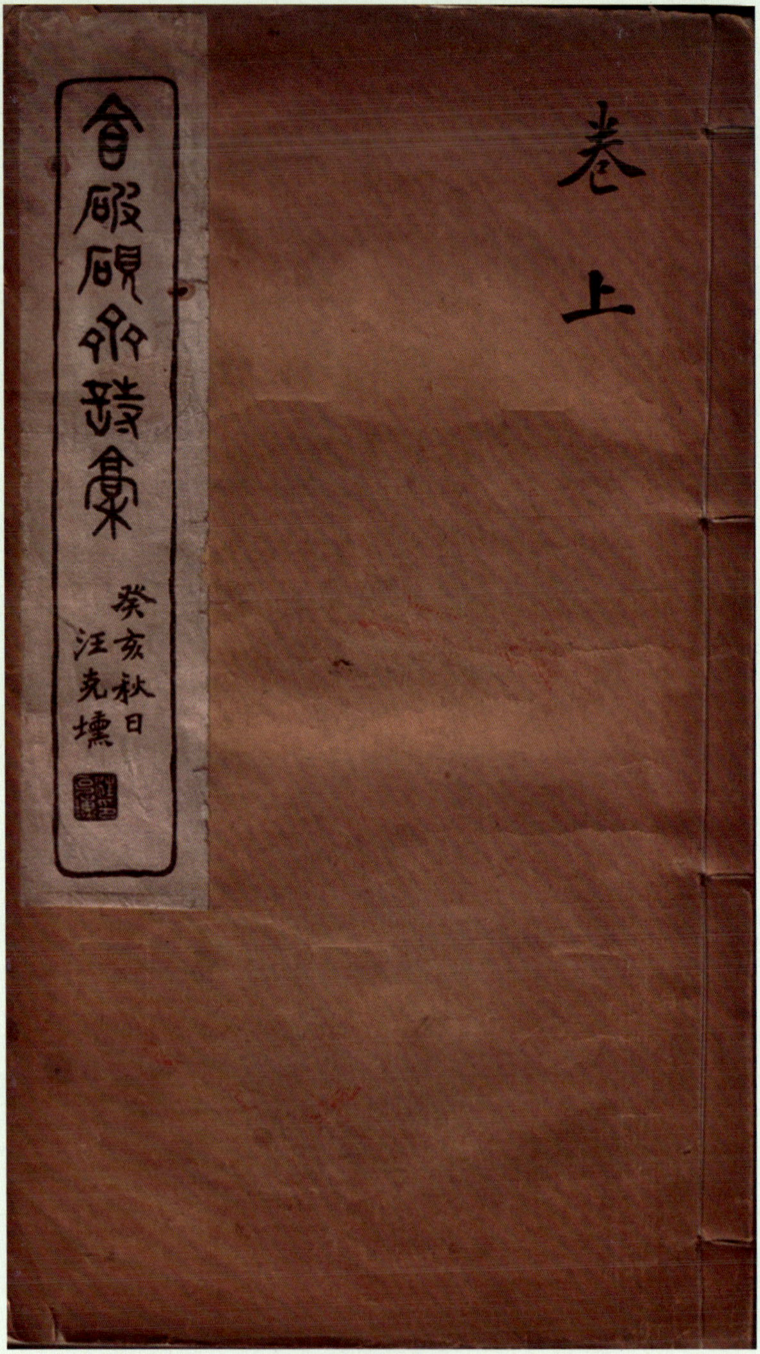

15.8 cm × 26.6 cm

在苏州丰富的人文积淀中，张蛰公和他的《食破砚斋诗集》值得一提。

张蛰公真名张荣培，广陵书社2005年版《苏州民国艺文志》中介绍说：张荣培（生卒年不详），江苏长洲（今苏州）人。字蛰公，晚号铁叟，室名惜春阴馆。附贡生。后寓沪上。著有《惜余春馆词钞》、《食破砚斋诗稿》等书。另广陵书社2006年7月版《苏州名门望族》一书中也有其生卒年不详的缺失介绍。笔者查考，此介绍都来源于陈玉堂编、浙江古籍出版社1993年版《中国近现代人物名号大辞典》。网上载有《怀念吾师张蛰公》一文，所述较为详细真实。作者程毅中曾是张蛰公学生，其中有两处值得今后编著时考证补正，以不留“不详”空白。一是关于出生年月，文中说蛰公生于同治十一年（1872），大约辞世于1951年之后。“之后”当须考证。二是文中说“辞典中记载的张蛰公‘后寓沪上’，仅是根据他早年的诗稿推论的，民国初他确曾在沪坐馆，但晚年长期在苏州居住”。关于这一点，身为学生的程毅中所说应当比较接近真实。

张荣培五十岁时自号蛰公，六十、七十、八十岁时又三度改称，但人们习惯称他为蛰公先生。

笔者藏本《食破砚斋诗存》（封面题签作“诗稿”）上下卷，后附《惜余春馆读画集》，刊印于民国十七年（1928），为张蛰公自费排印，由苏州观前街利苏印书社代印，线装铅印，发行册数无记载。作序者有吴江同里的吴梅、吴县的张茂炯等四人，题词有十一人。上下二卷共集张蛰公所作诗一千零四十二首。

张蛰公夙负诗名，与苏州的诗人黄钧（颂尧）、吴梅等唱和相酬。这里录咏拙政园诗三首，以参见诗风。

一缕清香一阵风，荷花初放水当中。
乱蝉噪树破空碧，瘦碟穿篱堕小红。
四壁亭台疏入画，数声箫笛远飘空。
此间雅有山林气，门外炎歊便不同。

——赏荷

白杨萧萧红桐老，吴宫人去埋花草。
迄今相隔近千年，繁华犹说当时好。
偶探名胜话风流，尚有衡山手植留。

紫藤满树垂垂发，谁复看花到白头。
海昌当日承恩遇，规模仿佛平泉具。
娇鸟枝头时一鸣，骋怀游目都成趣。
独有藤花夹路开，时牵蜂蝶过墙来。
红氍百尺铺歌席，锦帐千重覆酒杯。
一场梦醒沧桑变，花落花开人不见。
舞罢空思杨柳腰，妆余莫问芙蓉面。
几许芳菲堕劫尘，池台寂寞倍伤神。
彩云委地浑无主，璧月当空不算春。
春秋两度停游屐，谁领花晨与月夕？
一代争传相国家，百年犹记空王宅。
古藤一架摇春风，珑珑结串花垂红。
晴霞匝地辉千丈，香雾漫天湿半空。
对此奇花重于邑，古来韵事多收拾。
碧潭曾咏李文饶，花岛争传独孤及。
至今相赏一年年，剩有新诗付管弦。
只怜未入梅村笔，留与山茶共门妍。

——藤花歌

偶入园林便赏心，四围夏木影沉沉。
清香一缕浮荷榭，浓翠千重锁竹林。
小蝶𫜦衣轻坠粉，新蝉曳树乱鸣琴。
茶瓯满注消烦渴，槛外风来暑不侵。

——瀹茗

张蛰公生于清代，活到了新中国成立初期，他的诗集中有许多近代文教史料，极具研究和开发利用价值。那么，诗集名中的“食破砚斋”有何寓意呢？从吴梅在本集所作序中可知，张蛰公是“吾生无寸田，惟以破砚为食，因以食破砚斋名吾诗稿”。另，吴梅在为张蛰公的《联语辑存》的题诗颂扬中更见蛰公先生诗词一生形象，录附于此以参看：

破砚随身磨不穿，词人双鬓已华颠。

莫淡门外风霜换，但惜壶中岁月迁。

小集江湖傲陈起，暮年诗酒继张先。

与君闲话光宣事，黍梦匆匆一粲然。

附注：陈起是湖派诗人，刻印《江湖集》。因诗有“秋雨梧桐垒子府，春风扬抑相公桥”之句而被判刑流配。

方枕云的《枕云山斋遗集》

关于《枕云山斋遗集》和作者方枕云，笔者查遍苏州地方志及有关史料，均无记载。

从序中可知，此书作者方枕云原是安徽歙县望族，于嘉庆二十五年(1820)至道光元年(1821)从安徽歙县徒步至苏州光福的邓尉山白云堂避难隐居，因爱吴中山明水秀，著有《枕云集》及《画中诗》等。五十一岁而卒。

诗稿分两个部分:第一部分名为《枕云山斋诗稿》附词钞。第二部分为《画中诗》及《白云遗稿》。

扉页首页有方君枕云遗像及汪定执题诗。第二页为吴荫培题诗。遗集载有小传一篇、自传一篇，九人为序，题词者达二十三人。

枕云山斋诗稿由孙方诒璋编校，共集遗著一百零八首。

枕云轩词钞由孙方诒璋编校，共集遗著词钞九十三首。

枕云山斋画中诗也由孙方诒璋编校，共集遗著诗一百一十五首。

白云遗稿十二首，后学孙宗弼跋。

枕云山斋遗集跋者为方诒璋。

扉页题词者汪定执、吴荫培先世皆由安徽迁来，乃吴中名望者，当首题诗作序自含浓浓乡情。汪定执序中述:民国五年(1916)始闻枕云殁已年余，不禁悲痛欲绝，家还遭难，长男云亡，老母见背。今春清明，同社张蛰公来书代枕云诗集微序，知枕云乃孙方诒璋将遗集付印而欣慰异常。虽不识诒璋而喜故人之后有孙，且幸故人之诗可传。

章序中说:方枕云与梅花结邻，著有《枕云山斋诗集》、《画中诗》各一卷，各具清新有声有色，脍炙人口。诒璋研习乃祖遗诗颇有心得，深恐卷册沦亡，特选以图永存。

从作于民国十八年(1929)的汪序、李序来看，遗集是在1929年刊印的。

此书乃我吴中文献，是作者隐居光福，遍考邓尉、渔洋、洞庭、缥缈诸山乃至太湖七十二峰后的艺术结晶，也是研究当时政治、经济、地理等方面的宝贵资料。作者一生布衣而终，心血写成，当应惜之。

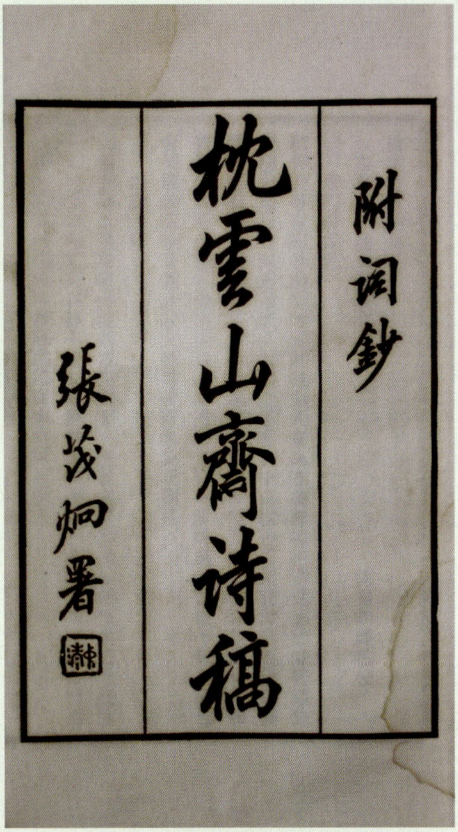

附词钞

枕雲山齋诗稿

張茂炯署

15.4 cm × 25.9 cm

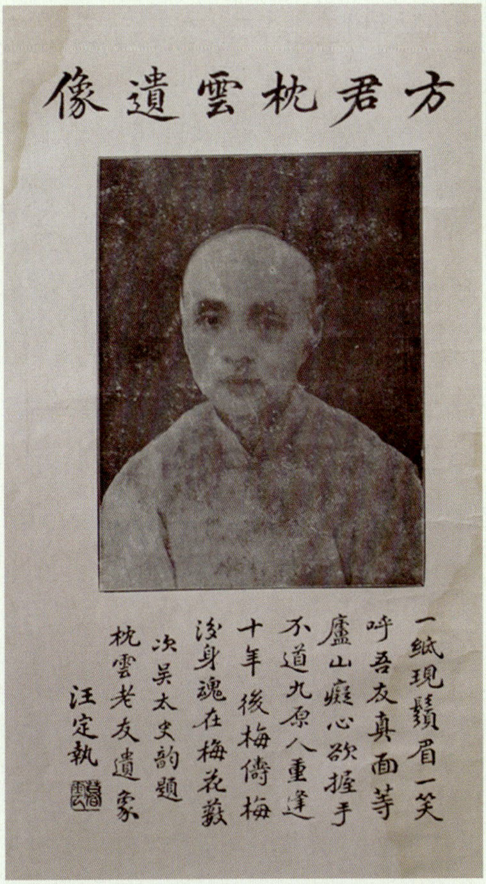

方君枕雲遺像

一紙現鬚眉一笑呼吾友真面等廬山癡心欲握手不道九原人重逢十年後梅倚梅後身魂在梅花藪

次吴太史韵題枕雲老友遺象

汪定執

《柳波舫集》

没有这本《柳波舫集》，我还真不知道民国时苏州东山莫厘峰曾有一个叫王守悟的少年。这位苦命的天才少年因急性肺炎，十八岁就离开了人世，而他却给世人留下了两部诗集，一部是《香圃诗稿》，另一部是《柳波舫集》。

甚慰，《苏州民国艺文志》2005 年版第 41 页有载："王守悟（1911—1928），江苏吴县（今苏州）人。字孙琴、香圃。父早卒，母朱氏苦心抚育。守悟髫龄即锐意学习，曾就读苏州中学。诗词清亮，书法秀丽。卒年十八。《柳波舫集》，苏州利苏印书社 1919 年版，苏州图书馆存。《香圃诗稿》，苏州图书馆存。"需要说明的是，其中关于《柳波舫集》苏州利苏印书社 1919 年版的记载，应予更正，实为 1929 年版，王守悟去世为 1928 年，《柳波舫集》是他去世后由同学、老师为他出版的，何来 1919 年版一说呢？

关于守悟的身世，《柳波舫集》中顾同学在序中叙述的守悟与他谈话片断，较为形象具体。

少年时代的人生只有五件是乐事——父爱，母慈，师良，有强壮的身体，有知己的朋友——我却一件也没有！

我三岁，父亲就死掉，现在连父亲的影像也想不起来了。祖母和母亲，虽都极疼我，但他们都是苦心莲子，正如李后主所谓"日以眼泪洗面"；那再有含饴糖弄孙的兴致呢！家庭里一有缺陷，再没有快乐的希望了！

这个影像，是我终身不忘记的！我七八岁的时候，是和母亲同睡的，有一夜，我夜半醒来，一灯如豆，像要死去一般；窗外的风雨，似乎很紧，传进淅淅急促的声来；但破不了室内死空气的岑寂。这时我却不在母亲的怀里，母亲厄坐在床沿上，对着孤灯弹泪；我晓得大约梦见了父亲了。我不做声。呆眼她的盈盈双眸；谁知伊的眼泪竟越流越多，我不禁哇哇的（地）哭了。她吃了一惊，拭干了自己的泪眼，倒来抚慰说我梦魇了！

至于健康，我更谈不到。统计我所生的大病，自幼到现在，恐怕同我年龄一样多，有十七次了。不然，我何必吃这痨（劳）什子呢！他微笑指着床排到的三个麦精鱼肝油的空瓶。

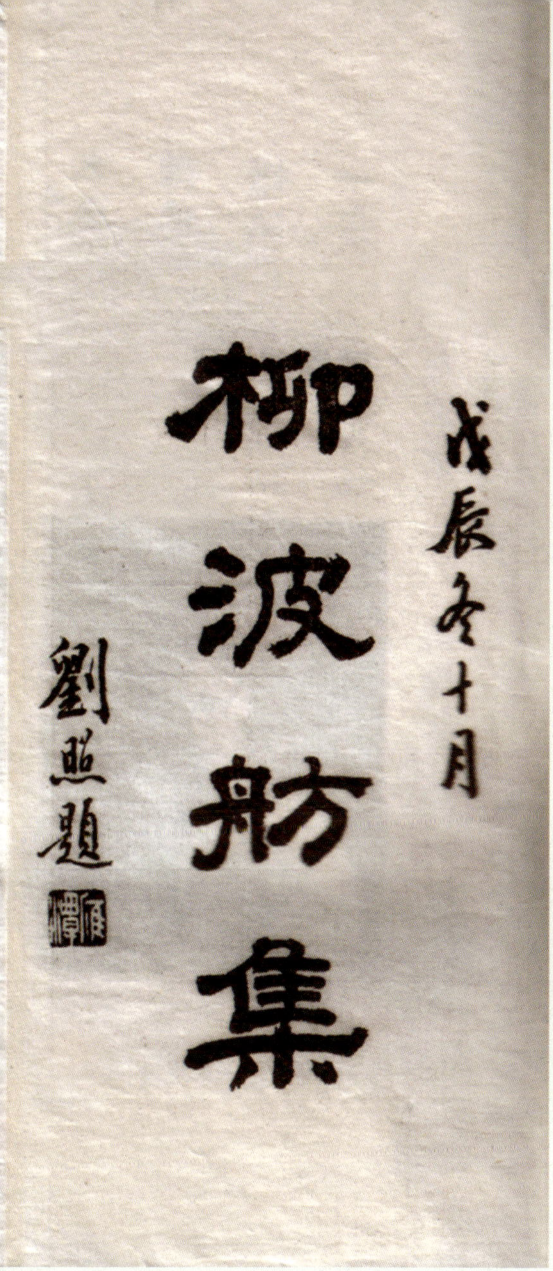

14.8 cm × 26.8 cm

……我读书也因病的关系，延误了许多年。不然我现在早在高三了。

……我小学是在振华里读的，从小无猜，没有什么男女不自然的羞怯和害臊。其时有一位高中部的姐姐，待我很好，时时照顾我，我至今还在感激她。可是现在连她的住址也忘了。

后来进了半年东吴，大考没有到：我就病了。接连又是避难，蹉跎几年，没有安心读过一天书。

《柳波舫集》是在守悟的遗稿中整理而成的，顾序中说：这是守悟几年努力的成绩，思想的表现，也可以说是他生命的遗迹和代表了。

《柳波舫集》由刘照题写书名。书中有顾廷龙为守悟像敬题的像幅及王选青绘图一幅。民国十七年(1928)1月苏州中学奖状一面，上有“学生王守悟在本校初中部三年级第一学期终业期满，行评列入甲等。依照本校奖励规程第四条，给予二等奖状，以资鼓励此证”。另有守悟遗墨两幅。有孙序、李序、顾序。题词者有五人。补遗中为书题词者一人。题跋者有叶大生、金晴川、方诒璋。此诗文集由方诒璋编校。

《柳波舫集》主要有四个部分组成。一是1926年前的作品，二是1927年的作品，三是1928年的作品，四是补遗(部分日记及诗文)。

1926年前作品有：沪上五卅惨案平议、尚友论、立志说、天平山游记、东山保障宜以何事为先说、上赵世荫表伯、与秦远淇论诗、先父日记序、壮哉行、白梅、咏燕次冠洲韵、吊翠峰寺附近荒墓、憩浮玉堂啜茗、感题日歌者茶香小影、春寒吟、沧浪亭、多丽、风入松、前调(四首)、满江红、前调、仿阳春白雪歌、悲秋曲。

1927年作品有：武乡侯长于治国短于用兵论、孔圣言语与孟贤言语区别安在论、德国天下莫强何以终败论、宋襄公论、石公纪游、意居记、题《潇洒集》、过张王宫有感、感怀、寄蒋子洞庭、代旅客作、叔将作金焦之游口占一绝送行、游沧浪亭、小斋遣兴、雪珠、可园看梅、花月吟。

1928年作品有：乐群观电影后书所见、本学期国文课之回顾、一学年来之反省、反让人生模糊掉了、贡沛丞先生的演说辞、读《少年维特之烦恼》后、看护小姐的心理、别、病院生活与杂感、农居、柳絮、喇叭、题《斜川诗钞》、南园、登城、城上新吟、公园的晚、儿子的苦衷、月。

关于守悟的诗文才情，序跋中有诸多很高的评价。有许多作品，完全脱尽了稚气，成所谓诗人之诗了。我最喜读的诗有：《读〈荆轲传〉》、《悼黄花岗七十二烈士》、《春寒吟》、《题晴川诗一绝句》等等。

在此，不妨照录二首：

壮士分手易，慷慨别燕丹。
剑佩渡易求，一去欲还难。
白刃何皑皑，长路亦漫漫。
两人虎狼穴，穷鸟巢无完。
正气充肠胃，铁石铸肺肝。
除此一人害，奠彼六国安。
惜哉功未就，热血溅缨冠。
空留刺客名，万古有同欢。

——读《荆轲传》

喋血广州城，群英尽结缨。
促成千古业，留得万年名。
救国心何壮，捐躯气未平。
男儿当若此，虽死犹如生。

——悼黄花岗七十二烈士

守悟是一个十分刻苦的学生，在《本学期国文科之回顾》一文中，从校内（阅读上、作文上、字别上、考试上），校外（作文上、阅读上）认真总结，细到了极致。在《一学期来之反省》一文中对自己要求苛刻以至不近情理。即使病在床上还身欲飞，正是印证了他在日记中的自勉“守悟啊守悟，你应该努力啊”。

守悟是一个热心的少年，序中说：振华同学会秘书，是他包办的。他又担任过树德学生会会长，到苏初中更忙得不得了，学生会文牍啦，消费合作社起草文员啦，级会秘书啦，为好胜心所征服的守悟，身任数职。有时办公到夜半十二时，处之泰然。正如他日记中所言：今日之青年，负重大使命。扪心自问，揽镜自照；咄！王守悟！汝非中华今日之青年耶？

守悟是一个爱国的进步青年，在《贡沛丞先生演说辞》一文中，描述日本人在大连、长春的种种强权、残暴和国人的地位低下形象，充分体现了他愤怒急切的爱国心。文中还剖析了俄国人对日本侵略东三省的心态，很有深度。文章最后分析了中国受侵略的经济原因和民族原因。文章结尾一语中的直指国家社会要害：“倘若有相当的知识和团结，倘若有了相当的组织和指挥，消灭军阀，赶走日本人也非难事。”这是一篇很有价值的论文，出自一位初中生之手，正印证了他常说的一句话：“中国人不怕没有人才办事，只怕有人才不肯办事。”

守悟性情高洁，虽年小但对人生已悟到境界，他在诗《月》中这样写道：

名是狱，利是牢，一切都觉无聊，只有月儿跳出了这个圈子，逃出了这个周遭，她白得皎皎，她挂得很高很高，她离得我很迢迢，唉！她正在天上作鸟瞰呢！看尽了人间底烦恼。

守悟是一个孝子，他在《病院生活与杂感》一文中也记录了他的母亲，文中写道：

慈爱的母亲伴着我，四个院役用帆布软榻抬着我进了呻吟声中的博习医院。……后来昏昏睡去，母亲一直陪到我日暮，方始归家。后停一天两天终来看我一次。咳！慈母的心是这样，慈母的恩何时得报呢？

《儿子的苦衷》一诗，更令人感动：

我这羸弱的身体，偏爱了霜气的侵凌；伤风咳嗽；咳嗽有一个月没停！但是我当着她的面，即使喉痒难忍，要低声咳也不敢；何况高声？我有时偷偷瞒瞒溜到院子中的竹丛里畅咳一阵。我的苦衷有谁知道!？我防咳伤了她的一腔慈怀；我防咳碎了她的一颗慈心!!!

守悟还是走了，他没有任何遗产，仅仅是一些作品和一部全新的《四部备要》！

最后，还是以顾序中一句话来作为本文的结尾吧。

我很不愿意说：他现在的作品，是成功的作品。我可以决定说：孙琴（守悟）假使到了三十岁，四十岁——十年二十年之后——以他文学上的天才，和创造的努力，或者可以使中国死去的文坛，鼓舞一下。

《中国地方志联合目录》著录全国旧方志八千两百六十四种，苏州有一百八十三种；《江苏旧方志提要》著录全省旧方志一千一百七十种，苏州占三百零九种。苏州的修志事业，令人瞩目。除笔者藏本以外，宋范成大的《吴郡志》，明卢熊的《苏州府志》，林世远、王鏊的《姑苏志》，清顾震涛的《吴门表隐》等方志都是先辈们殚精竭思、空谷足音的伟大遗产，为后辈寻求绳墨，堪称详备。阅读方志，足证苏州文化底蕴之深厚与文明传递的源远流长。

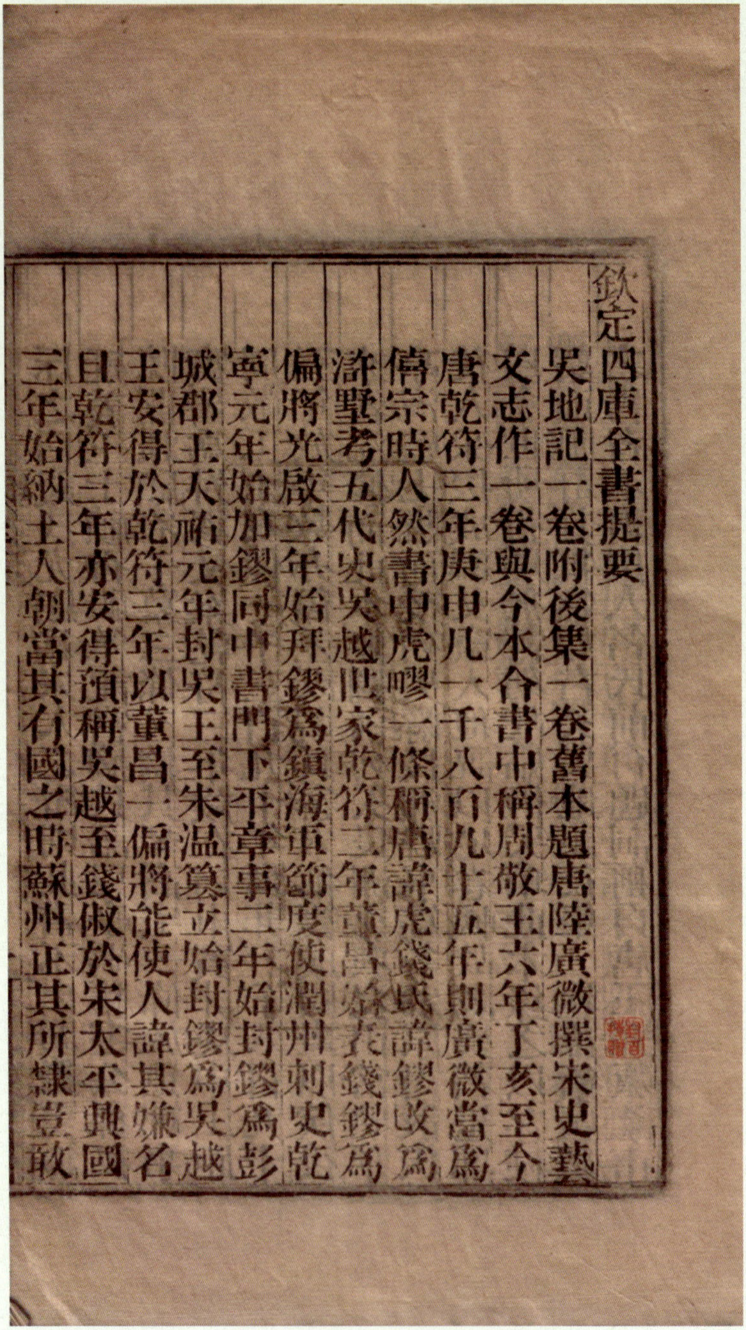
欽定四庫全書提要

吳地記一卷附後集一卷舊本題唐陸廣微撰宋史藝文志作一卷與今本合書中稱周敬王六年丁亥至今唐乾符三年庚申凡一千八百九十五年則廣微當爲僖宗時人然書中虎疁一條稱唐諱虎錢氏諱鏐改爲滸墅考五代史吳越世家乾符二年董昌辟表錢鏐爲偏將光啓三年始拜鏐爲鎮海軍節度使潤州刺史乾寧元年始加鏐同中書門下平章事二年始封鏐爲彭城郡王天祐元年封吳王至朱温篡立始封鏐爲吳越王安得於乾符三年以董昌一偏將能使人諱其嫌名且乾符三年亦安得預稱吳越至錢俶於宋太平興國三年始納土入朝當其有國之時蘇州正其所隸豈敢

15.6 cm×24.3 cm

目前，方志界比较一致地将《越绝书》视为方志的鼻祖。《越绝书》作者是东汉会稽人袁康、吴平，所记内容为吴越地方史地。它上自吴太伯，下迄后汉，统合古今，横列人物、地理、都邑、建置、冢墓等门类，而且大都纪实，就其体例和性质而言，已近似方志。

清毕沅、洪亮吉都说“一方之志，始于《越绝》”。朱士嘉在其《宋元方志传记序》中也认为“《越绝书》是现存最早的方志”。

据史书记载，秦始皇统一中国后，实行郡县制度，当时吴县（今苏州）属会稽郡。可以这么说，苏州是地方志的发源地。

自汉至北宋千余年间，地方志曾以地记、图经等名称和形式长期流行。据张国淦《中国古方志考》考证，苏州一带曾有过顾启期《娄地记》、顾微《吴县记》、张勃《吴地记》、顾夷《吴郡记》等数种，可惜都没有流传下来。现存最有名的地记当推唐陆广微的《吴地记》。

笔者藏本唐陆广微的《吴地记》为同治癸酉十月江苏书局刊版。作为名本，虽为同治刊版，但保存至今也有一百三十多年，当值珍视。

唐陆广微的《吴地记》内容分前集、后集共一册。此记一述史地沿革，二载山川，三记各县，四考城门，五记坊巷，六载桥梁，七记台阁，八载寺观，九录茶盐酒等税钱，十记坟墓，以苏州为记载范围，先叙府后载县，即以府县为纲，下载建置沿革、分野、世系、辖境、户口、赋税、城郭、寺观，又增记坟墓、园宅、台阁，已粗具府志形制。我们苏州的近现代大学者顾颉刚称之为“后继者的阶梯”。

《吴地记》全书仅二十四页，但能全景式展现吴地概貌，功力非凡。看今朝，苏州的修志事业蓬勃发展，先后出版了《苏州市志》及吴县、昆山、太仓、沙洲（张家港）、吴江县志。一些重点乡镇也热心修志，这是令人欣喜的事。据统计，上世纪 80 年代以来，苏州共出版各种新志近两百种。

从日本翻刻《清嘉录》所想到的……

翻得新编阅未休，居然岁月观苏州。

定知山水天饶巧，可想清嘉古不侔。

自是胸中存月旦，看他皮里有《阳秋》。

柳风春暖扶桑晓，一枕亏君到虎丘。

这是日本一位学者为翻刻苏州顾禄所作《清嘉录》而作的诗，字里行间急切地表达了对苏州梦寐以求的向往。

顾禄(1796？—1843？)，字铁卿，又字总之，自号茶磨山人。苏州吴县人。曾娶妾住在虎丘塔影山馆。虽为一介布衣书生，但才华出众。

顾禄二十五岁时，母亲病故，在家中守孝，闭门谢客，开始撰写《清嘉录》，日访询父老，谈吴中风俗，目之所见，耳之所闻，随手记录，数年而成。道光十年(1830)初夏印刻成书，取晋陆机《吴趋行》诗"土风清且嘉"之语，故书名为《清嘉录》。

《清嘉录》无论在当时或今天看来，都算不上宏著大作，仅是从时空的纬度对苏州人的生活进行了详细而精彩的记述。

《清嘉录》十二卷，每月一卷，按月份分条记民间节令风俗，并引录诗词。这是历史上第一部系统地记载以苏州为核心的江南地区岁时民俗生活的专著，并为其后岁时民俗志的编撰体例树立了典范。

《清嘉录》刻成后，当年冬天就和顾禄的《颐素唐诗钞》一起被日本商船的商人采购了带到长崎。日本学者朝川鼎看到这两部书后，恨不得"填海为平地，缩地为一家"。两年后，顾禄托李少白把自己的扇头题诗及画册转送给朝川鼎，并请他为《清嘉录》作序。朝川鼎收到这份礼物时，正遇丧子之痛。直到日本天保八年(1837)，他的朋友久居安原三平主动捐俸授梓，《清嘉录》才在日本翻刻印行。朝川鼎在序中高度赞誉此书"于土俗时趋，推其由来，寻其沿习，慎而不漏，诙而不侈，考证精确，纤悉无遗"。当时的日本东京、大阪、江户三大城市都有专门发行此书的书肆，还有包括著名的青云堂在内的多家书肆进行了翻刻。

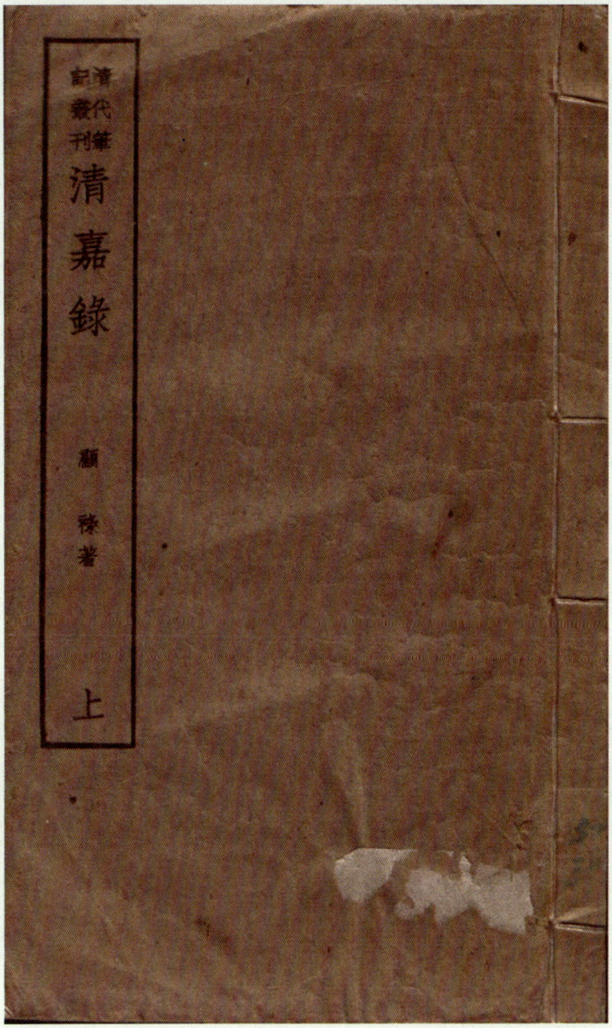

10.4 cm×17.1 cm

对于顾禄的《清嘉录》和他的其他著作，日本后来的学者稻畑耕一郎进行了专门研究。他于上世纪80年代相继发表了《顾禄年谱：〈清嘉录〉作者传记》、《顾禄年谱（续）：〈清嘉录〉作者传记》、《顾禄和菊花〈顾禄年谱〉补》、《顾禄的画像：〈顾禄年谱〉再补》、《顾禄和〈岁华一枝〉：〈顾禄年谱〉三补》等一系列论文。

与之形成对比的是，苏州本地有关顾禄及《清嘉录》的史料记载却不多，这恐怕是因为顾禄是市井文人，所以他的许多著述被正统学者视为末流的杂书。

笔者五年前在旧书贩手中购得民国版《清嘉录》一书，对于顾禄及其《清嘉录》，一直无从查考。直到在《苏州杂志》2008 年第二期读到《〈清嘉录〉东瀛传佳话》一文，才知其详，甚为感叹。引用其文资料，得思如下：

思考之一：我们至今落后的“日本研究”。每一个到日本参观、求学或旅游的国人可以到书店去看一看，日本书店里摆放着众多有关中国内容的书籍，涉及军事、政治、经济、教育、地理、历史、民俗、气象、宗教等，会让你有隐隐不安之感。这些书有的是翻译而来的，有的是日本作者写的。相反，在我国书店及图书馆很少能见到关于日本方面的研究专著。

思考之二：辩证地看待日本国民对我中华大好河山热爱的心态。日本国民对我中华大好河山心驰神往由来已久，他们对我中华的情结早已深入骨髓，这种太神往的情结未必是好事。如果这种情结演变或走向反面，历史的悲剧极有可能重演。从明清的倭寇到“九一八”，直至全面侵华，无不有着对我中华大好河山心驰神往的心态在助推。

思考之三：学习的精神。一部关于苏州民俗专著在日本拥有如此众多不同层次的读者群，日本民族这种认真的态度、求知的欲望是值得我们学习的。目前我国虽然经济上去了，但我们的 GDP 是由服装、鞋帽、农副产品构成的。要知道，清朝时我国 GDP 世界第一，但其结果是丧权辱国。至今，我们最先进的战舰、战机，其发动机还是向德国、法国购买的，我们不能沉睡在地大物博的美梦中，沉浸在中国走向世界经济中心大舞台的喜悦中。我们与日本科技水平的差距还很大，我们的国民整体素质不如日本，这都是不争的事实。唯有保持清醒的头脑，在科技领域赶上去，提升国民整体素质，才能真正走上全面强国之路。

关于《清嘉录》版本主要有二：一是颐素堂原刻本，二是日本翻刻本，其中日刻知言馆藏本、江户下谷御成道书肆青云堂翻刻本较有名。笔者藏本《清嘉录》为民国上海文明书局石印本。

顾禄代表作还另有《桐桥倚棹录》传世，此书与《清嘉录》同是对苏州人的生活记述，史料珍贵。我们当永记这位为记录 19 世纪前半期江南地区岁时民俗生活作出了极大贡献但终生怀才不遇的人物。

哈佛大学的《沧浪小志》是康熙刻本吗？

广西师范大学出版社2006年10月出版的《书城风弦录——沈津学术笔记》第288页《沧浪有遗亭、胜迹今始创》一文中说："关于沧浪亭的志书，我见到的有三种，最早的宋荦辑的《沧浪小志》二卷，另二种是梁章钜的《沧浪亭志》一卷及蒋瀚澄的《沧浪亭新志》。宋荦的《小志》是清康熙刻本，有图，题'商邱宋荦牧仲编'，有康熙三十五年(1696)尤侗的序，一册，藏美国哈佛大学哈佛燕京图书馆。"该书的作者沈津今在美国哈佛大学燕京图书馆工作，任善本室主任。文中影印了哈佛大学收藏的《沧浪小志》中的一文一图二页，并有"哈佛大学汉和图书馆珍藏印"。作者明确说明这是清康熙刻本。笔者认为美国哈佛大学藏的并非康熙刻本。

笔者藏有《沧浪小志》二卷，明确印着"光绪甲申江苏书局开雕"字样，在序的最后有"康熙丙子上元后三日长洲西堂老人尤侗谨序"字样。据考证，尤侗为今苏州相城区北桥人。根据行宽、字数、版式对照，笔者认为美国哈佛大学藏本与笔者藏本同为光绪时江苏书局的翻刻本。

关键依据：《沧浪小志》康熙刻本只有北京图书馆存。《北京图书馆古籍善本书目》说明：《苏学士文集》十六卷，后附《沧浪小志》二卷，版本作清康熙三十七年徐惇孝、徐惇复白华书屋刻本，并明确说明，康熙本为单边，而美国哈佛大学所藏的和笔者所藏的同为双边。

还有一个简单的常识，光绪距康熙年代一百多年，如果美国哈佛大学的《沧浪小志》藏本是康熙本，那么笔者手中的光绪本，难道是光绪时设在苏州燕家巷的江苏书局拿到了一百多年前康熙时刻印的那块雕版吗？要知道，手工的雕版绝不可能复制得丝毫不差。

更让人遗憾的是，武汉大学1996年8月第1版仅印一百册的《四库全书存目丛书》第二百四十五册，书中影印了武汉大学图书馆所藏的《沧浪小志》底本，并说明是康熙年间刻本，笔者把手中光绪年间的翻刻本比对，也是分毫不差。因此同样有误。

"上有沧浪天，下有沧浪水。"为考证，已是八十六岁高龄的古籍版本专家江澄波不顾年老体弱，曾陪同笔者冒着春寒阴雨到苏州图书馆善本部仔细查对，他证实了我的观点。在此，对江老严谨治学和热心相助的精神表示衷心感谢。

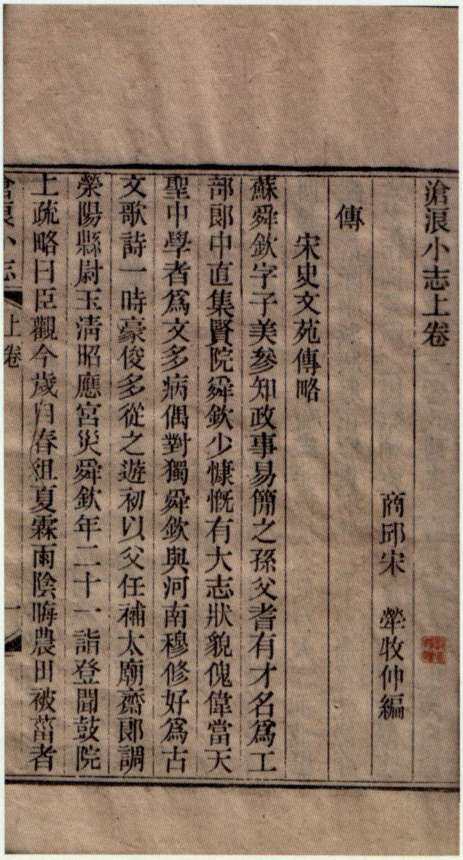

滄浪小志上卷

商邱宋　犖牧仲編

傳

宋史文苑傳略

蘇舜欽字子美參知政事易簡之孫父耆有才名爲工部郎中直集賢院舜欽少慷慨有大志狀貌傀偉當天聖中學者爲文多病偶對獨舜欽與河南穆修好爲古文歌詩一時豪俊多從之遊初以父任補太廟齋郎調滎陽縣尉玉淸昭應宮災舜欽年二十一詣登聞鼓院上疏略曰臣觀今歲自春徂夏霖雨陰晦農田被菑者

滄浪小志　上卷　一

15.2 cm×24.1 cm

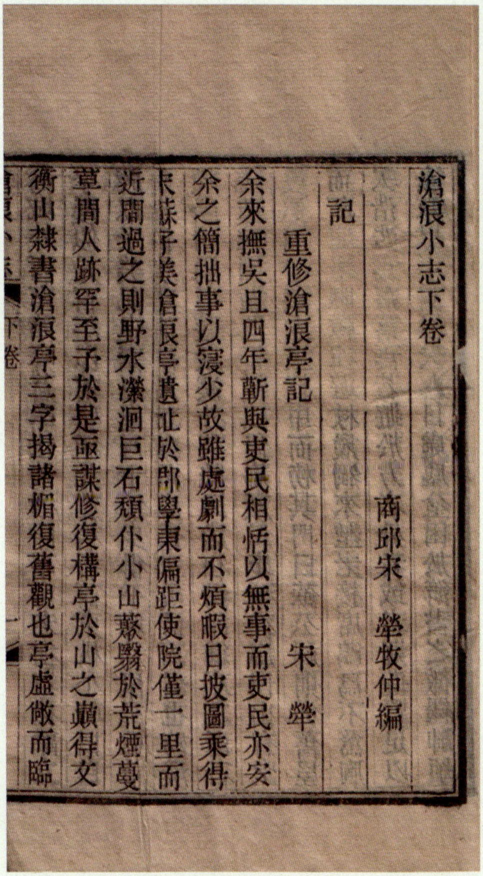

滄浪小志下卷

商邱宋　犖牧仲編

記

重修滄浪亭記　宋　犖

余來撫吳且四年幸與吏民相恬以無事而吏民亦安余之簡拙事以寖少故雖處劇而不煩暇日披圖乘得宋蘇子美倉浪亭遺址於郡學東偏距使院僅一里而近聞過之則野水瀠洄巨石頹仆小山叢翳於荒煙蔓草間人跡罕至予於是亟謀修復構亭於山之巔得文衡山隸書滄浪亭三字揭諸楣復舊觀也亭虛敞而臨

滄浪小志　下卷　一

朱长文的《吴郡图经续记》

最早的图经有图有文。图指地图,经即地图的说明文字,合称为图经。由于古之地图轴幅较大,难以保存,所以大多图亡而文存,成为后世所见仅有文字之图经。

据不完全统计,宋朝图经存目共有两百余种,其中苏州有李宗谔《祥符州县图经》、《苏州图经》,罗处约《吴县图经》等,流传至今的仅北宋朱长文著的《吴郡图经续记》的经文。笔者收藏的是同治癸酉十月江苏书局刊版的《吴郡图经续记》。同治年之前共刊几版？不详。

朱长文是北宋时光大朱氏的重要人物,据张学群等编著、由广陵书社2006年7月第1版《苏州名门望族》一书中《吴郡红心木一株——苏州朱姓初探》一文记载:长文字伯原,十岁能作赋,通宵读书,于书无所不知,尤精《春秋》。十九岁时中进士乙科,因不到授官之龄而回家,至二十岁到汴京任校书郎。他的诗受到王安石的赞赏,但彼此议论新法格格不入,被下放到河南许州做管理民户的小官。变法令下,他以坠马伤足为由辞官回家。其祖父先买下广陵王钱元璙之子文恽的金谷园,经公绰与长文扩建,广逾几百亩,名为乐圃,有高冈曲沼,讲堂米廪,大树参天,名花异卉,时果嘉蔬,蚕桑苎麻。长文在此衡文讲学,著书立说,陶淑弟子近二十年,人称乐圃先生。知州章岵为建乐圃坊,士大夫过苏都争相访谒,名动京师。王安石下台,在苏轼等人推荐下,继胡瑗为本州教授,再进京先后任秘书省正字、枢密院编修等职。卒谥文贞。长文藏书两万卷,著书三百多卷。金人一炬,乐圃尽为劫灰。余烬中搜得文稿十分之一,后裔印为《乐圃余稿》。长文撰的《吴郡图经续记》是宋代苏州方志中唯一流传至今的图经,亦为公认的良志。所著《琴史》也为国内首部琴学专著。长文死后,葬于祖墓——郊外龙池东朱家山(新中国成立后龙池改名胜天水库,今划入白马涧生态园)。长文长子朱耜为江阴县令,次子朱耕、三子朱耦为同榜进士。朱长文侄子朱良(？—1130),南宋浙江海盐尉。金兵入县境,朱良奋击金兵,英勇牺牲。其弟朱白哥、其子朱宪同时战死。朱家这一门堪称文为硕学,武能死国,父子传芳,祖孙济美,兄弟登科,巾帼多才。明代吴宽说宋代吴郡朱氏(包括江阴无锡的乐圃后裔)祖孙乔梓伯仲十一世皆通显,一门登进士者七人,赠少师者三人,赐谥号者四人,为官者二十八人,确是光辉

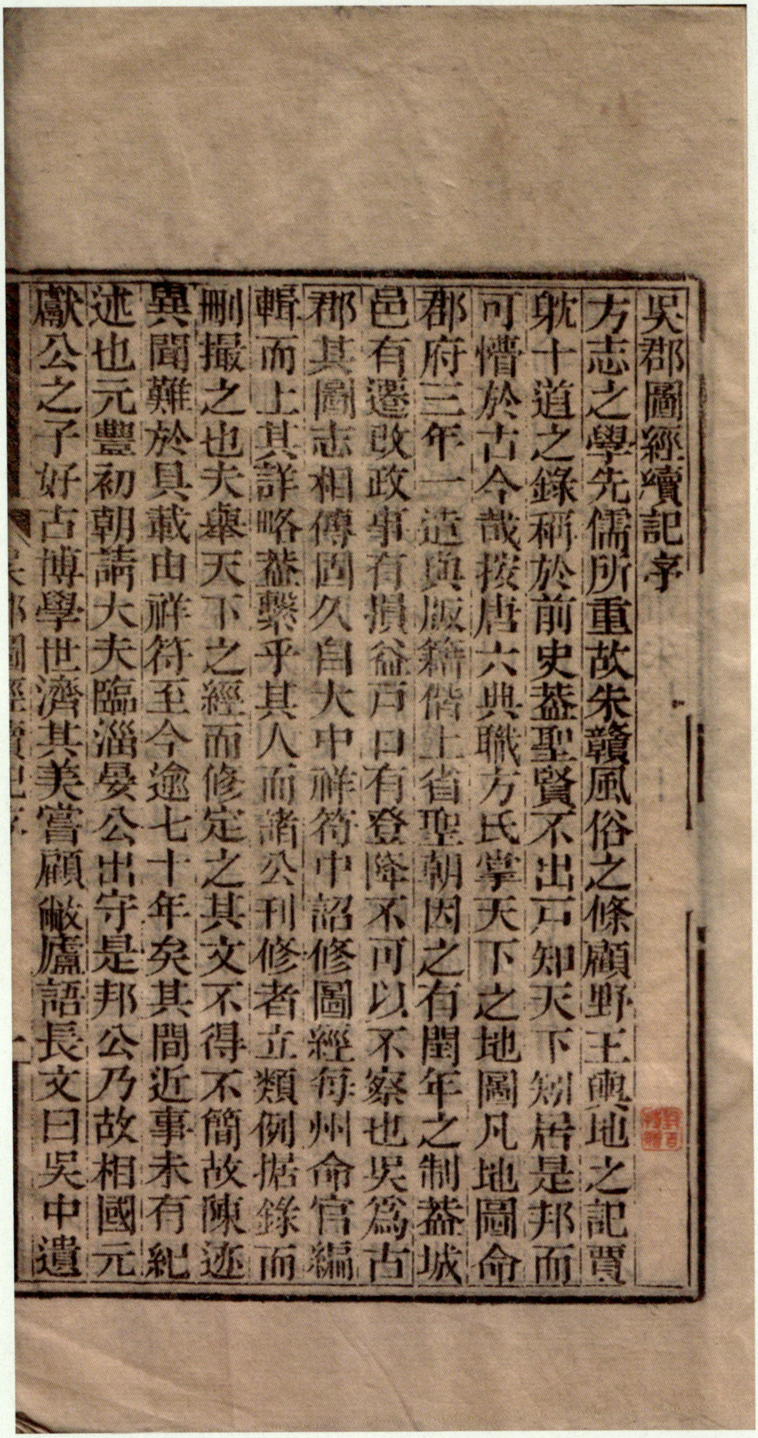

吳郡圖經續記序

方志之學先儒所重故朱贛風俗之條顧野王輿地之記賈躭十道之錄稱於前史葢聖賢不出戶知天下矧居是邦而可懵於古今哉按唐六典職方氏掌天下之地圖凡地圖命郡府三年一造與版籍偕上省聖朝因之有閏年之制葢城邑有遷改政事有損益戶口有登降不可以不察也吳爲古郡其圖志相傳固久自大中祥符中詔修圖經每州命官編輯而上其詳略葢繫乎其人而諸公刊修者立類例據錄而刪撮之也夫舉天下之經而修定之其文不得不簡故陳迹異聞難於具載由祥符至今逾七十年矣其間近事未有紀述也元豐初朝請大夫臨淄晏公出守是邦公乃故相國元獻公之子好古博學世濟其美嘗顧敝廬語長文曰吳中遺

吳郡圖經續記序　一

15.5 cm×24.5 cm

一时的望族。

关于朱长文生平，蒋吟秋于民国十九年(1930)夏编《吴中藏书先生哲考略》，朱长文排名宋朝藏书家第一人。其原文照录以备考。

> 朱长文，字伯原，宋吴县人。其先居郑，世仕吴越，遂徙苏州。十岁能属辞，读书辄竟夕。及长，于书无所不知，尤邃于《春秋》。博闻强识，笃学力行。嘉祐四年进士，既出仕，以田畴委诸弟，惟藏书二万卷，所集周穆王以来金石、遗文、名人笔迹。作《墨池阅古》二编藏于家。丁父忧，家居凡二十年，筑室郡治西偏，故吴越钱氏金谷园曰乐圃，乡人遂称乐圃先生。元符卒并六十。

《吴郡图经续记》成书于1084年。朱长文和这本书已距今近千年，读书中文章，仿佛“坐地日行八万里”，让我们看到了一千年前的苏州全景，也为千年前的文中布局、文法遣句而赞叹。

流传极少的《庚申噩梦记》

1997年夏，笔者以两千元的价格在苏州一书商手中购得潘钟瑞香禅精舍集原刻本《庚申噩梦记》上下两卷。此书为日记，皆记太平军在苏州的事，可知经过破坏后的苏州城，与战争前后有着怎样的不同，战事又形塑了怎样的人民。关于街景、生活、经济、宗教等变化，日记运用大量细节描写，记录了这个有天堂之称的城市遭遇浩劫的过程。咸丰十年（1860）太平军攻下苏州，潘钟瑞在城中困处多日，始克逃出。所记多直接见闻，为极珍贵史料。

潘钟瑞（1822—1890），字麐生，别字瘦羊，晚号香禅居士，吴县（今苏州）人。他虽只是名秀才，却以书法、词章、金石知名。少失双亲，贫寒力学，三十岁又遇妻难产，母婴俱亡，遂无意再娶，淡于仕进，以教读为生，所著有《庚申噩梦记》、《苏台麋鹿记》、《香禅日记》（稿本）、《香禅杂记》（稿本）、《香禅词》及游记等十余种，对当时苏州社会状况、文物收藏、景物等多有记述。其中，最著名的是有关太平天国史事的《庚申噩梦记》、《苏台麋鹿记》。钟瑞与潘遵祁之子观保的词被评为潘氏门中成就最高者。

《庚申噩梦记》序末作“光绪九年癸未秋九月弟祖荫序”字样，“祖荫”即潘祖荫。由此可证此版为1883年刻本。

此书距今已有一百二十八年历史，有藏者印章两枚，还有一段毛笔所记文字，照录如下：

（一九）九八年赴黄山访书偶见此集，书贩竟索价百元，然我吴文献原刊初印资料，价值不可言喻，遂购归。

《庚申噩梦记》流传极少，乃苏州地方史料珍本，不知这位藏者因何散出？是价值诱因？还是他的后人不识？

需要提及是，现在许多文章都简单地说：太平天国一役，苏州阊门外被大火烧尽，苏州失去了繁华。大学者顾颉刚在他的笔记中也只简略地提到“洪、杨难后”。这些文章都没有明确指出是谁放的火。如今，很多人都误会这是太平军放的。这是清代苏州历史上的一件大事，不能简单了事。据陆咸《吴史杂识》一书载：据多种史籍记载，放这一把火的，是清朝钦差大臣和春、帮办军务张国梁、两江

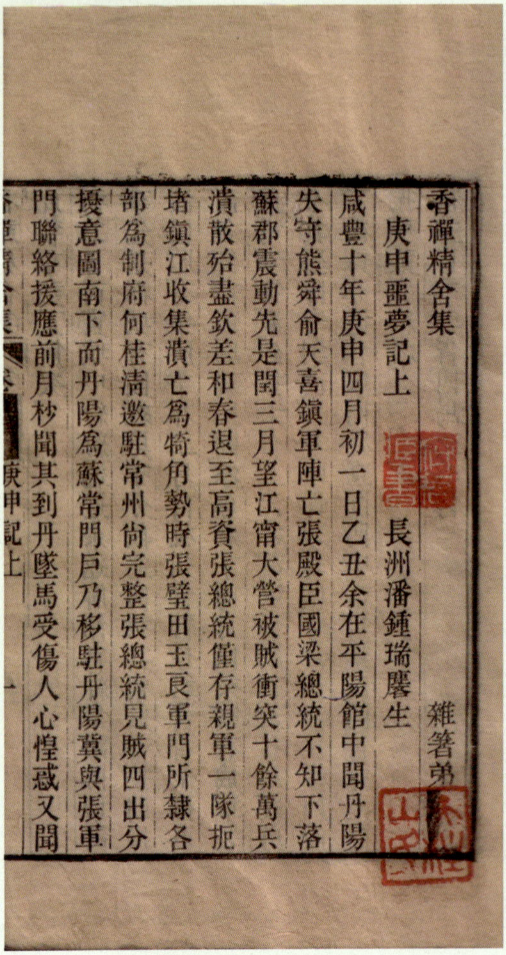
香禪精舍集　　雜箸弟

庚申噩夢記上　　長洲潘鍾瑞麐生

咸豐十年庚申四月初一日乙丑余在平陽館中聞丹陽失守熊舜俞天喜鎮軍陣亡張殿臣國梁總統不知下落蘇郡震動先是閏三月望江甯大營被賊衝突十餘萬兵潰散殆盡欽差和春退至高資張總統僅存親軍一隊扼堵鎮江收集潰亡爲犄角勢時張璧田玉良軍門所隸各部爲制府何桂清邀駐常州尚完整張總統見賊四出分擾意圖南下而丹陽爲蘇常門戶乃移駐丹陽冀與張軍門聯絡援應前月杪聞其到丹墜馬受傷人心惶惑又聞

香禪精舍集　卷　庚申記上　一

9.1 cm × 13.7 cm

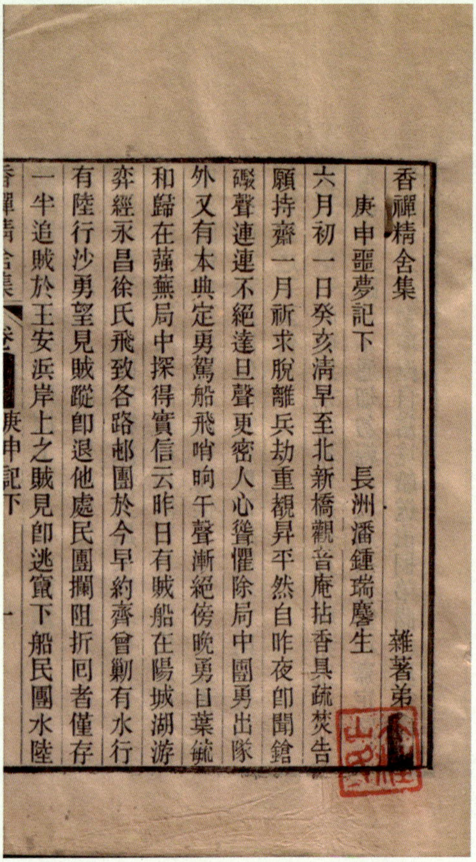
香禪精舍集　　雜著弟

庚申噩夢記下　　長洲潘鍾瑞麐生

六月初一日癸亥清早至北新橋觀音庵拈香具疏焚告願持齋一月祈求脫離兵劫重覩昇平然自昨夜即聞鎗礮聲連連不絕達旦聲更密人心聳懼除局中團勇出隊外又有本典定勇駕船飛哨晌午聲漸絕傍晚勇目葉毓和歸在蘊蕪局中探得實信云昨日有賊船在陽城湖游弈經永昌徐氏飛致各路鄉團於今早約齊會剿有水行有陸行沙勇望見賊蹤即退他處民團攔阻折回者僅存一半追賊於王安浜岸上之賊見即逃竄下船民團水陸

香禪精舍集　卷　庚申記下　一

总督何桂清部下的军队。具体执行者是马德昭。这些清军从常州一路败退到苏州,到处抢劫居民财产。到了苏州,他们以守城必须焚烧城外民房为理由,得到江苏巡抚徐有壬令箭三道。马德昭即纵兵放火,于是阊门、胥门外一片火海,当时诗人李寿龄有诗记:“抚军下令烧民房,城外万户成寒灰。”那时太平军还没有到苏州。

潘钟瑞为当时人,在《庚申噩梦记》中说:“凡放火之处,掳掠一空。”潘钟瑞在《苏台麋鹿记》中还这样说:“燎原凡三昼夜。”这场大火,赵烈文《庚申避乱日记》等书中都有记载。

三十余年修成的《光福志》

苏州是地方志的发源地,一些历史悠久、人文底蕴丰厚的古镇地方志更是弥足珍贵。

笔者收藏的《光福志》由清朝光绪年间的徐傅花了三十余年时间,搜罗节录,于道光二十四年(1844)成稿,久未刊行。后经王镛抄辑,张郁文校补,于民国十八年(1929)铅印。

“渺渺太湖水,遥遥光福山。梅花一万树,窈窕非人间。”邓尉山有奇松、古庙、隐士、高僧,香雪海早有“邓尉梅花甲天下”之誉。《志》中详尽记述了光福十景,特别对邓尉梅花的颂词诗篇辑录众多。明朝户部尚书大学士王鏊的《五湖记》,如“明四家”之一文徵明的《元墓山探梅倡和诗序》、《耕渔轩倡酬名迹序》,以及明朝的钱谦益、清朝的沈德潜等咏梅诗篇。乾隆皇帝题香雪海的对联是:“疏影横斜水清浅;暗香浮动月黄昏。”“太湖万顷在襟袖;穹窿亿丈凌星辰。”写梅诗梅,忆梅梦梅,都成断魂恨绪。文化江南芳菲之美,明清以来诗人文士也曾留下了无数诗文,让“香雪海”永远成了姑苏春事的点睛之处。

谈到乾隆题诗,不妨说一些题外话。“风清月冷水边宿,诗好官高能几人?”说难写的就是诗了。历朝历代,除了毛泽东等老一辈革命家以外,真正称得上诗人的有几个高者。李白、杜甫、李商隐,官都不大;屈原曾官居三闾大夫,出入楚王左右,官不算小,可是《离骚》写于被贬之后;司马迁只是个太史令,算多大的官?“官”最大的是乾隆皇帝,九五之尊,一个人写诗四万多首,快赶上近五万首的《全唐诗》了,算得上是个诗人吧,可是其诗几乎无人背诵。

《光福志》共二册十二卷。卷一:沿革、风俗、街市、桥梁、村巷;卷二:山;卷三:水、水利;卷四:田赋、土产;卷五:官署、第宅;卷六:人物、列女;卷七:著述、金石、冢墓;卷八:寺观;卷九:艺文;卷十:集诗;卷十一:集文;卷十二:杂记。

光福志序

光福爲吳郡城西名勝之區山環水抱負絕塵寰其西南諸峯林壑尤美古蹟最多身入其中如遊仙界自漢以來名公鉅卿高人逸士生於是潛蹤歿於是藏魄者不知凡幾况又有翠華臨幸之叢林宸翰品題之花木皆足以生湖山之色增人地之光登記載而爲掌故者乎余少讀徐高士俟齋先生鄧尉十景記未甞不心嚮往之悠然其意遠余屢入山中訪所謂十景者田夫野老類能言之然語焉不詳而兵燹之後書闕有間無徵不信又慨焉傷之今年春余偕汪孝廉鼎丞探梅鄧尉重游光福里中友人觴余二人於崦西崦之上席間出示徐月波先生光福志十二卷蓋此書原稿久秘未刊不知存否今從邑耆儒王先生心竹所假得副本錄存此册并倩張壬士明經校訂而續志之以成善本舊同學申君子珮及其同志諸君子議集資以梓行之書來督序竊思此雖一鄉之志而實郡西諸山之志也較之他志尤難採輯徐先生之著此書也不

14.7 cm×25.0 cm

张郁文的《木渎小志》

张郁文(1862—1938),又名学文,字壬士,晚号如闇,吴县胥口人。光绪间贡生。少随父寓居木渎冯桂芬家,遍览冯家藏书,学识大长。善操琴,工诗文,爱史地,作游记诗文甚多。民国后,热心于乡村教育。曾协纂民国《吴县志》。惜晚年失明。著有《木渎小志》、《元史地理通释》、《灵岩山志》。张氏门生为颂其业绩,收集其藏书遗著,于木渎建成壬士图书馆。

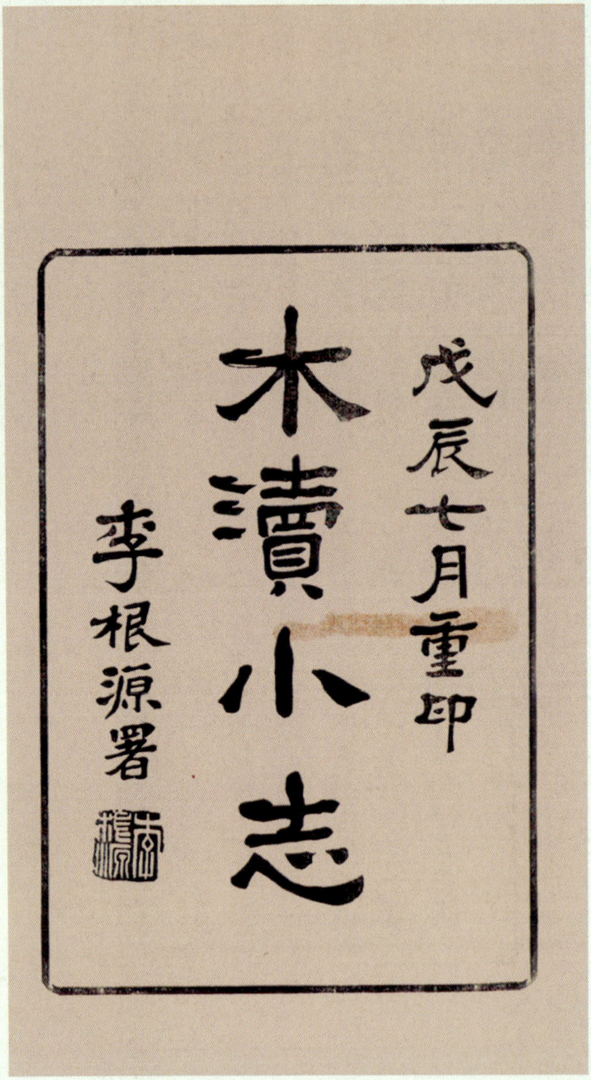

15.5 cm×26.0 cm

《木渎小志》六卷附光福诸山记。分卷首:凡例、地图;卷一:区域、都图表、选举法、山、水、古迹;卷二:人物(名臣、孝子、逸民);卷三:人物(文学);卷四:人物(列女、方外、工伎);卷五:寺观、祠庙、冢墓、物产、风俗;卷六:艺文、杂志、题咏、骈言。

《木渎小志》序一作者吴荫培(1851—1931),苏州人,字树白,号平江遗民。光绪十七年(1891)进士,授翰林院编修。后历官京兆、礼部、福建乡诚考官。曾自费至日本考察。又上女子师范幼稚园、戏剧改良五事疏,为清廷采纳。曾任吴县普济堂董事十年。1916年任修志局总纂。序二作者

木瀆區全圖

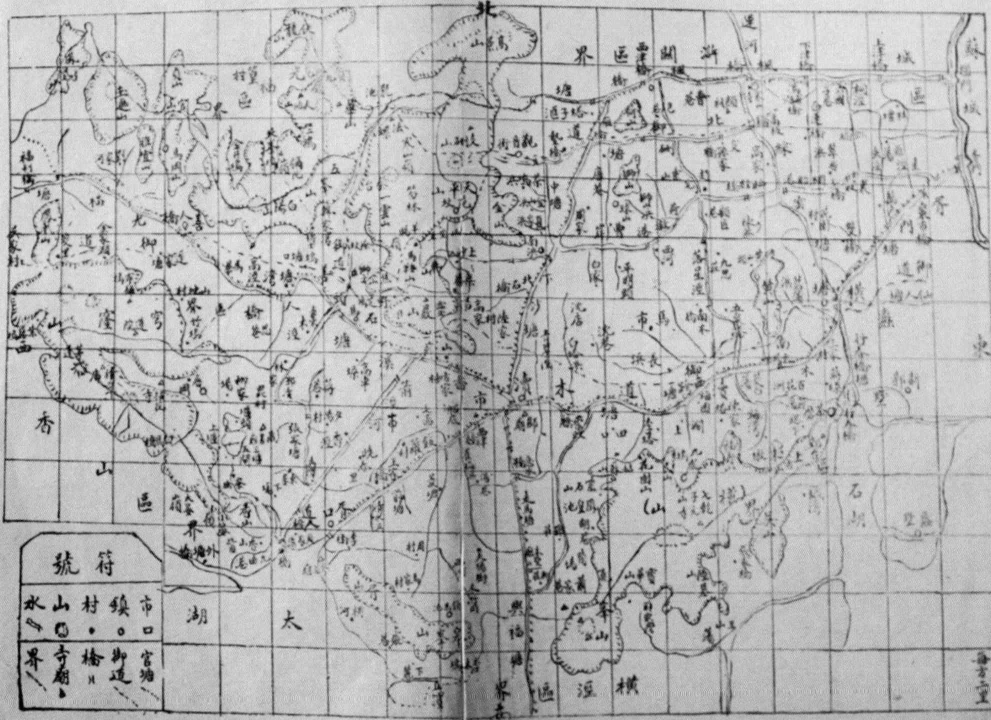

木瀆鎮圖

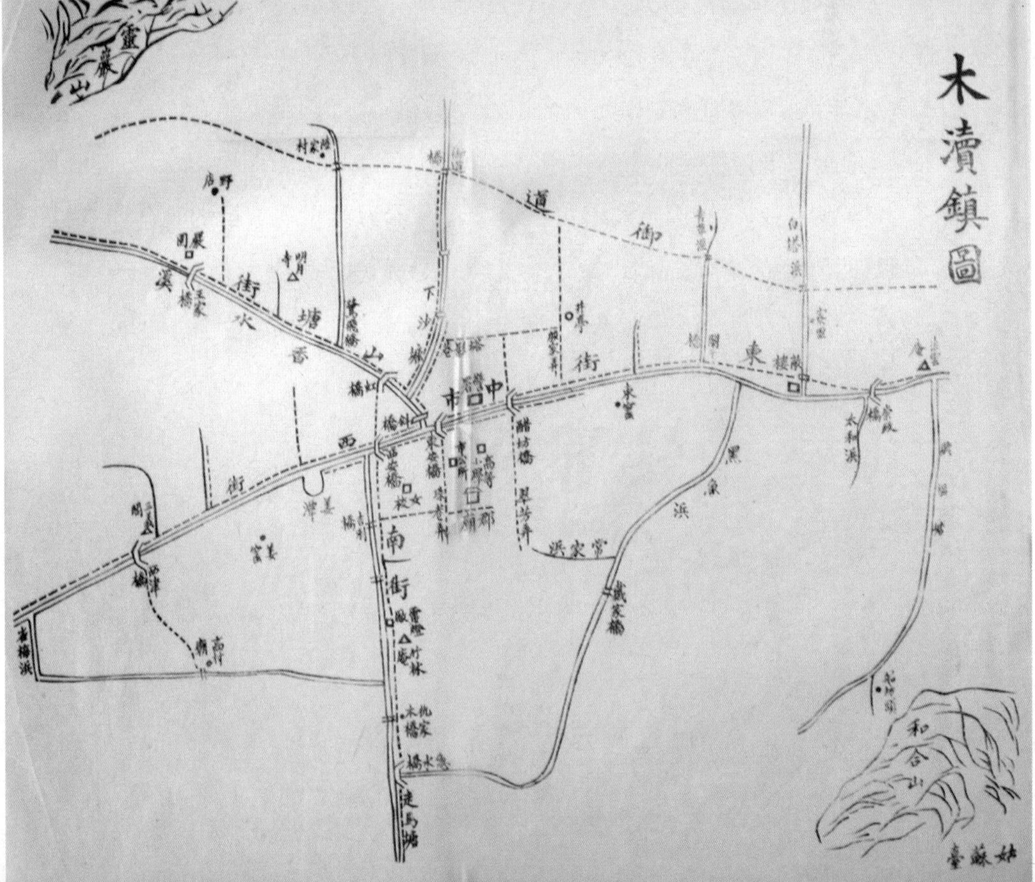

郭绍裘，苏州人，字退耕。诸生。早年曾师从俞樾。光绪末年以通判之职随伍廷芳公使遍游美、墨、秘、古等国。

据载，《木渎小志》有六卷附光绪诸山一卷的稿本，苏州图书馆存。三益堂张虹渊抄本，南京图书馆存。苏州华兴印书局 1921 版，中国国家图书馆存。苏州利苏印书社 1928 年版，中国国家图书馆存。笔者藏本为苏州观前街的利苏印书社 1928 年版，两册六卷，附光福诸山记。《木渎小志》校阅者共达六人。但勘误表有两张，文字误了四十处。凡例中还有言在先："大雅君子幸可谅之。"

读《虎丘新志》载陈镆《重修真娘墓碑记》有感

关于真娘墓，民国二十四年(1935)3 月出版的《虎丘新志》载：墓在试剑石北。真娘为唐时名妓，死后葬虎丘山。真娘之略史，仅详于李绅诗序。李绅，唐代诗人，所作“锄禾日当午，汗滴禾下土”人尽皆知。但在《真娘墓诗并序》中，真娘姓及名、生平事迹、生卒年份，为何而死，却都没有提及。诗曰：

一株繁艳春城尽，双树慈门忍草生。
愁态自随风烛灭，爱心难逐雨花轻。
黛消波月空蟾影，歌息梁尘有梵声。
还似钱唐苏小小，只应回首是卿卿。

从白居易、刘禹锡等名人雅士始，怜香惜玉者大有人在。唐、宋、元、明、清，题诗真娘墓的不知有多少。

《虎丘新志》中载：溯自唐宋以来，骚人韵士，感真娘之华丽，每在墓树上题诗。也有人题“虎丘山下冢累累，松柏萧条尽可悲。何事世人偏重色，真娘墓上独题诗”。

乾隆九年(1744)，海陵(今泰州)陈镆慕名来凭吊真娘墓，志中载：“蔓草荒烟，不可复识，心窃疑之……为词人之假托，非若钱塘苏小、西蜀薛

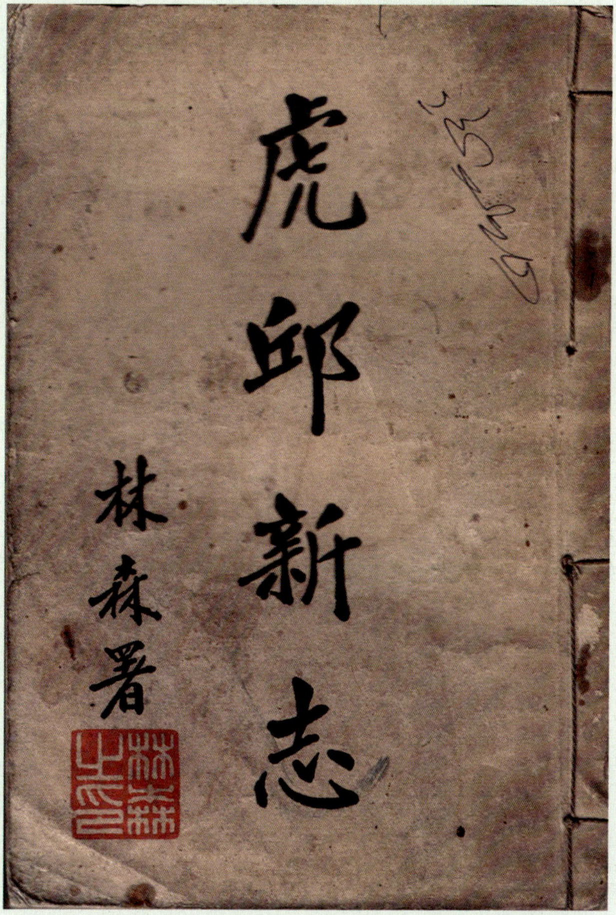

13.2 cm×19.1 cm

眞孃墓

再來室

仙人洞

國魂塚

大德庵

鴛鴦塚

救火聯合會公墓

隆祖塔院

東山老廟

張孝子碑

涛，确有明证欤。留意久之，忽于东山庙后（今万景山庄）、太傅祠前、溷厕中，见有断碑偃仆。拂拭其尘土而视之，则真娘之墓犹在。问之山僧顿之云，自明季兵燹之后，此碑沦弃至今。余乃缘碑而寻其墓，依稀犹旧址焉。嗟乎沧桑屡变，古迹之消沉磨灭……不可谓非幸也，因为之重修墓土，葬残碑于穴中，树新石于旧地，覆以小亭，俾之芳魂游所栖托。……修葺之，使后之君子按图志而寻芳踪，尚得睹花草之盛，闻歌吹之音云尔。”

按照现在的表述：泰州有个陈镄，当年来游虎丘，慕名凭吊真娘墓，但见荒草一片，心中起疑是否确有过真娘其人。后在东山庙一个厕所里发现了一块断碑。和尚告诉他：明末战火后，碑一直沦于此处。他根据碑又寻找墓地，旧址犹存。第二年也就是乾隆十年（1745）陈镄又来到虎丘，出资修建真娘墓，还盖了座石亭，同时写了篇《重修真娘墓碑记》以记其事。

据《虎丘新志》记载：真娘确有其人，为唐代名妓，本姓胡，从小父母双亡，弱质无依，被骗入青楼，琴棋书画无所不工，为守贞操，上吊自尽。

《虎丘新志》中还载有唐（李绅）、元（顾瑛）、明（薛涛）为真娘墓所题之诗。

陈镄为苏北人，却长途奔波来到苏州修墓建亭，同他一样，历史上许多外地文人雅士视苏州为家乡，热爱苏州，扎根苏州，为苏州的繁荣发达作出了贡献，甚至付出了生命，他们的这些名字，都当永载史册。这一点，作为土生土长的苏州人岂能心中无数？笔者因感而歌曰：

野草青青锁野圹，陈公好义自名扬。

且看又到草青日，多少游人说真娘？

笔者藏本《虎丘新志》民国二十四年（1935）出版，国民政府主席林森封面题署，编辑者黄厚诚，发行者陈彦逸，承印者北平友联中西印字馆，经售处苏州各书坊。书中还收录了不少至今湮灭的古迹的照片，弥足珍贵。

灵岩山志有几部？

木渎古镇被江南的丘陵小山所环抱，北有天平山、金山、狮山，西有灵岩山、清明山，东有凤凰山、上方山，南有尧峰山。在这众多的山丘中，灵岩、天平闻名中外。

木渎灵岩山的人文历史最早可追溯至春秋时期的吴王、西施。当年，吴王夫差为美女西施在灵岩山上营造行宫——馆娃宫，大批木排填塞了河道，后人便称其地为木渎。

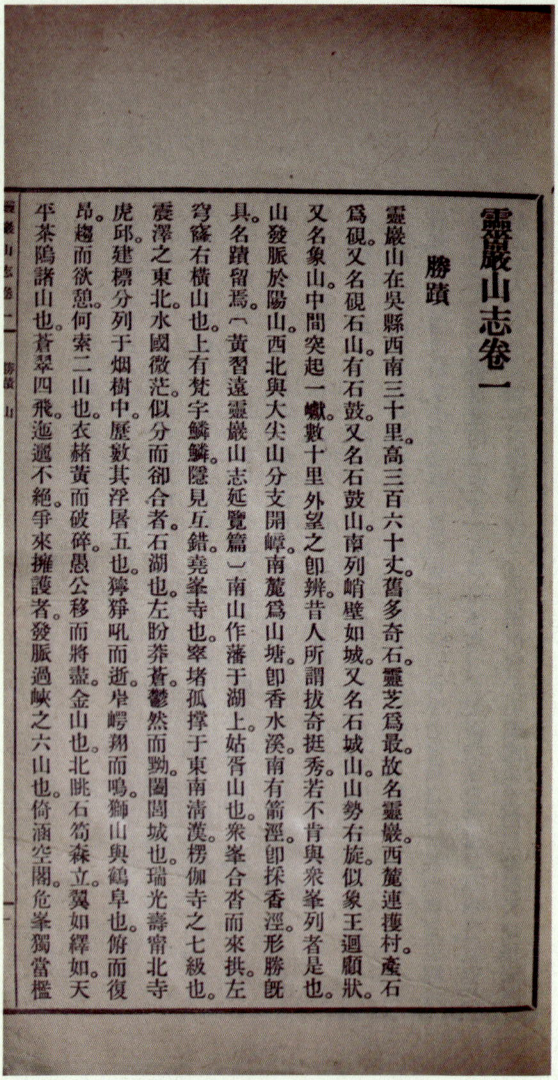
靈巖山志卷一

勝蹟

靈巖山在吳縣西南三十里。高三百六十丈。舊多奇石。靈芝爲最。故名靈巖。西麓連樓村。產石爲硯。又名硯石山。有石鼓。又名石鼓山。南列峭壁如城。又名石城山。山勢右旋。似象王迴顧狀。又名象山。中間突起一巘。數十里外望之卽辨。昔人所謂拔奇挺秀。若不肯與衆峯列者是也。山發脈於陽山。西北與大尖山分支開嶂。南麓爲山塘。卽香水溪。南有箭涇。卽採香涇。形勝既具。名蹟留焉。（黃習遠靈巖山志延覽篇）南山作藩于湖上。姑胥山也。衆峯合沓而來拱。左穹窿右橫山也。上有梵宇鱗鱗。隱見互錯。堯峯寺也。窣堵孤撐于東南清漢。楞伽寺之七級也。震澤之東北。水國微茫。似分而卻合者。石湖也。左盼莽蒼。鬱然而黝。闔閭城也。瑞光壽甯北寺虎邱。建標分列于烟樹中。歷數其浮屠五也。獰猙吼而逝。岝崿翔而鳴。獅山與鶴阜也。俯而復昂。趨而欲憩。何索二山也。衣赭黃而破碎。愚公移而將盡。金山也。北眺石筍森立。翼如繹如。天平茶隝諸山也。蒼翠四飛。迤邐不絕。爭來擁護者。發脈過峽之六山也。倚涵空閣。危峯獨當檻

14.0 cm×23.4 cm

灵岩山上景色优美，名胜古迹很多，特别是其中的馆娃宫遗址，历来为人们所向往。相传春秋末期，越国浣纱女西施肩负政治使命，来到吴国，备受夫差的宠爱。夫差特意为她在灵岩山上建造了一所避暑离宫。因为吴人俗称美女为娃，也就取名为馆娃宫。古书上记载：馆娃宫“铜钩玉栏，饰以珠玉”，富丽堂皇，夫差就在这里陪着西施寻欢作乐，游山玩水。

现在的山顶花园，据说就是当年馆娃宫的御花园。园内有口吴王井，西施常对井梳洗，吴王站在一旁为她插花理妆。园内还有两个池塘，大的一个叫玩花池，池内荷花开放时，西施在池中荡舟采莲，避

靈巖山

中華民國十六年九月測圖二十七年一月製圖

一萬分一之尺

路之

中華民國三十六年七月

靈巖常住

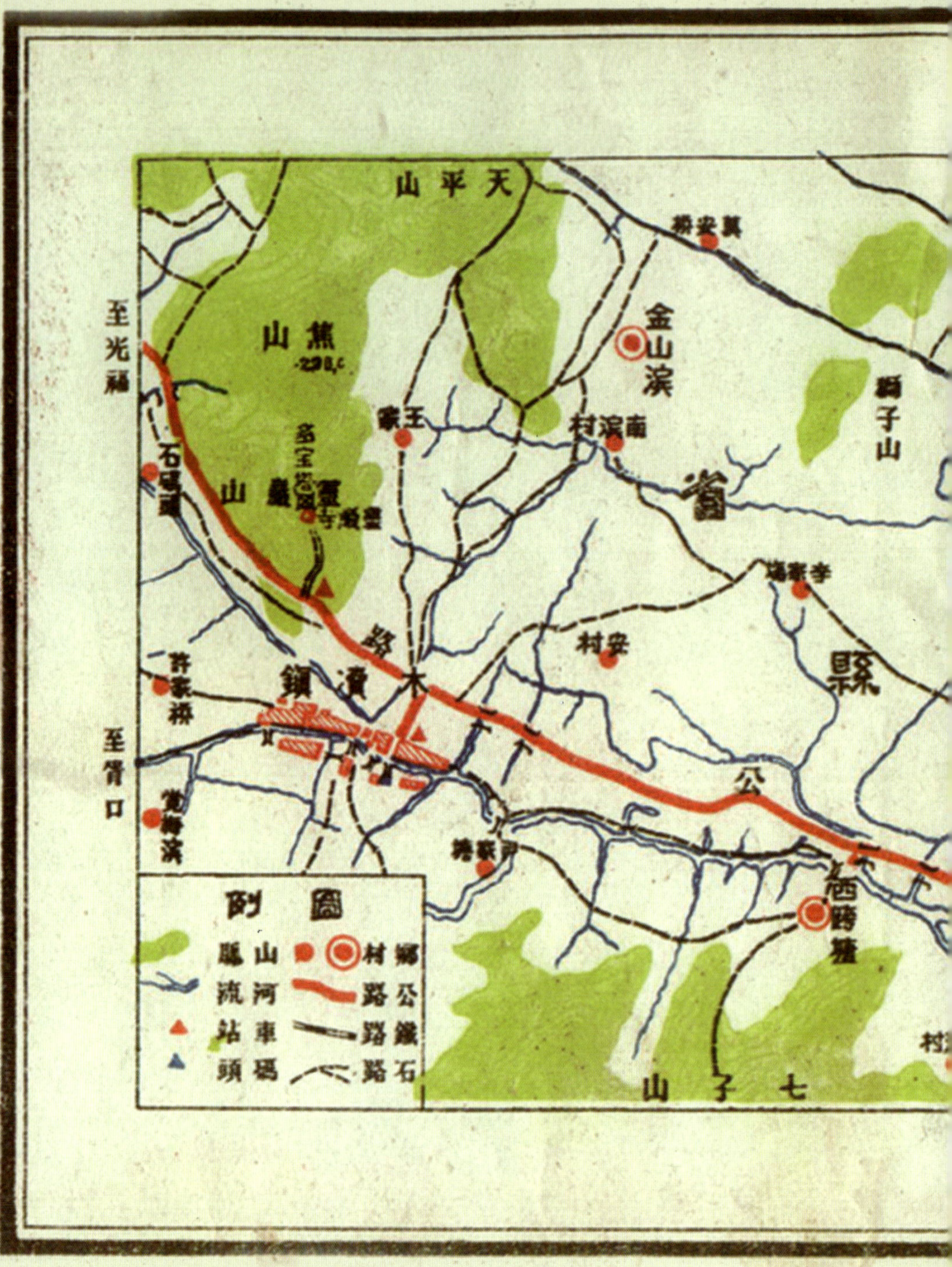

尺之

靈巖

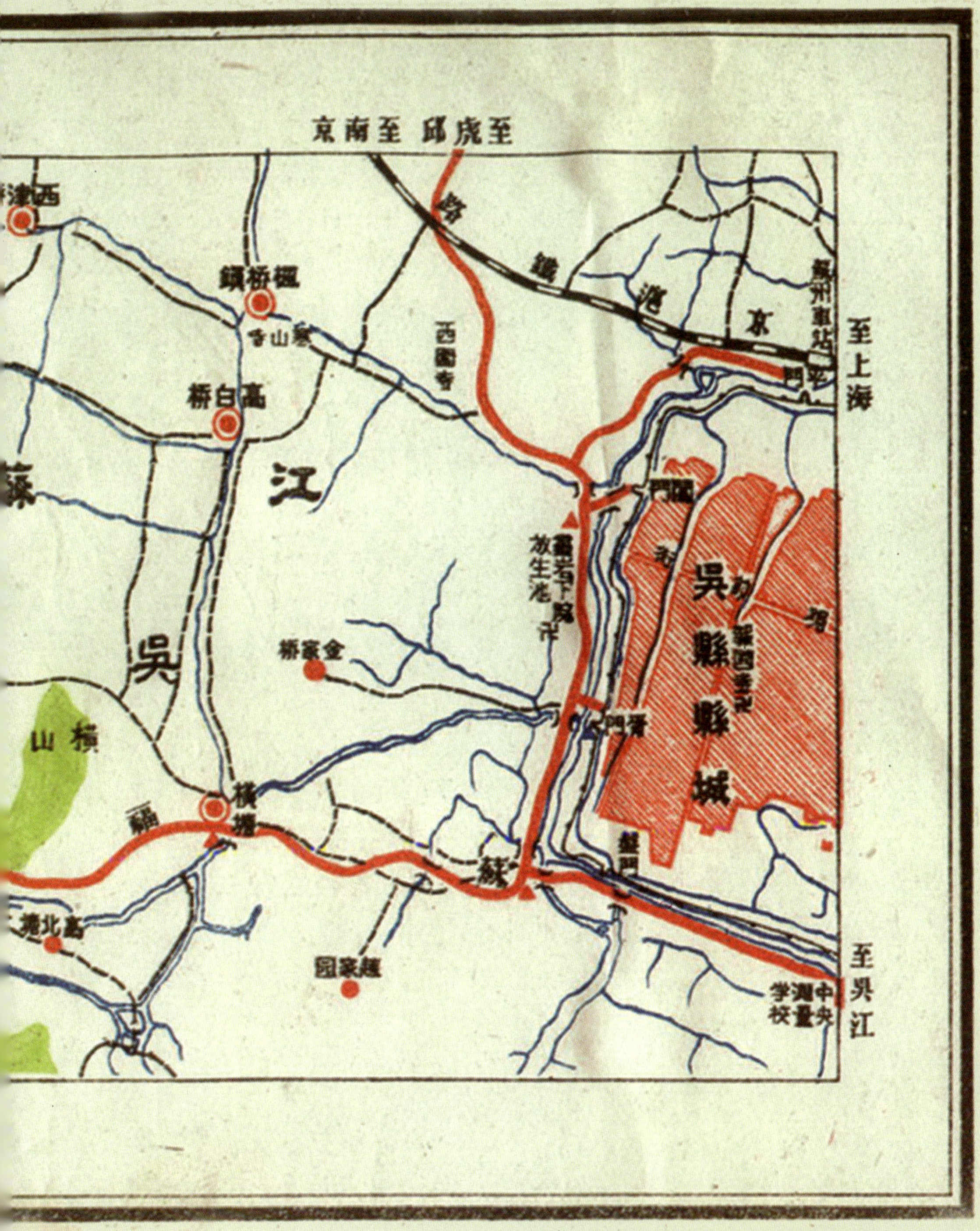

十萬分　　陳主一歐陽率製圖

喜取乐。西边的一个较小的叫玩月池,是专为西施赏月而挖的。

穿过山顶花园向西,直到灵岩塔下,相传就是"响屧廊"的所在地。据记载,吴王造馆娃宫时,在这里建造了一条长廊。长廊用梓树木铺地,木板下放一排大缸,西施和宫女们拖着木屐板在走廊上走动时,会发出清脆而响亮的声音,加上宫女们佩带的金铃玉佩,叮当交响,十分悦耳。如今,这条响屧廊早已不存在了。

公元前473年,越王勾践率领大军从水路进攻吴国,馆娃宫和姑苏台都被越兵付之一炬,烧成断壁残垣。大约到了梁代,佛教盛行,佛门子弟又在馆娃宫的废墟上建造起了灵岩禅寺,成为名扬东南亚的佛门净土宗的圣地。

那么,这个承载了夫差昏淫亡国的历史教训的名山到底被编过和刊印过几部志书呢?

苏州市传统文化研究会编的《传统文化研究》第十三辑《苏州地方志见录》一文中说:"(灵岩山)先后共编过六部志书:宋朱长文《琴台志》、清沈钊《灵岩新书》,均早佚。黄习远撰《吴中灵岩山志略》八卷,明万历刻本,苏州博物馆藏。清王镐《灵岩志略》一卷,为仅供当时巡览之用书;弘储述意、殊致辑《灵岩纪略》四卷,主要记述释氏佛家之言,山中之事略不详。有鉴于此,灵岩寺方丈妙真'煞费苦心,博采搜罗,积年累月,壬午(民国三十一年)冬举稿盈尺',编成《灵岩小志》四卷。后又请张一留(非张一麐)编成十卷本,民国三十七年铅印。1994年苏州灵岩山寺再印两千部,称《苏州灵岩山志》。"

不知何故,此文对笔者所藏《灵岩山志》没有提及。笔者藏本版权页上有:民国三十七年六月出版,初版铅印两千部,全书共八卷,卷末附王允园跋八页。编述者:张一留。校对者:游有维、王允园。流通处:上海常德路四一八号印公纪念会。藏版处:印公纪念会。"陈文"提到民国三十七年铅印,但卷本数目不对;记载十卷本,笔者藏本是八卷。现把书影刊出,愿与研者共讨。

灵岩山寺编写的《灵岩小志》

《灵岩小志》由释妙真作序。序中言："吴郡多佳山水，城西南数十里……灵壑奇秀，泉石清幽，四山遥带。山高三百六十丈，广一千八百亩，旧多奇石，灵岩为最……"

小志分四卷，序后有照片十六幅。卷一为古今名胜，卷二为圣贤传记，卷三是名人题咏，卷四为珍闻杂辑。

此书为民国三十五年（1946）十月平装铅印，初版一万册。可见灵岩山之兴盛。在版权页上还印有流通处：弘化社、灵岩山寺、印光大师永久纪念会。印刷处上海浙江路六八九号百宋印刷局。

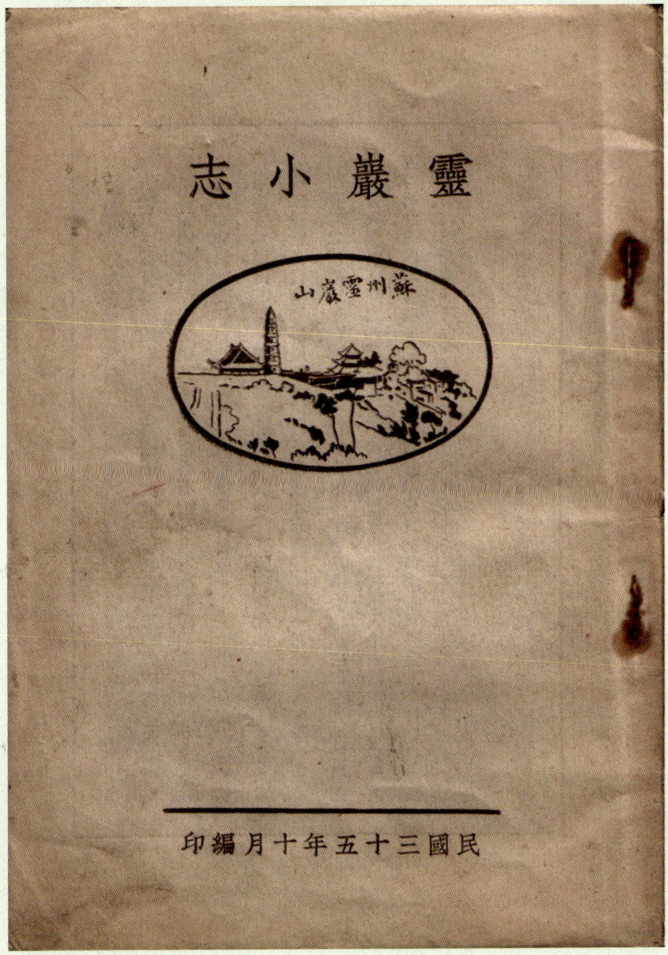

13.3 cm × 18.3 cm

李根源的《吴郡西山访古记》

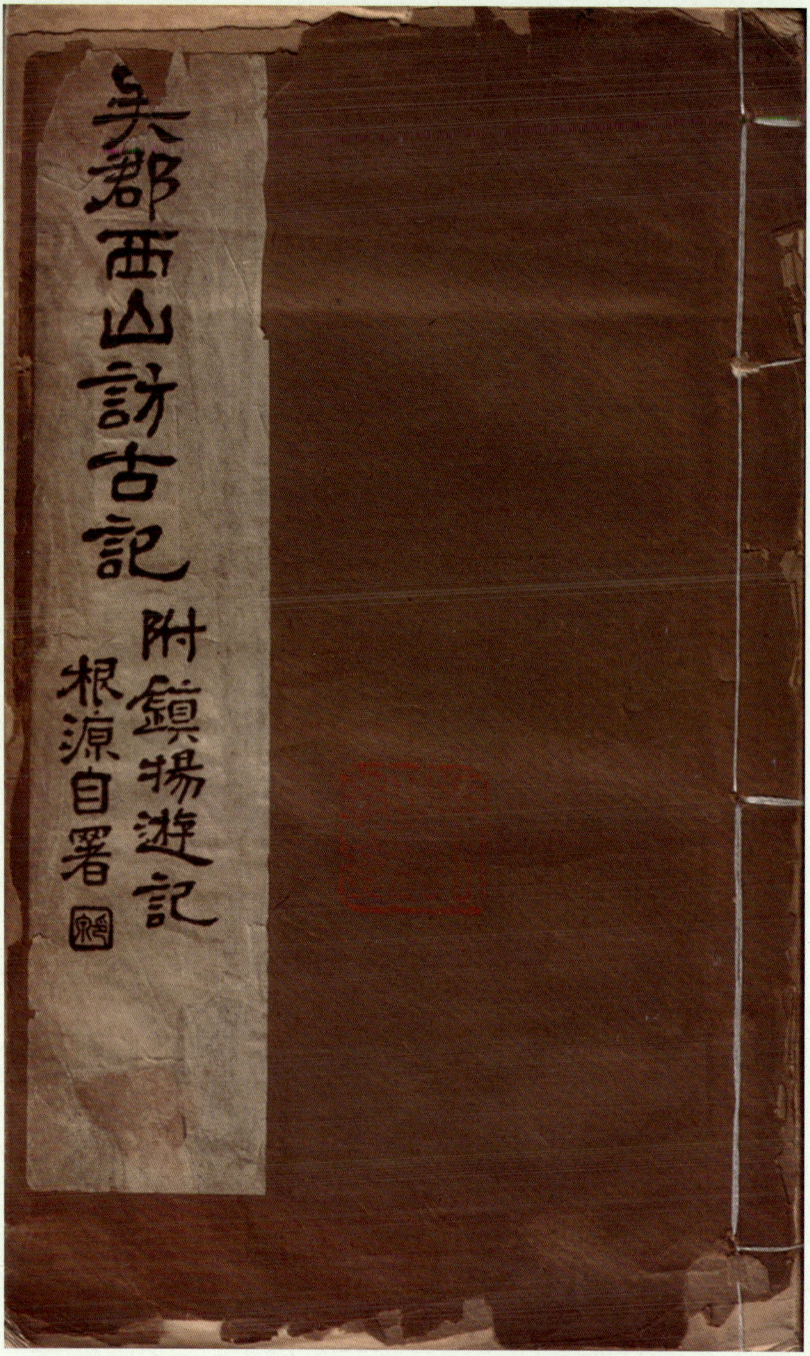

15.5 cm×25.5 cm

在苏州小王山的松海中，长眠着一位近代名士、国民党元老，他就是集政治家、军事家、著作家于一身的李根源。

李根源祖籍山东青州，1879年出生于云南腾冲。曾留学日本，毕业于振武学堂与士官学校。1905年加入同盟会。1909年回国创办云南陆军讲武堂。武昌起义后，任军政总长兼参议院院长。1915年，因反对袁世凯称帝，李根源任军务院北伐联合军都参谋。后历任陕西省省长、北洋政府农商部总长、国务总理。1923年，因反对曹锟贿选总统，李根源退出政坛，隐居苏州。

李根源之于苏州，有着可歌可泣和感天动地的故事。他开展农村实验，创办农村促进会，兴文教、办学校、保古迹、植林海，让人永记的是他义送国殇的爱国心。在苏州城西藏书镇善人桥北马岗山麓由他建造命名的“英雄冢”，至今还在。这些军人都是在抗日战争上海战场牺牲的，共一千两百多人。当年，李根源率乡民万人披麻致祭，并题词“霜冷灵岩路，披麻送国殇。万人争负土，烈骨满山香”。画家徐悲鸿闻李根源两次披麻为抗日将士送葬的事后，补绘《国殇图》画卷。1936年，他还为营救“七君子”而奔走。1937年，李根源离开别苏州。新中国成立后，李根源历任西南军政委员会委员、西南行政委员会委员、全国政治协商会议会议委员。此后，他定居北京。

1959年，李根源将在抗战期间从苏州寓所疏散到小王山所收藏的全部古籍、书画、文物以及故意沉在小王山关庙前小池塘中的唐墓志九十三方（其中有唐代著名诗人王之涣的墓志），无保留地捐给苏州市文物管理会。

1965年7月6日，李根源先生病逝北京，终年八十七岁。作为李根源在云南陆军讲武堂时期的学生，朱德亲自为他主持追悼会。说来也奇，就在李根源逝世的当天晚上，忽起大风，当年朱德赠送恩师的那枝杨柳竟被大风吹折了。以朱德为首的治丧委员会决定按照恩师的生前遗愿，把他安葬于苏州吴县小王山。1982年，李根源的夫人逝世后，其骨灰也送到了小王山，与李根源合葬。

李根源一生著作有三十多种，其中《吴郡西山访古记》是他为苏州留下的宝贵的精神财富。

李根源全家当时住在城中心的十全街。李根源在苏州城内住了三年，把城内的虎丘山、狮子林、拙政园等十几个古典园林都考察遍了。1926年4月，他开始把目光转向城郊的天平山与灵岩山。天平山那里有北宋名臣范仲淹的衣冠冢，在灵岩山有当年吴王夫差与美女西施享乐的馆娃宫以及囚禁勾践的观音洞。1927年，李根源的母亲去世，他将母亲厝于苏州城西五公里的吴县境内的石湖(南宋诗人范成大的故乡)治平寺，并住在寺内为母亲守灵。在守灵期间，李根源曾发誓在服中不出吴县县境一步。翌年，他把母亲的灵柩安葬在吴县藏书镇小王山东麓后，才又开始了在苏州访古编志的工作。

访古考察的工作是艰苦的。三个月内，李根源以船为家，忘记了家人。白天，他舍舟登岸，翻山越岭，访求古文物与古墓群；晚间，他返回小舟后，局促舱内，在一灯如豆的油盏下，整理记录，编写游记。在他的访古活动告一段落后，其《吴郡西山访古记》初稿也随之完成了。

李根源访记下的史料切实可靠。他从不轻信原有资料的记载与群众的口述，而是注重身临其境，亲自观察。有些地方，他一访再访，力争把事情弄清为止。这是他一贯的治学态度。全书以日记方式撰写，前后有六万余言。记述了作者民国十五年二月至民国十八年五月期间，三次和朋友一起从胥门水路出发，赴苏州西郊灵岩、天平、邓尉、穹窿等几十座山，考查当地的名胜古刹、名碑遗闻的情况。书中又融入了较多其他史书记载的资料，颇具参考价值。所记述的冢墓、碑刻一类尤为详尽。

《吴郡西山访古记》世存版本有二：其一为民国十五年(1926)上海泰东书局铅印本，共五卷，附录《镇扬游记》一卷；其二为民国十八年(1929)曲石精庐李氏家木刻本，共五卷。两种版本中的内容可互为补充。泰东书局本除比曲石精庐本多出附录一卷外，其卷五内容也和曲石精庐本卷五不同。泰东书局卷五记述《虎丘金石经眼录》，而曲石精庐本卷五记述民国十八年(1929)五月十九日至六月初九日期间，作者再游诸山记实等。除以上不同外，曲石精庐本卷四又比泰东书局本多出苏州府志冢墓补及《治平寺获石记》等几十篇文章。笔者收藏的是上海泰东书局1926年的版本。

“日出江花红胜火，春来江水绿如蓝。”“三生花草梦苏州。”“苏州园林甲江南。”对苏州的经典吟诵真是太多太多。其实，这仅是表象，真正独具魅力的是那风土清嘉背后的生活方式所体现的吴地雅韵，以及发生在这古老土地上说不完的故事。这些历史的书卷是苏州两千五百多年历史文化的幽怀语丝，是浸润亲情的温馨，是吴文化的内核。

倪海曙的《苏州话诗经》

翻阅《苏州话诗经》，竟是句句入心。犹如春风杨柳万千条扑面而来，花开花落，日月星辰，飞鸟鱼虫，村姑、船娘、自由恋爱、婚嫁，竟是那么相宜雅致。未读几句，已觉余香满口，令人难舍。我为苏州民间文化瑰丽的词章所倾倒，仿佛置身在炊烟袅袅的水乡风情画中，也仿佛置身于古城的一个拐角、一个花窗、一弯池水之中。

每一首诗都会品出不同的意趣，诗人情思绵绵；苏州情调的细致和软糯，使人微醉，当然还有苏州人方言骂人的刻薄。如《十三点》、《天浪太阳月亮》里的杀胚等，让人发笑，真是嬉笑怒骂皆文章。此书的编著中倪海曙在后记中说：

这里的六十首苏州话，是我近三十年来陆续译成的。翻译的动机主要在试验方言写作，不是把三千年前的古籍另作新的训诂。所以我的翻译非常自由……为了使文艺接近更多的人，为了使中国的语言更有表现力，方言文学的提倡十分必要的。为什么呢？因为：(一)在目前文盲遍野的中国，光是有给人"看"的文艺是不够的，在给人"看"的文艺之外，还须有给人"听"的可以朗诵的文艺。方言文学是一种可以直接给人"听"的文艺，不但使人听得懂，而且使人听得亲切，有味，虽然它有地域的限制，但是一种能给当地多数人"听"的文艺，比之一种只给全国少数人"看"的文艺，力量实在是强多了。(二)中国目前所用的文学语言——白话文，是一种极无血色的普通话，它还只是中国新的共通语言的雏形。……要使中国的文学语言更具表现力，我们还应该去发掘人民语言的宝藏，而方言文学的提倡就是发掘者宝藏的一件实际的工作。

……假如我们不能把那些旧的，封建的人民文艺堡垒：章回小说、连环图书、时调小曲、地方戏文等一一夺过来，那末"文艺应该为人民服务"这句话永远是一句空话……

此书封面题字者是郭绍虞，出版者为方言出版社，1949 年 4 月初版，印数为两千册。

从序、版权页、纸张判断，此书应该是在合法状态下出版的，版权页上已用公文纪年，序中已出现"为人民服务"的标志性红色经典。上海的解放日期是 1949

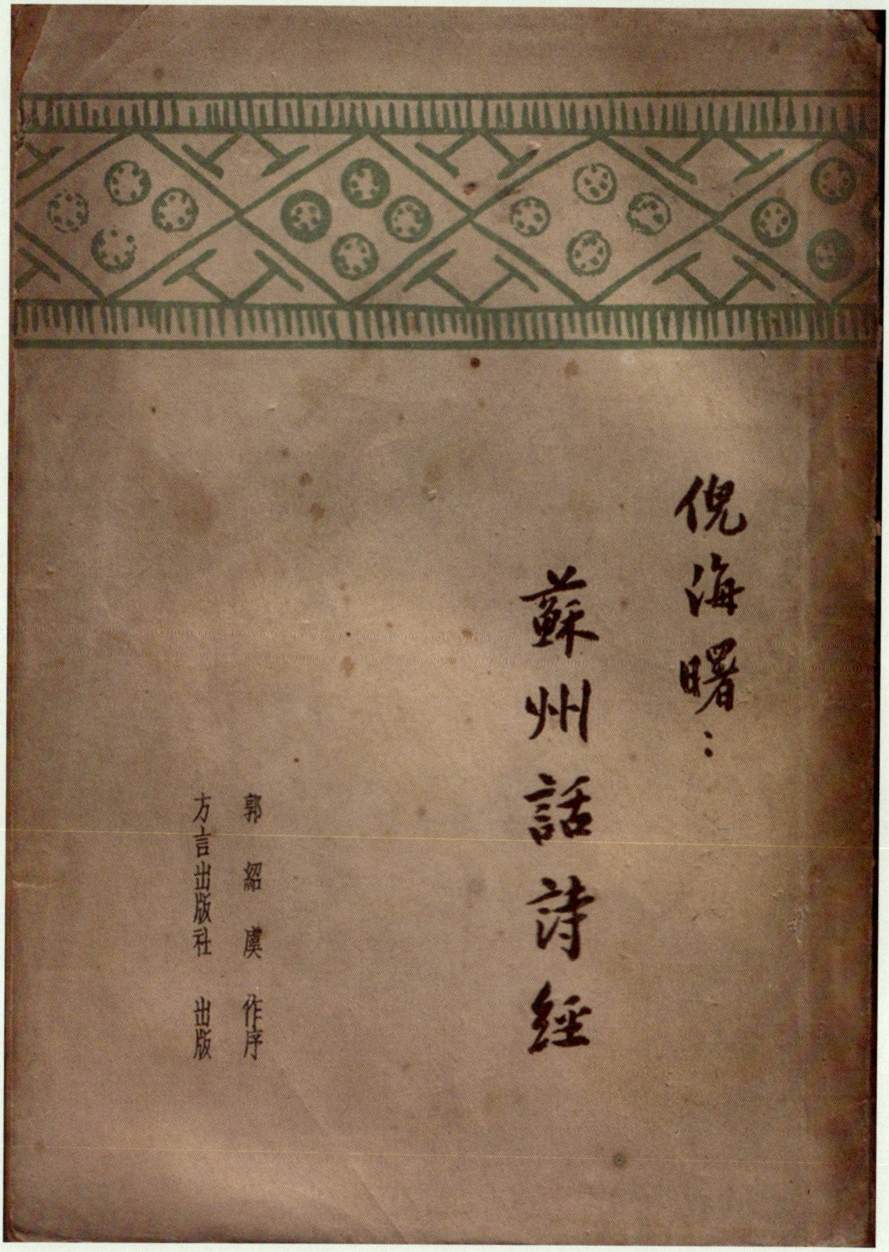

12.7 cm×17.8 cm

年5月27日，此书出版期为1949年4月。一本书可感受太阳的光辉，可见当时的上海，国民党政权已在飘摇之中，思想文化领域阵地已经丢失，这就注定了它灭亡的必然。

此书的排列采用原文与译文对照的方式。现摘录几首译文以飨读者。第一首是：

琳琅琳琅狗来哉，张家阿哥转来哉。

阿哥生得好身材。心肠软得像米饭。

……

据笔者所知，苏州农村民间好像还有类似的词调，如哄小孩的：

琳琅琳琅马来哉，隔壁大姐转来哉。

……

大人双手把孩子抱在怀里，轻轻拍打念叨，孩子童趣洋溢，亲情、乡情、邻情浑然一体。这段民谣，凡出生在苏州的农村人，童年时都应该有这样的记忆。

水波荡漾，苇草摇曳，悠远绵长，情感无处可遁。体现爱情的如《阿姐身体一扭》：

河里有块绿洲，水鸭勒轧朋友；

阿姐身体一扭，阿哥跟勒后头。

河里长短水草，顺水左右漂浮；

为仔格位阿姐，日夜叹气摇头；

实在无法接近，睏勒床浪发愁；

一夜赛过一年，眼泪好比屋漏。

……

《苏州话诗经》相当一部分内容选自乡村，春天的鸟声，夏天的蝉声，秋天的虫声，冬天的雷声，均有体现。城中即景是楼上看山，城头看雪，灯前看舟，舟中看霞，月下看美人。但也有相当一部分诗带有浓厚的政治色彩。如《轰隆隆的雷声》中"想起我格丈夫，打仗打了三年，丈夫丈夫转来，转来一淘种田"等民谣，说的是妻子盼望在国民党军中当兵的丈夫归来的心情，表现了国民党军心不稳，失去了民心。再有描写内战气氛、抓人修工事及国民党军低落士气的，如《鼓声好比开枪》，诗中怨道："阿姐去做工事，阿哥开上战场……现在搭俚分开，早夜只等一枪，眼泪赛过河浜。"还有如《阿毛骂爷》，更体现了民众的怨情："抗战结束打内战，陆里一日好回转？太阳晓得落山，牛羊晓得归栏，阿毛骂爷为啥还弗转来？牵记呀，牵记煞我哉……但望呀，但望多吃白饭，少碰着炮弹。”书中像这样的民谣还可列举不少。自古失民心者失天下，乃天理，国民党民心失到如此程度，岂有不败之理？民谣是很能说明问题的。历朝历代灭亡，往往都是以民谣为先声的。国民党灭亡在即，自是应验。人民解放军在1949年4月27日解放了苏州，苏州获得新生。

《苏州话诗经》作者倪海曙，上海人，1941年毕业于上海复旦大学，1938年开始发表作品。出版有《中国拼音文字运动史简编》、《中国拼音文字概论》等专著及一些通俗读物。他也是文字改革活动家、语言学家。

顾玉振的《苏州风俗谈》

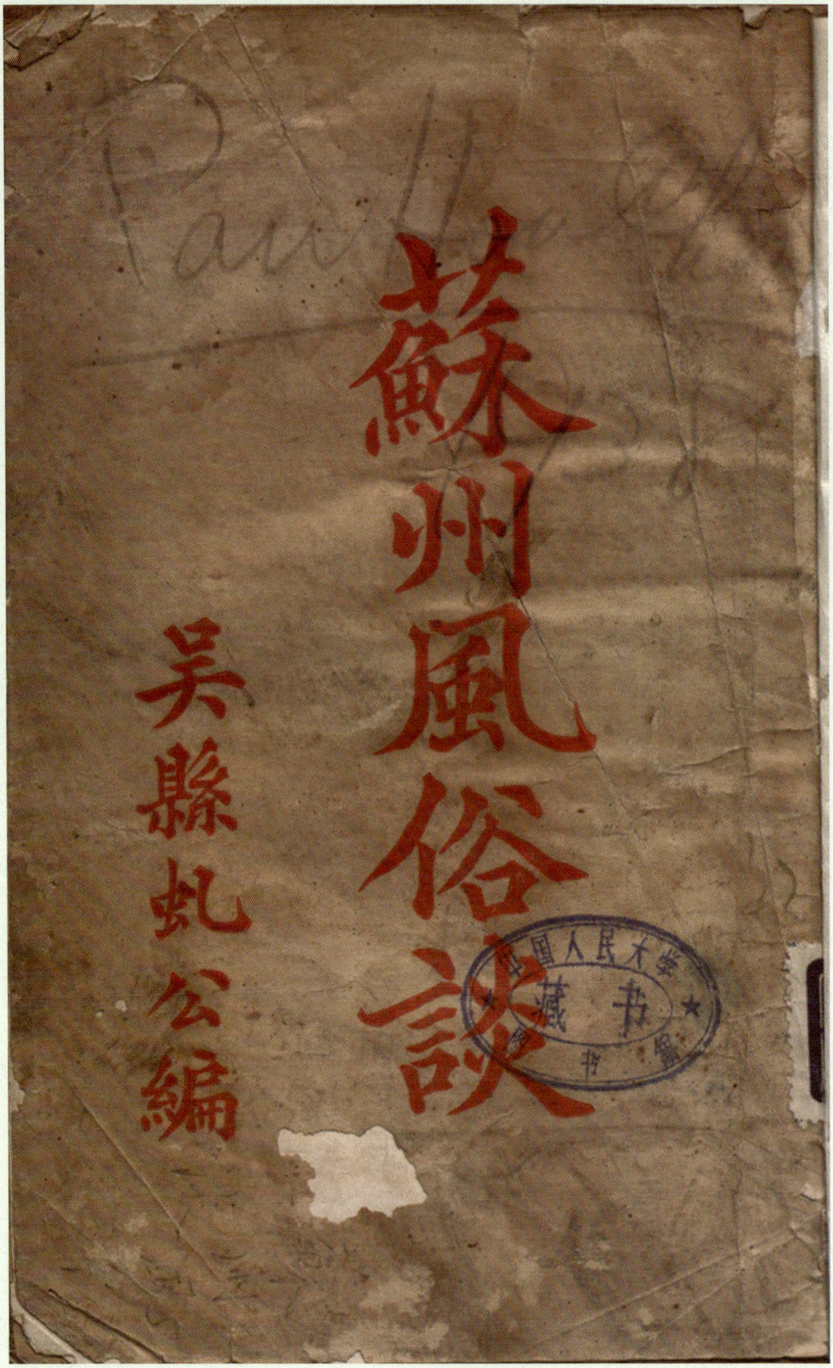

15.0 cm × 22.5 cm

《苏州风俗谈》,民国二十年(1931)十二月初版,编辑者顾玉振,校正者陈敬濂、徐晋镛,总经销处私立明德女校,代售处小说林书社、平江书局,印刷者文新公司。

该书原是中国人民大学图书馆的藏书,不知何故散出。笔者2009年8月在北京时,北京朝阳区一书贩电话中向我推荐旧书时,提及《苏州风俗谈》。当天中午与女儿洁洁打的至朝阳区一小区,书贩捧出四本民国书,《风俗谈》要价一千,虽贵,但从异地捧回我苏州地方文献仍是值得的。卷首语称:

凡风气之行也,出于不知不觉之间。人行而吾亦行,人人相传,成为惯例,是名风俗。故风俗即习惯也。其中虽间有可取之处,而关于迷信及盲从者,竟十居其七八。即以近事而论,婚嫁及送丧仪仗之中,恒将军乐队列入,即人行而吾亦行之之明证也。夫军乐队为行军领队之用,人皆知之。婚嫁与送丧而用军乐队,是否合理,不待智者而后知。然则近年婚嫁与送丧者,竟用之为仪仗,非盲从而何?此等习惯,令人捧腹。苏州之风俗。此其一端也。至于一年之间,自元旦贺年起。至大除夕封门炮止,相传种种风俗,关于迷信者居多,亦人行而吾亦行之之明证也。余蛰居城东,闲暇无事,爰就六十年中见闻所及,笔之于书,分为节令、喜庆、丧葬、祭祀、迷信、杂俎六类,按事叙述,不避简陋,将来修县志者。亦未始非参考之一助云尔。

中华民国十九年十月吴县顾玉振

识于仁孝里之奉爵称寿庐

《苏州风俗谈》全书七十五页,关于苏州风俗的记载详尽全面,对于了解研究苏州风俗民俗,乃不可多得的文献。

洞庭东山《莫厘风》

有一位长者曾向我叹息："民国时洞庭东山曾出过一本刊物，叫做《莫厘风》，百般搜寻，至今无缘见到。"我自不放心上，书缘随人。

隔三岔五打个电话给那些收旧书的书贩是我的必修课。书脉随缘，有一天，一位苏北来苏州已达近十年的旧书商告诉我，他刚收到了自创刊号至12期的《莫厘风》杂志，虽是老朋友，但价格不肯让，开口三千元，最后两千四百元成交。

《莫厘风》创刊于民国三十五年（1946）七月一日，为月刊，刊名源自东山莫厘峰。逢每月一日出版，每期五百元，编辑及出版者东洞庭山各校同学联谊社，发行人席玉年，发行所上海昆山花园路一号十室莫厘风月刊社。创刊号还有《创刊宣言》：

时光好象东流的江水，他缓缓地从我们面前流去。

还记得九年前吧：我们曾见过有几种关于故乡——洞庭东山的刊物，然而在时光的黑潮里，都先先后后的给生活的浪潮吞灭了，直到现在为止，连同乡会应有的一份会报也没有，留着的只是空白和沉默而已。

因此，我们东洞庭山各校同学联谊社，决定先以全力来发刊这小小的月刊，担负一下填补空白和打破沉默的任务。

我们发刊这小小的月刊，并没有什么远大的计划，也没有什么巨大的野心，更没有什么伟大的主张，我们不过觉得东山的生活太枯燥，思想太沉闷，感到我们不能缄默，我们有说几句话的必要，为了那遏不住的感情可以有所发泄，于是先发行这小小的刊物，作为我们自由发表的地方，借此想可以冲破一点东山的生活和思想上的昏浊和停滞的空气而已。

我们主要的任务是：报道故乡消息，联络以及加强同乡间的团结，改进同乡生活：消极的就是想以我们的真情来联络有与我们同志的朋友，积极的就是想以我们的微弱呼声，来促进东山的改革。我们现在姑且以如下的内容为出发点：

一、对于东山生活的批判和对于东山的一切设施的批评和建设的论文我们当尽量刊载，不过这样的文字应该是拥护诚实的、进步的、自由的、美的、善的生活。和希望那虚伪的、束缚的、丑的、恶的现象渐渐减少，至于消灭，如若与此主张相反的议论，我们不能代为传布。

莫釐風

創刊號

播種　葉棻製

東聯社出版

17.5 cm×24.7 cm

二、为了使上海同乡能经常了解故乡的一切，同时也使东山的人士对旅沪同乡的动态有所熟悉起见，我们当以最迅速的方法采访和报道有关同乡之各种消息。同时希望读者投寄通讯稿件，惟当以详实可靠为主。

三、东山至今还处在封建的堡垒中，所以我们当特地注重于家庭、婚姻、妇女等生活的问题的论著与描述。

四、故乡是一个山明水秀的地方，名胜古迹特别多，为了增加读者兴趣，为了介绍故乡于他乡人士之前，我们当常常载关于故乡的风俗传奇神话，古镇等小文。

上面写的似乎太近于宣传式的铺张，但我们确实想以此为努力的目标，虽然我们的力量弱小，或者不能有什么著实的表现，不敢担保满足读者最低限度的希望，但我们相信在黑夜里的一声撞击，虽然声音很微息，但也能惊醒沉睡着的人的迷梦的，如若更因此而得到一点回声，这就是我们所希望的了。

据《苏州词典》:《莫厘风》，月刊，三十二开，最后两期改半月刊，民国三十五年(1946)七月一日创刊，主编金尚俭，社址东山镇叶巷。以“冲破东山生活浑浊与空气的迟滞”为宗旨。曾刊载严庆澍(唐人)《遥望的故山》、羽毛《东山的张勋》等文章。民国三十八年(1949)四月十日停刊，共出三十二期。

据笔者考证，《莫厘风》创办人是朱润生(1902—1979)的父亲朱鉴塘(1869—1981)。上海开埠后，东山很多人都去了上海寻找商机，朱鉴塘去沪开设久成绸庄，为上海出口会会长、东山同乡会会长。朱润生热爱家乡和公益，在家乡东山办鉴塘小学，并在上海创办《莫厘风》月刊。

从刊中分析，这是一本时政人文类的期刊，内容有东山的时政新闻、评论、小说、散文、诗歌等，水准较高，可读性强，是研究东山当时的政治、军事、经济、文化、物产、习俗、治安、交通、地理的重要原始资料。应该说，《莫厘风》是一本政治倾向很明显的进步红色刊物，在当时来说，应属禁刊，这就更显其珍贵了。

27.0 cm×19.0 cm

民国时期苏州是什么样子？这本英文版 *Chinese Pictorial Views And Abjects of Interest* 画册共五十三幅影像，其中四十多幅摄自苏州。这些镜头由虎丘塔、西园寺、古桥和百姓生活形态组成。这本名为《中国风景写真和有趣的事物》的画册，由上海中国家庭和艺术杂志社出版，摄影者叫考尔德。此画册不属于公开出版物，仅是赠品，故无版权页，因此何年出版无从查考，不过根据纸张和照片情态分析，当是民国出版物无疑，具体出版时间则民国初期的可能性较大。作者在前言中说：

出版这一系列景色和有趣的事物是为了以一种简便的方式寄给国内的亲朋好友，他们非常渴望了解更多关于这个国家的事，这个国家总是吸引大量的游客去他的沿海地带。

许多引人注目的宝塔尽管起源于印度，但它们经历了中国的发展变化，并且成了这壮丽的中国江山的不可缺少的组成部分。

CORMORANT FISHING BOAT

Cormorants Dry Out Their Wings After a Fishing Trip.

……

这些寺庙大多坐落在神圣的小树林，这里宗教生活远离喧嚣的世俗生活。宝塔坐落在山峰上，城墙及城门时常为天际线添色。用花岗石雕刻的牌坊和优美的凉亭为城镇、乡村的背景添上一道亮丽的风景线。

这些历史建筑遍布全国，寺庙大多老远就能看到，就像特色景观一样，使得自然和人类的外部工程看起来像一个和谐的整体。

建筑最令人印象深刻的是它们的屋顶线和以及它们的的弧度，建筑具备了明显的艺术目的，它们在神圣的寺庙、国家建筑物中得到精致的演绎，并且比起僵硬的、直线的线条来，其与不规则的周围景观更加协调。

作者通过这些影像，让他国内的朋友知道，东吴（苏州）有如画的风景；那些岁月痕迹中有几个世纪前的石桥；作者还说：这种对称的石桥正在迅速消失。苏州更有众多的寺庙，寺庙中的菩萨体内还有一个菩萨，庙中还有神圣的鱼池和亭子，香炉、圣人像，更多的五百罗汉，每年有成千上万的人通过寺庙的台阶去这里朝圣。

STEPS TO A TEMPLE
Near the Tiger Hill Pagoda

PICTURESQUE SCENES

RAVAGES OF TIME
An Old Stone Bridge After Centuries of Service Gives Way

AT SOOCHOW

THE TIGER HILL PAGODA

This is a Busy District and Holds Many Attractions

苏州乡村的日子也是如画的风景，安静的乡村景色中，傍晚有一头老水牛正在饮水，渔夫拿着竹竿站在河边。鱼鹰正欲捕鱼，那渔民赤着的脚和身上打满补丁的衣服仿佛告诉世人生活的贫穷和艰难。

作者把苏州、杭州的影像作为中国景象的代表。其寓意就是：中国最美的，是江南；而江南最美的，是苏州。

《吴船集》

《苏州新报》是在苏州沦陷(1937)一年后的1938年八月一日创刊的,《吴船集》是民国汪伪时期《苏州新报》周年纪念刊,出版时间为民国廿八年(1939)八月一日。版权页上有“本纪念册八月一日之苏州新报附送读者,不另取资”的说明。

目录如下:卷头语、替寒山寺考证、从玉的来源说到苏州的琢玉工业、扬州慢·和成琢如、海天勋绩、太湖诗话、流风遗韵说吴王、关于金圣叹、我投到雕刻圈里的回顾、梅龛琐录、狮林石语。

卷头语中称:《苏州新报》,自去年八月一日创刊以来,已届岁周。本报诞生吴中,诸文友努力为复兴建设而宣传,风雨同舟,借用范氏(范成大)“吴船”二字,以表示诸文友于吴中集锦之作。

《吴船集》共收文章十一篇,大部分写的是风景名胜,但字里行间也有美化侵略之意。特别是“卷头语”中的两首诗更现汉奸可憎面目:“春水船如天上来,一帆风送亦悠哉。长江万里从头数,三峡词源迅若雷!”“万里吴行古艳称,而今吴下几良朋?同舟雅有文章谊,风雨难鸣对一镫。”

从刊中文章作者春泥、一云、立人、云石、玉壶等署名看,十一人无一真名,可见这些人也思量过为伪政府及侵略者摇旗呐喊的下场。

值得说明的是,《苏州杂志》2005年第2期第45页《金圣叹与朱国治》一文中也提到这本增刊《吴船集》。刊中说:

> 记得汪伪时期《苏州新报》1940年的一份增刊《吴船集》中竟把南唐人的一首绝命诗“衙鼓侵人急,西山日欲斜。黄泉无客店,今夜宿谁家?”也归到了金圣叹名下,岂非荒谬?“与汝为亲妙在疏,如形随影只于书。今朝疏到无疏地,无着天亲可宴如?”这才是金圣叹《与儿子雍》的绝命诗。

笔者查《吴船集》,第27页《关于金圣叹》一文中确有此谬诗。但《苏州杂志》2005年第2期的《金圣叹与朱国治》一文中自有二误:一、《苏州杂志》上指谬的南唐人绝命诗前两句文字与原版本《吴船集》中前两句有文字差错,原版本上是“鼍鼓三声急,西山日又斜”。二、文中把《吴船集》说成是1940年出版的,时间是错误的,版权页上清楚地印有“中华民国廿八年(1939)八月一日出版”字样,估计作者记错了。

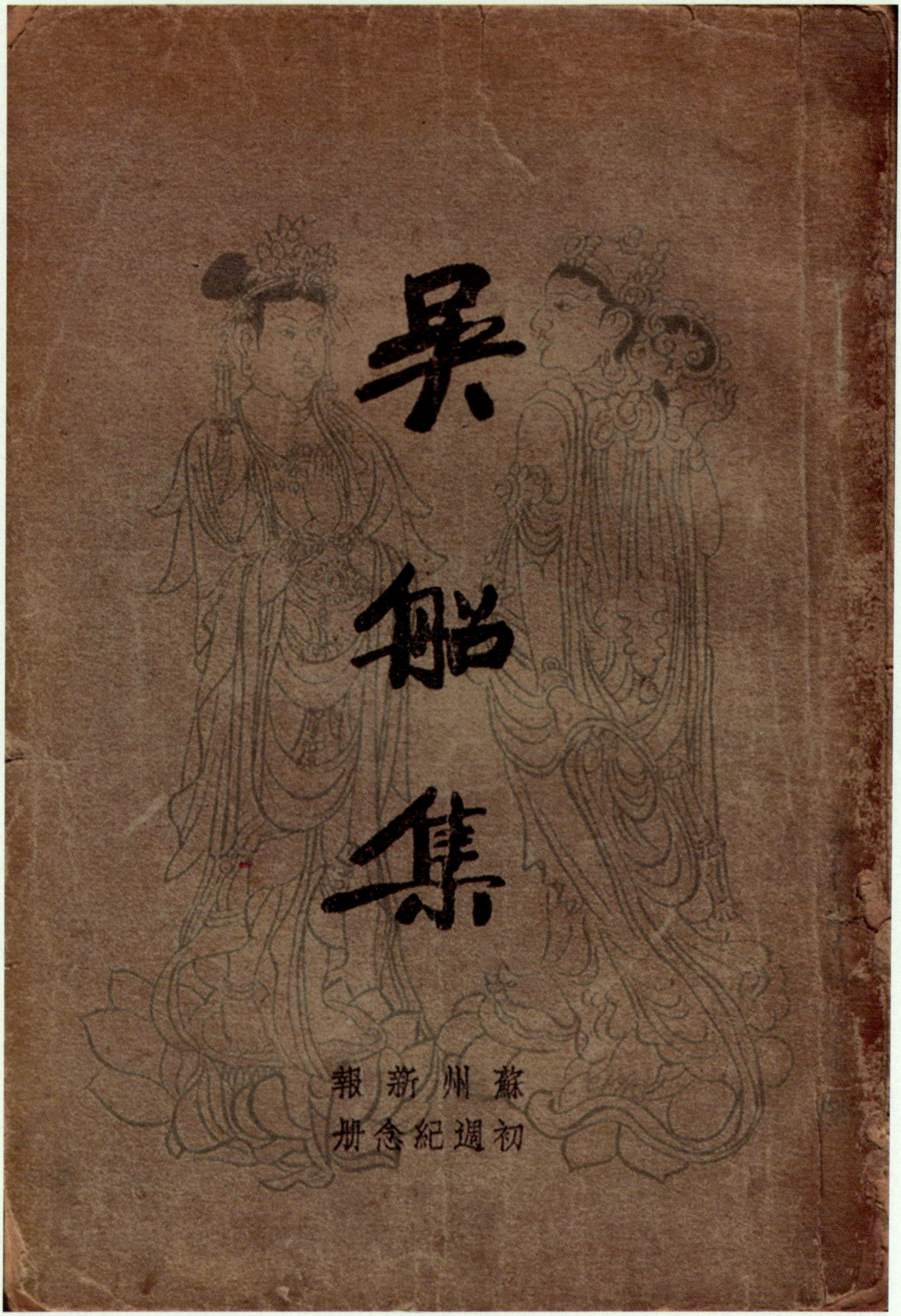

13.4 cm × 19.0 cm

范烟桥的《茶烟歇》、《珊瑚》和《中国小说史》

《茶烟歇》和《珊瑚》在苏州乡邦文献中较为知名。范烟桥一生涉及小说创作及研究，电影剧本、旧体诗词创作，报刊编辑，地方文献收集，文物保护等方面，每一项都卓有成就。

范烟桥的《茶烟歇》较为著名，章太炎、吴湖帆皆为其题字作扉页。此书收集了范烟桥达四十年的笔记见闻，整理成专集，共有两百多篇随笔，很多人物轶事，如涉及况周颐、石达开、翁松禅、胡雪岩、陈蜕庵、苏曼殊、汪笑侬、毕倚虹、吴湖帆等；另有小说家言；还有饮食之道和典故，如谈拙政园、燕子矶、瞻园牡丹、莫干山日出诸景物，述碧螺春、鸡头米、麦芽塌饼、状元糕、鸭馄饨与喜蛋等。《茶烟歇》曾在《珊瑚》杂志上开有专栏，《茶烟歇》和《烟丝》一样，都带有一“烟”字，“烟”取自范烟桥号中一字。另外“烟”是范烟桥的一大嗜好，再则“烟”带有消遣休闲意味。《茶烟歇》由中孚书局出版。

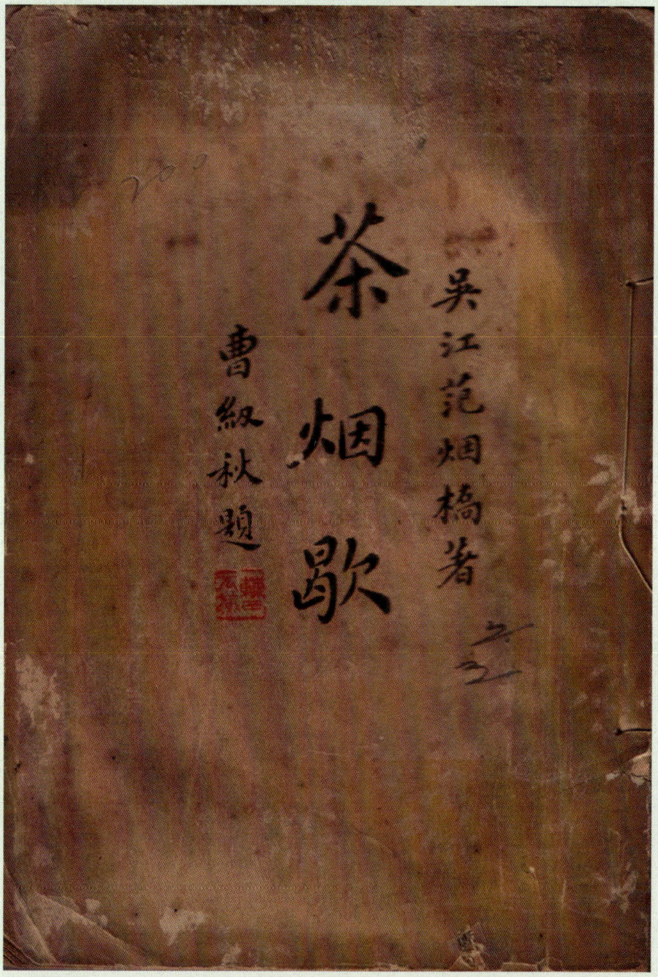

14.5 cm × 20.8 cm

范烟桥创办的《珊瑚》半月刊也广有影响，他本人任社长和主编。《珊瑚》32 开本，1932 年 7 月

13.0 cm×18.8 cm

创刊，内容有小说、诗词、戏曲、文坛佚事、掌故、艺坛论述、散文、杂记等。发行区域曾及于日本、中国香港等地。1934 年 6 月停刊，共出四十八期。

范烟桥在《珊瑚》的发刊词《不惜珊瑚持与人》中指出："国难未已，隐痛长在，那里还有心绪谈那不急之的文艺，这是应有的责难。可是仔细想一想，这话也未必尽然，因为救国不能专持着铁与血，世界上有把文化来作为侵略工具的，那么我们可以把文化来救国！但是珊瑚半月刊虽有这伟大的抱负，实际上觉得力量太微细，只好竭我们的心力，尽我们的责任……"范烟桥《珊瑚》创刊在"九一八"事件后，刊登了《抵抗日记》、《国难家仇》、《纪念"九一八"》等抗日檄文。

《珊瑚》书影为第 35 期，版权页上出版地址：苏州观前街四二五七号。印刷者：文新印书馆。特约发行所：苏州小说林书社、上海民智书局、上海文华图书公司、上海生活书店、申报馆服务部、南京正中书局。

范烟桥曾与周瘦鹃、程小青、蒋吟秋被并称为"苏州四老"。范烟桥 1894 年出生于同里漆字圩范家埭的书香门第，父亲范葵忱为江南乡试举人，1922 年随家迁居苏州。范烟桥的父亲买宅苏州温家岸。这里为元代文学家顾阿瑛"雅园"一角，至今仍旧保存着假山、池塘、曲桥、古木，另有新植榆、桐、山茶、梅、杏。范烟桥有诗记之："一角雅园风物旧，海红花发艳于庭。"新中国成立后，范烟桥曾任苏州市文化处处长，后任局长。又与周瘦鹃等筹备苏州文物管理委员会，后任文管会副主任，与顾公硕等筹备苏州博物馆，并任馆长，是江苏省政协代表。他晚年写成章回小说《韩世忠与梁红玉》、《南冠草》、《苏州四才子》、《北行杂诗》等著作。1965 年，撰写《驹光留影录》，记述七十一年生平。"文革"期间，他与周瘦鹃、程小青被列为批判对象，受尽折磨和凌辱。1967 年 3 月 28 日在忧郁中病逝于苏州家中，终年七十四岁。

笔者藏本《茶烟歇》为民国廿三年（1934）十二月廿七日初版，校订者：吴门郑逸梅。出版者：中孚书局。《珊瑚》第三十五期为民国二十二年（1933）十二月一日出版。

此外，作者还藏有民国十六年（1927）出版的《中国小说史》。前有包天笑的弁言和胡寄尘、黄觉、赵眠云的序。全书除录古代诸小说外，还别具特色地对近现代的文学研究会的出版物、小说杂志、戏剧脚本、电影脚本等当时的新兴作品逐一

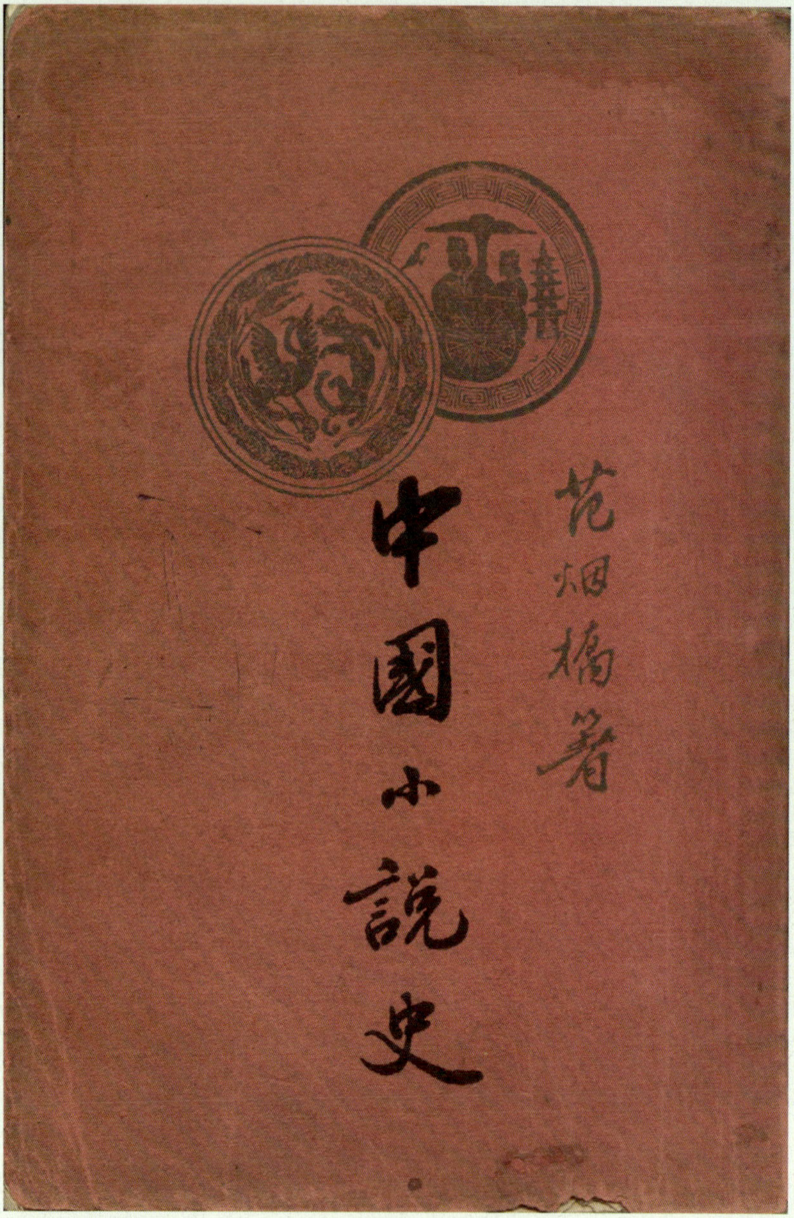

13.0 cm×19.0 cm

进行了评说。还胪列了各种小说的分类方法，展望了今后小说的趋势，这在众多同类的小说史中都是不多见的。是书出版者署“秋叶社”，而地址为温家岸十三号，亦即范烟桥之寓所也。

戚牧的《饭牛翁小丛书》

饭牛翁真名叫戚牧(1877—1938),字和卿,属牛,取“宁戚饭牛”的典故自号饭牛,也叫戚饭牛,祖籍浙江余姚。十五岁那年,父亲到苏州做官,他也就随全家寓居苏州。在近代文坛上,饭牛翁是民国通俗小说家、诗人,素有“江南才子”之称。著作有《诗人小传》、《红绣鞋弹词》等。

笔者藏本《饭牛翁小丛书》三册五卷是他的代表作。此书校阅者郑逸梅,由上海中孚书局民国廿三年(1934)七月十日出版,应是初版。此书卷一牧牛庵笔记,卷二绿杉野屋诗话,卷三红树楼吟草,卷四双鱼馆尺牍,卷五天问阁杂俎。书中有相当一部分内容纪实了历代苏州乡邦特色和史料,如糕团大面、康熙时苏州匠人工价、苏城乡绅、三元坊等。一文一品,很有特色,苏味特浓。书名由黄炎培题签。题序:金季鹤、许息庵、许瘦蝶。卷一由赵云壑书签,卷二由谢玉岑书签,卷三由张大千书签,卷四由季守正书签,卷五由朱其石书签。

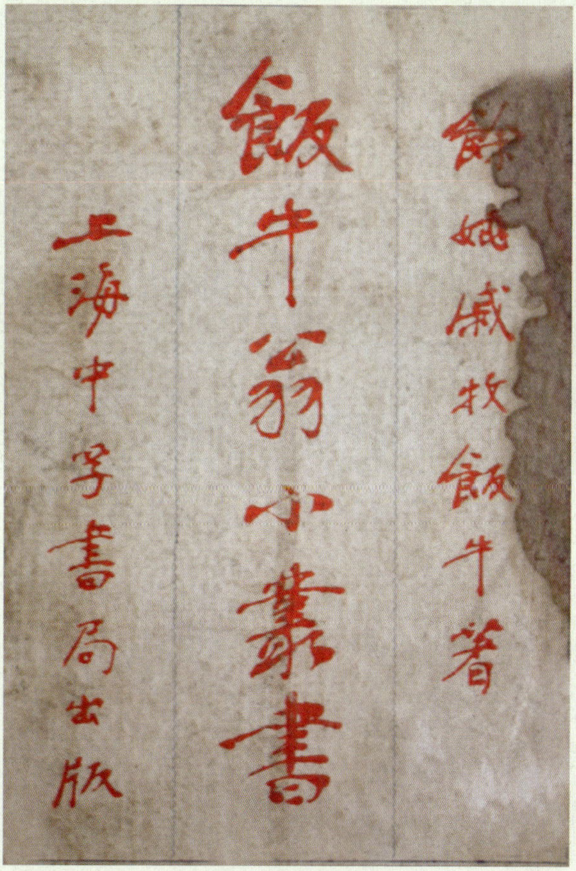

13.2 cm×18.5 cm

范烟桥所著《茶烟歇》书末,有关于《饭牛翁小丛书》广告称:

国学大师戚饭牛先生,文名满天下,而绛帐春风,胜于杏坛三千之数。然先生滑稽玩世,涉笔辄以诙谐出之,古人之所谓文章嬉笑亦经纶者是也。有时作小品,则又风华潇洒,妙语似环,读者莫不啧啧观赏。整理一过,删

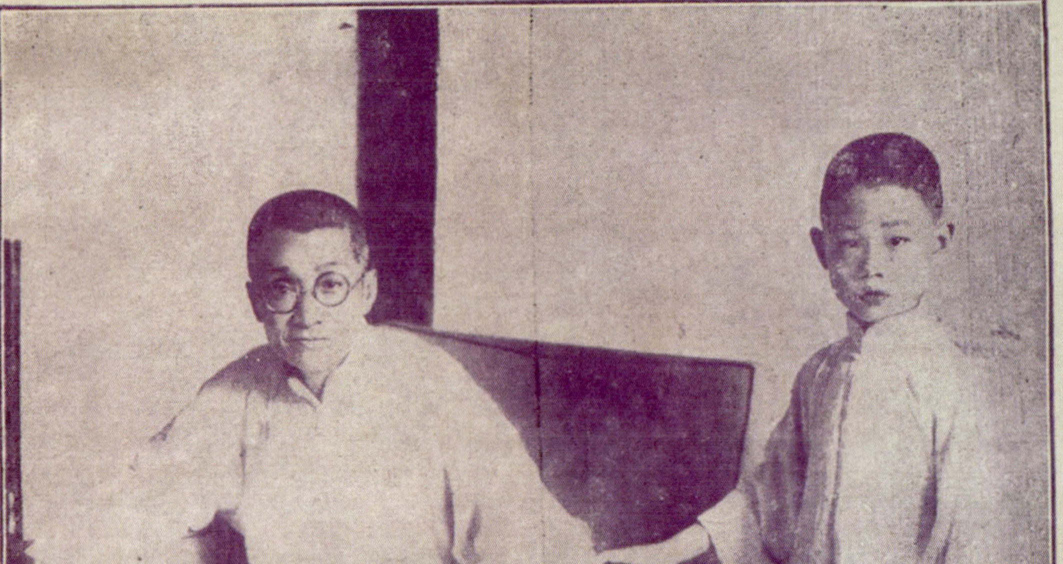

（飯牛翁朱永定師弟合影）

涇縣朱仲房先生之文孫雨民世兄之令郎永定於癸酉春月來從予遊時僅六齡寫紅梅筆力根秀如成畫見者皆稱歎予自愧老矣晚年得此弟子亦可自慰

甲戌三月飯牛翁記于麈上紅葉詩屋

芜存精，出版问世，用以嘉惠后学。书中附有先生最近照片及其书画墨迹，并有先生得意弟子七龄神童朱永定小影及墨迹。

不过，笔者特别欣赏序中许瘦蝶的题词：

一坞缃桃依旧红，牛郎忽忽已成翁。
笑喜怒骂人间事，都付生花寸管中。

墨不磨人人自磨，磨残岁月悔蹉跎。
天真烂漫轮君好，荟萃丛编乐趣多。

书城坐拥胜封侯，珠玉珊瑚一网收。
敢笑雕虫真小技，才人文字总千秋。

尘梦劳劳感百端，客窗信手辑丛残。
骚坛卅载休回首，碧海红桑此饱看。

俞友清的《红豆集》

“红豆生南国，春来发几枝。愿君多采撷，此物最相思。”唐代王维的诗真是慰了人间相思情，痴了一代又一代大学者。

《江苏绿化》2001 年第 1 期《红豆树与红豆山庄》一文中言：俞友清，钟情红豆，是位红豆迷，多方搜集红豆，以诗文吟咏红豆多年。后来，由范烟桥介绍都献给了苏州文管会，诗文编成《红豆集》行世——这本书可惜现在难得一见了。郑逸梅对此有所记述。

有位民盟苏州市委的作者，2008 年 1 月 3 日在中国民主同盟江苏省委员会网站上发表了《红豆收藏记》一文。摘录如下：

崔老已是八十五岁了，他收藏了因红豆而生发的故事，在众人的央求下，他有声有色地回忆起往事。

原来，上世纪 50 年代，苏州市第二中学有位教师名俞友清，他十分喜欢王维的《红豆》诗，把相关红豆的资料，包括红豆诗词，都搜集在一起，编成一本《红豆集》。周瘦鹃先生和崔护先生，与俞多有交往。三人在一起，也常谈红豆诗。一天，周瘦鹃特意送了两粒红豆给崔护。红豆装在火柴盒内，下面还垫了雪白的棉花，分外夺目。火柴盒外，周瘦鹃还亲笔题了四个字：足慰相思。

周瘦鹃又题了两首十分轻松俏皮的诗，送给崔护。其一云：“彩云易散琉璃脆，美色难支岁月长。寄语崔郎需作达，风花过眼莫思量。”其二云：“观前游女如云集，面映桃花一律红。休为个侬休嫋爱，空教断肠此门中。”

崔老当时居住在观前街，而他又与唐诗《题都城南庄》的作者同姓同名。《题都城南庄》全诗为“去年今日此门中，人面桃花相映红。人面不知何处去，桃花依旧笑春风”，显然周瘦鹃在调侃诗中暗用了其典。

周诗第二首末句为“空教断肠此门中”，说起“断肠”，崔老又说起一事。原来崔老年轻时，曾镌刻一枚闲章，文为“一日断肠十二时”。章太炎夫人汤国梨认为“断”字欠妥，特为其改作“一日回肠十二时”。

去年，纪念周瘦鹃一百一十周年诞辰，崔老在发言时，一时语塞。因为他想起了周的红豆并赠诗事，同时联想起相关的朋友，老树飘零，当时的文采风流，全被雨打风吹去也。

崔老的故事很有韵味，但说是上世纪50年代俞友清编《红豆集》，则显然是记错了，而且俞友清是否做过苏州第二中学教师也尚存疑。

13.0 cm×18.7 cm

俞友清是常熟人，他编著的《红豆集》已在民国廿五年（1936）五月一日初版，怎么会搞到50年代去了呢？笔者所幸藏有常熟琴社、上海开明书店发行的《红豆集》（见书影和版权页）。友清那时著作已甚多，在这本《红豆集》的版权页上已记载他的八部书目。《红豆集》由金天翮、吴承烜、范烟桥、蒋文达、周知非、关余香、胡凤子、庄恭、黄焕文、张溪愚作序。

《红豆集》目录有：

一、红豆专著十四篇，包括有周瘦鹃的《红豆琐言》、蒋吟秋的《王维相思诗考证》、范烟桥的《红豆与铁树子》。

二、红豆掌故十七篇，记有苏州红豆的有《红豆山庄之考证》、《虞山红豆山庄考》、《常熟报慈桥红豆树之掌故》、《苏州红豆树之掌故》、《吴江盛泽红豆树之掌故》、《盛泽红豆记》、《苏州木渎镇之红豆》。

三、红豆遗著三篇，刘大白、曹聚仁、海啸作。

四、红豆间话十一篇，俞友清作。

五、红豆小札二十九通。

六、编后记。

红豆生南国，苏州非南国。这种在岭南易生的树要北移到长江流域却是难事。物以稀为贵，在北纬三十一度左右的红豆古树屈指可数。苏州竟也有七处有红豆树。特别是常熟，如今仍有四棵四百余年左右的红豆大树，这红豆树曾演绎了钱谦益和柳如是的爱情故事，如今还是生机勃勃，枝繁叶茂。所幸当地政府已采取保护措施。红豆树与红豆山庄演绎了一个又一个故事：

南社志士费公直，清末留学日本，回国后联系爱国学社，结识了黄兴、黄宗仰、章太炎、蔡元培、吴敬恒等革命同志。辛亥军兴，成为一名闯将，在周庄第一个剪辫子，又到沪军都督府任职。以后参加常熟虞社。1929年，虞社诗人钱南铁邀他来常熟，奉陪访问白茆红豆山庄，凭吊钱柳遗迹。钱南铁赠友以红豆，费公直赋诗报谢。珍贵红豆得之不易，自己的书斋就取名"双红豆"。

我市文化名人徐兆玮，潜心收集钱柳诗文，其中有明末清初三百年来各家吟唱红豆的诗歌，辑成《芙蓉庄红豆录》。六十年后，他的裔孙昂千教授自费印行分赠同好。

1944年，抗日战争烽火遍地之时，陈寅恪在昆明购得了一颗白茆芙蓉村的红豆，萌发了要为钱柳姻缘笺释之念。"相思廿载待今酬"，这位史学大师，间关万里，双目失明之后以超常的毅力、卓越的史识、深厚的功底完成了八十多万字的巨著《柳如是别传》。

陈寅恪为柳如是拂去了历史的尘封，让她焕发出夺目的光辉，一扫三百多年来人们对柳氏的讳饰诋诬和虚妄揣测，透过种种迷雾，让她的真实面貌重新呈现在世人面前。为的是要"表彰我民族独立之精神，自由之思想"。

《柳如是别传》这一巨著影响至大，海内外研究文章不断涌现，国际学术讨论会相继召开，钱柳故事成了热点，白茆红豆山庄时有人打听寻访。身患癌症动过手术的古稀老人、作家徐兴业为创作历史小说《心史》，专程寻访红豆山庄，在这棵大树下盘桓良久，不忍即离。"高树悲风四百年，海桑如是史谁传"，他拼时抢写，以身殉书，书成而病发，死在手术台上。

向往红豆山庄的当代学者太多了。已逝世的冒鹤亭、夏丏尊、周瘦鹃、曹聚仁、周采泉、瞿凤起……健在而又年已九十左右的张中行、黄裳、饶宗颐……实在不胜枚举，不提便罢，他们的著作里写了钱柳之事，关注着白茆红豆山庄。

写钱柳故事的文艺作品层出不穷。从《一代名姝柳如是》到《兰舟恋》，从《南国烟柳》到《乱世名姬柳如是》，还有《心史》、《秦淮翘楚柳如是》、《白门柳》……女作家们的《寒柳》、《中国第一名姬柳如是》……也是实在不胜枚举了。

白茆这株古红豆树，日光、月色常在跟她耳语，春风、秋雨常在为她洗礼。她巍然耸立，遥看着历史，俯视大地。

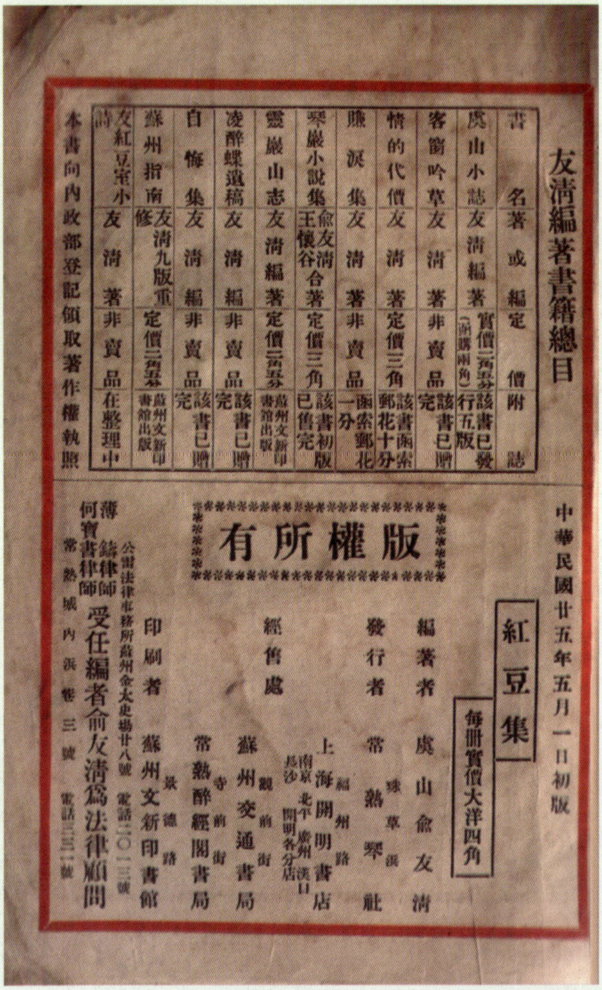
友清編著書籍總目

書名	著或編	定價	附誌
虞山小誌	友清編著	實價二角五分（函購兩角）	該書已發行五版
客窗吟草	友清著	非賣品	該書已贈完
情的代價	友清著	定價三角	該書函索郵花十分
賺淚集	友清著	非賣品	函索郵花一分
琴巖小說集	俞友清 王懷谷 合著	定價三角	該書初版已售完
靈巖山志	友清編著	定價二角五分	蘇州文新印書館出版
凌醉蝶遺稿	友清編	非賣品	該書已贈完
自悔集	友清編	非賣品	該書已贈完
蘇州指南	友清九版重修	定價二角五分	蘇州文新印書館出版
友紅豆室小詩	友清著	非賣品	在整理中

本書向內政部登記領取著作權執照

中華民國廿五年五月一日初版

紅豆集

每冊實價大洋四角

版權所有

編著者 虞山俞友清

發行者 常熟琴社（珠草浜）

經售處 上海開明書店（福州路） 南京 北平 廣州 漢口 長沙 開明各分店
蘇州交通書局（觀前街）
常熟醉經閣書局（寺前街）

印刷者 蘇州文新印書館（景德路）

公會法律事務所蘇州舍大史場廿八號 電話二〇一三號
薄鑄律師 何寶書律師 受任編者俞友清為法律顧問
常熟城內浜巷三號 電話三三一號

王欣夫和他校勘的《资敬堂家训》

王欣夫(1901—1966),名大隆,字欣夫,号补安,以字行。复旦大学教授、中国古典文献学专家。祖籍浙江秀水(今嘉兴市),后其祖移居江苏吴县(今苏州市),遂为吴县人。先生诞生于清朝末年,未受科举洗礼,亦未接受新学熏陶,年轻时随吴江著名文学家金松岑学习国学,后又到金的老师吴县曹元弼处学习经学。曹为前清翰林院编修,是专精三礼的经学大师。先生从其受业,故对三礼亦有专门研究。学业有成,应苏州女师聘请,在该校任教。后又应上海圣约翰大学之聘,任国文教授。1952 年全国院系调整,转入复旦大学中文系。毕生从事于中国古代目录、版本、校勘学,培育的学生中有不少是中国文献学专家或教授。抗战期间蛰居上海时,与赵诒琛等合辑以干支纪年命名的《甲寅丛编》等丛书七部,其内容以吴门文献中未刊稿为主,兼及旧刻罕见者。

王欣夫先生生长在一个书香家庭,先世以经商致富,但其曾祖父已经边经商边学文,亦商亦儒,并撰有《资敬堂家训》两卷。其父王祖询则开始走上从政道路。家中已经有藏书数千卷,著名的有宋本《陶渊明集》、小字本《通鉴纪事本末》、余仁仲本《周礼郑注》等宋元刻本三十余种。《四库丛刊》所收明弘治本《陈伯玉集》,亦为王氏"二十八宿砚斋"中的故物。受家庭环境和师友熏陶,王欣夫年轻时就养成了对古籍文献的浓厚兴趣,授课之余,以收集资料、校勘古籍为乐。对文献资料,先生不仅勤于收集,使其不致散佚,并且致力于刊刻传布,使其发挥应有作用。

作为文献学家又是藏书家的王欣夫在收藏图书方面付出了毕生精力,同时也取得了巨大成就。先生一生过眼善本无数,有的购藏,有的抄录,于各书作者的时代、学术、行事以及传承过程中相关学者的活动,都有翔实的记录。

王欣夫藏有许多珍贵的版本,如清济阳张尔岐传撰的《周易说略》四卷,是康熙己亥徐志定真合斋瓷活字本。这种瓷活字本,就是用瓷土烧成的活字印的书,在印刷史上很有价值,而且存留不多,是很珍贵的。有一次,时任文化部文物局长的郑振铎到上海时,请他将当时认为是存世孤本的瓷活字版《周易说略》捐献出来,由文化部给三千元奖金(相当于他一年的工资)。王欣夫率真地回答说:"我

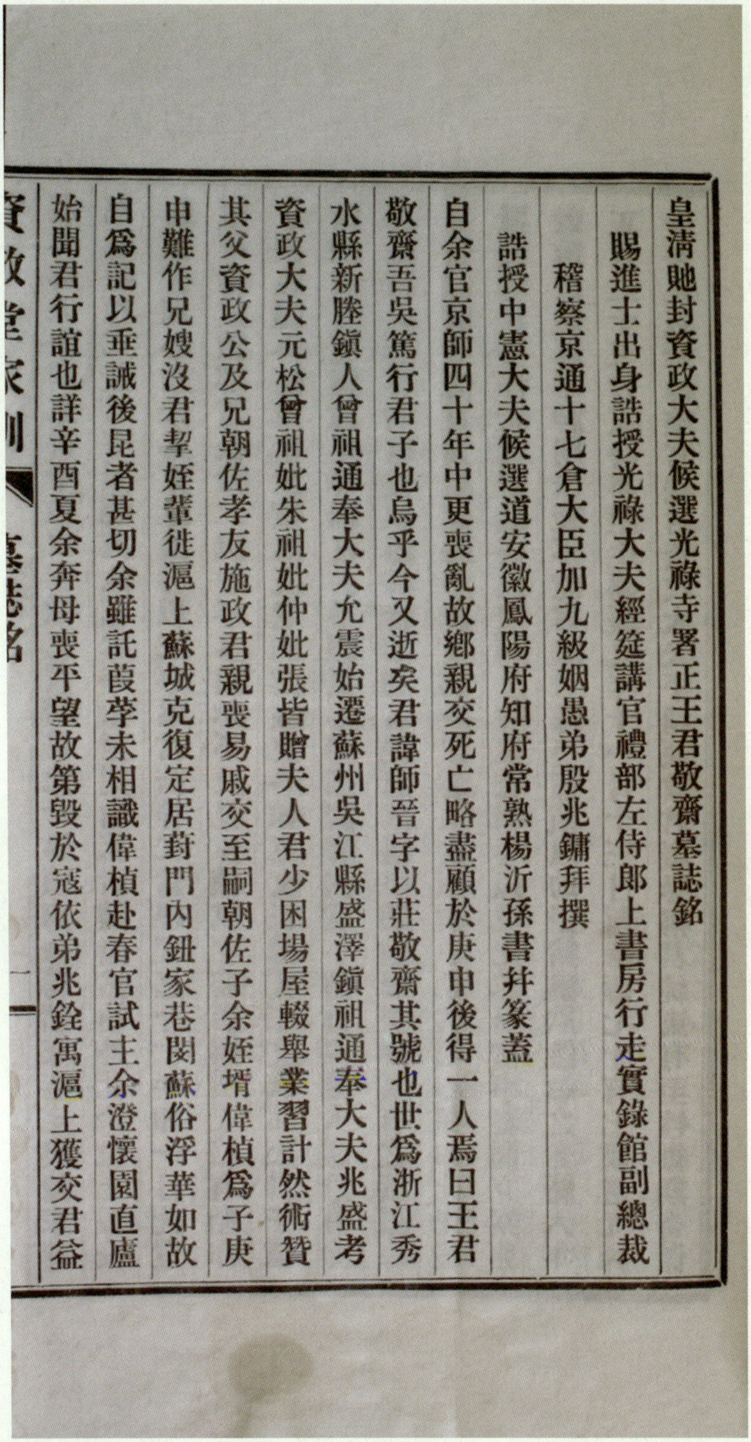
皇清貤封資政大夫候選光祿寺署正王君敬齋墓誌銘

賜進士出身誥授光祿大夫經筵講官禮部左侍郎上書房行走實錄館副總裁

稽察京通十七倉大臣加九級姻愚弟殷兆鏞拜撰

誥授中憲大夫候選道安徽鳳陽府知府常熟楊沂孫書幷篆蓋

自余官京師四十年中更喪亂故鄉親交死亡略盡顧於庚申後得一人焉曰王君敬齋吾吳篤行君子也烏乎今又逝矣君諱師晉字以莊敬齋其號也世爲浙江秀水縣新塍鎮人曾祖通奉大夫允震始遷蘇州吳江縣盛澤鎮祖通奉大夫兆盛考資政大夫元松曾祖妣朱祖妣仲妣張皆贈夫人君少困場屋輟舉業習計然術贊其父資政公及兄朝佐孝友施政君親喪易戚交至嗣朝佐子余姪壻偉楨爲子庚申難作兄嫂沒君挈姪輩徙滬上蘇城克復定居葑門內鈕家巷閔蘇俗浮華如故自爲記以垂誡後昆者甚切余雖託葭莩未相識偉楨赴春官試主余澄懷園直廬始聞君行誼也詳辛酉夏余奔母喪平望故第毀於寇依弟兆銓寓滬上獲交君益

資敬堂家訓　墓誌銘　一

15.5 cm × 26.6 cm

自家还要白相相(玩玩)。”他的书,几乎就是他的命。可惜的是,“文革”浩劫中,王家的不少藏书被不当地处理,这应是中国文化的悲哀。他家属为免招“破四旧”之祸,经与某旧书店联系,论斤出售所藏,装去满满两卡车。后为复旦大学中文系徐鹏教授闻知,迅速赶至寓所,将正在陆续捆载装运的书籍拦下,经一一翻检,将其中的稿本、明刻本、手校本全部留下,载至中文系,王欣夫著作再由大学图书馆作价购下。藏书中名人稿本、钞本、批校本居多,如吴云稿本、郑文焯稿本六种,曹元忠稿本,钱大昕、焦循、赵诒琛、潘祖荫等人的校跋本等,刘氏嘉业堂的旧钞本亦不在少数。辑有黄丕烈、顾广圻题跋《黄顾遗书》、胡玉缙《四库目录补正》、《许庼学林》等,又增补并纠正叶昌炽《藏书纪事诗》数百条,经徐鹏整理,由上海古籍出版社出版。室名“学礼斋”、“蛾术轩”、“二十八宿砚斋”。

王欣夫晚年书斋名“蛾术轩”。斋名取自《礼记·学记》“蛾子时术之”句。原意是,小蚂蚁大蚂蚁勤衔泥以成蚁家,比喻勤学。又因清代学者王鸣盛撰有《蛾术编》,故含有仰慕清代朴学之意。

“文革”前夕,王欣夫就受到冲击。原本只有一只肺的王欣夫被关进牛棚。即便如此,王欣夫还抱病为自己手头所藏的部分善本图书撰写了一部近万字的藏书目录——《蛾术轩箧存善本书录》,显示了他的藏书特色。《书录》所著录的善本有一千余种,计两百余万字。先生于1966年因肺炎去世。

王欣夫是在目录、版本、校勘方面具有卓越成就的专家,笔者藏有王欣夫为曾祖父王师晋校勘的《资敬堂家训》一册上下两卷。此书为民国二十五年(1936)排印本。全书大部分皆由日记中摘录,主要内容皆是管家、治家、理家经验,同时也记载了其家道变故的人事和社会形态,亦可视作家史。

书中有些家训在今天仍不失为经典,如“一团和气可对天地,气量要大包涵一切。凡人自己钱要省俭,公账钱更要省俭须”。“交朋友须知择孝弟,忠信刻苦读书之人交之有益。”这些家训对于为官为商为人亦值得推崇。

苏州建学，始于唐代。北宋范仲淹相继建立府学、县学。南宋后出现书院。元代以后，初等教育日盛。元至正九年（1349）始办社学，后出现义学，清末又盛行私塾、义塾。同治七年（1868）第二次鸦片战争后，教会学校进入苏州。清末，仁人志士提倡新学。光绪二十六年（1900）创建苏州中西学堂，后又将书院、义塾改为中、小学堂和蒙养学堂。光绪九年（1883）建立女学，至清宣统三年（1911），苏州有官立高等学堂一所，私立一所；官立中等学堂（含中专类）十所，公立两所，私立七所；官立小学堂三十二所，公私立五十六所，公办半日制小学堂九所，官办简易学塾十所。民国建立后，计有高等学校五所，中等学校十五所，中等师范和实验学校七所，小学一百六十二所（含教会学校）。至民国二十六年，有大专院校七所，中学十五所，县立小学二百一十所，私立小学三十七所。

日寇占领苏州，县立小学减至二十一所。抗战胜利后，有大专院校五所，中等学校三十八所，小学三百四十九所。内战期间，公立中等学校减至三所。公立、私立学校共减至一百四十所。

校刊和其他教育类资料是学校的记忆和纪念，是苏州教育的渊源，更是苏州文化的根脉。

《东吴年刊》

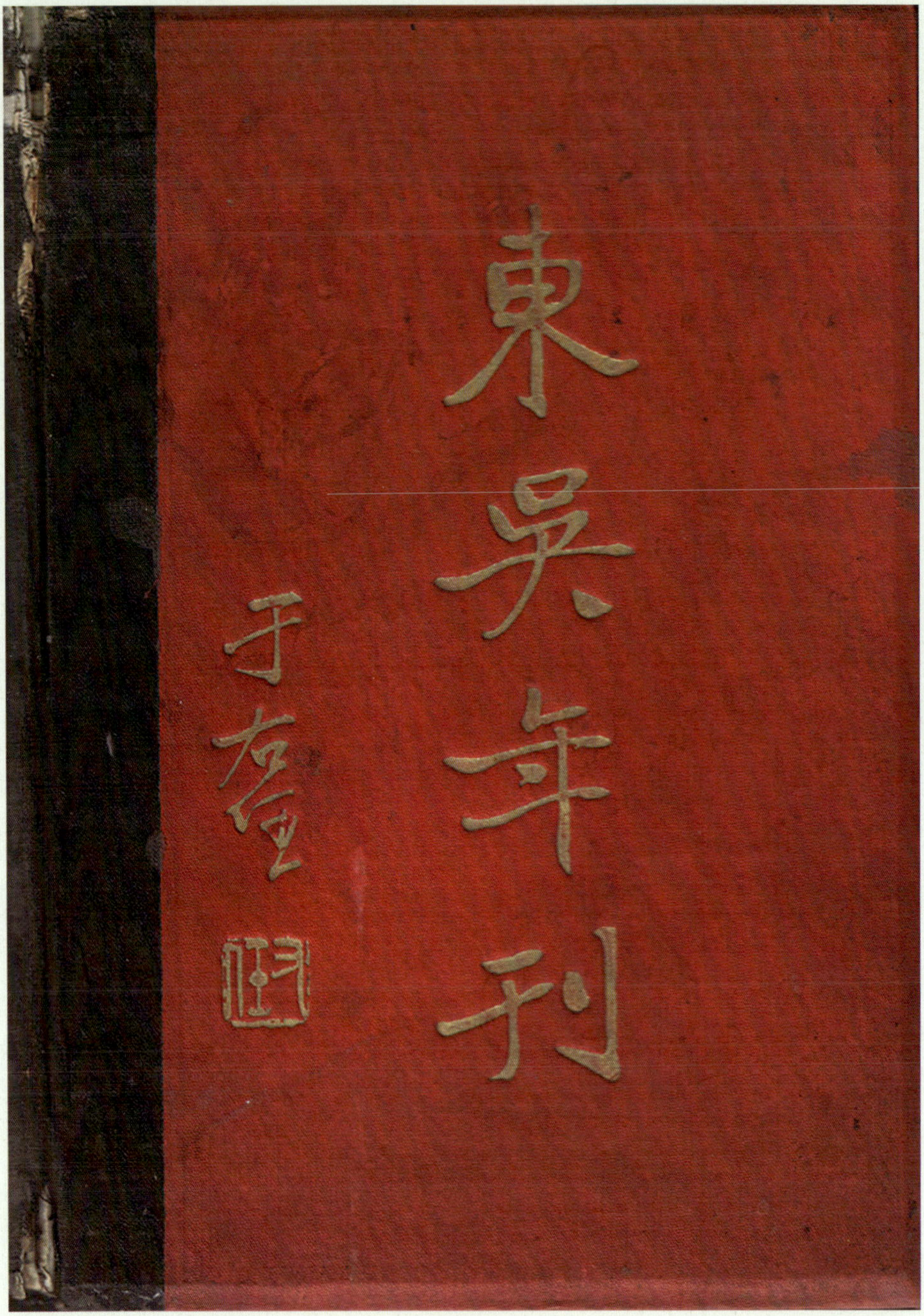

20.0 cm×27.0 cm

年刊社全體職員（文理學院）

THE ANNUAL BOARD (The College of Arts and Science)

大红的布面封面，黑色的布面书脊，烫金的大字，在屏息静气中庄重地期待被缓缓打开。

这本东吴大学民国十八年(1929)出版的年刊，由国民党元老于右任题写刊名，而序本身就体现了东南文教之邦风范之典范。

序 言

年刊之设，所以联络同学之感情，发扬学校之精神，并藉以记载一岁之进步，而策其继长增高也。本刊之产生，其诞辰良可志焉。就一校而论，可谓吾华人自掌校务之一周纪念品；就一国而言，乃三民主义统一全国之庆祝物。然己巳之刊，其可志尚不尽于斯也；莘莘学子，负笈而进吾“入德之门”者，自开创以来，未有如是之盛者也；师生之间，推诚相与，和衷共济，其感情未有如是之融洽者也；校内各院系之声息相通，手足互助，其合作之精神，未有如是之显且著者也。夫如是又乌得而不记？夫团体贵有精神，精神所注，生气蓬勃。吾校精神之进步，即前途发展之朕兆也。仆敢请与诸同志同学各尽厥职，群策群力，以谋吾校之孟晋，正人心以挽世风，育贤才以奠邦基。昔文中子教授河汾，希夷先生阐明义理，卒挽六朝五季之颓风，开唐宋郅治之先声。仆于王陈，无能为役，而诸同志同学，类皆一时学术界英俊之选，际此新造之邦，将为房、杜、英、卫、濂、洛、关、闽之立德、立功、立言，可预决也。藉书诸弁言，以为异日券。

中华民国十八年二月杨永清

新中国成立前，中国共有十四所教会大学，分别是燕京大学、齐鲁大学、东吴大学、圣约翰大学、之江大学、华西协和大学、华中大学、金陵大学、华南女子文理学院、湘雅医科大学、金陵女子文理学院、沪江大学、岭南大学、福建协和大学。20世纪20年代，教会大学在体制、机构、计划、课程、方法乃至规章制度诸多方面，直接地引进西方近代教育模式，对中国教育起到了示范导向作用，为中国近代教育史上不可缺少的重要组成部分。

东吴大学创建于1901年，是中国开设最早的教会大学。从创办至民国十六年(1927)，历任三位美籍校长。1927年，杨永清先生当选校长。他是首任中国籍的校长。他以“养天地正气，法古今完人”为中文校训。抗战八年，东吴大学辗转

THE ANNUAL BOARD (Law School)

一九二九年一月級

GRADUATES OF 1929 JANUARY

迁徙各地。抗战胜利，师生才返回苏州。1951 年，东吴在台湾的同学会在台湾建立了"东吴大学"。1952 年，东吴大学改名为江苏师范学院，在原东吴大学校址办学。书韵悠悠一脉香，让人欣慰，两所同源的大学在大陆改革开放后，越过海洋握手，惺惺相惜，交往甚好。2000 年，台湾"东吴大学"与苏州大学同庆建校一百年，2010 年同庆建校一百一十周年，让世人由衷地感到喜悦。

古城苏州，山水多情。一百多年来，苏州大学（东吴大学）先后向社会输送了各级各类人才二十二万多名，其中许多人为科学、教育、文化等各项事业中的著名学者和知名人士：如社会活动家许德珩、周谷城、费孝通、雷洁琼、孙起孟、赵朴初、钱伟长、董寅初以及法学家倪征日奥、杨兆龙，书法家王蘧常，美术家吕凤子，音乐家刘雪庵，经济学家秦柳方，国学大师饶宗颐，红学家冯其庸，作家金庸、范小青，考古学家唐兰，语言学家周有光，蚕桑教育家郑辟疆、费达生，医学家杜子威，科学家李政道、谈家桢、刘建康、宋鸿钊、乔登江等等。

《东吴年刊》蓄满了东吴大学共同的记忆。年刊中英文对照，除广告页码外，全刊共351页，分六卷。卷一学院，卷二级次，卷三中学，卷四运动，卷五课外事业，卷六文艺。

年刊让我们感受到东吴的博大精深，四方学子对苏州的热爱依恋之情。年刊至今已有八十一年历史。年刊里照片上的莘莘学子大都已去世，但年刊里照片上既骄傲又欢喜的表情永在，他们的心音永在，他们永远置身在苏州。

江苏省立苏州中学的《苏中校刊》

说起苏州中学，苏州人皆知这是一所有着千年办学渊源、百年办学历史的江南名校。其前身可上溯至北宋景祐二年（1035），名相范仲淹在此创建苏州府学，聘请有声望的教育家胡瑗等名师掌教。至清代康熙五十二年（1713），府学内增设紫阳书院。光绪三十年（1904），扩建为江苏师范学堂。1927 年，学校更名为江苏省立苏州中学。

府学千年、新学百年中，苏中共诞生了两百多位两院院士、专家学者、外交大使、名师贤达。一百多年来，先后在此执教的名师有国学大师罗振玉、王国维、钱穆，史学家吕思勉，文学家吴梅，语言学家吕叔湘，美术家颜文樑，人口地理学家胡焕庸等。教育家叶圣陶，史学家胡绳、顾颉刚，版本目录学家顾廷龙，科学家钱伟长，作家陆文夫，还有中共早期领导人博古（秦邦宪）、美籍华人物理学家李政道、国家领导人周永康、原国家财政部长金人庆、原国家体育总局局长袁伟民等先后在此就读。据不完全统

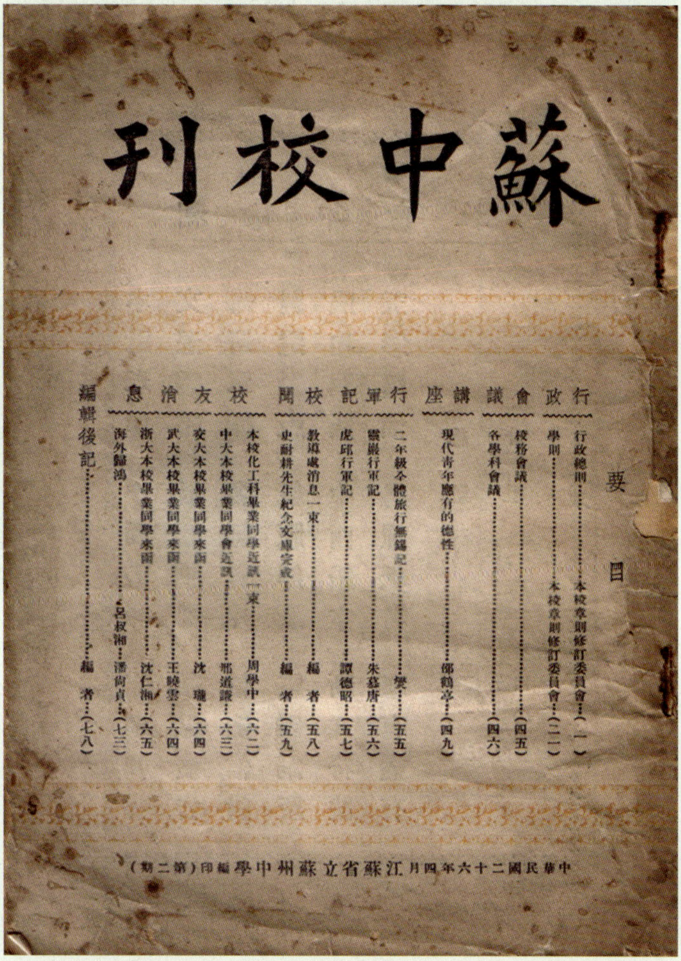

蘇中校刊

要目

行政
行政總則……本校章則修訂委員會……（一）
學則……本校章則修訂委員會……（二一）

會議
校務會議……（四五）
各學科會議……（四六）

講座
現代青年應有的德性……鄔鶴亭……（四九）

行軍記
二年級全體旅行無錫記……樂……（五五）
靈巖行軍記……朱慕唐……（五六）
虎邱行軍記……譚德昭……（五七）

校聞
教導處消息一束……編者……（五八）
史耐耕先生紀念文庫完成……編者……（五九）

校友消息
本校化工科畢業同學近訊一束……周學中……（六二）
中大本校畢業同學會近訊……邢道謙……（六三）
交大本校畢業同學來函……沈璣……（六四）
武大本校畢業同學來函……王曉雲……（六四）
浙大本校畢業同學來函……沈仁湘……（六五）
海外歸鴻……呂叔湘·潘尚貞……（七三）

編輯後記……編者……（七八）

中華民國二十六年四月江蘇省立蘇州中學編印（第二期）

18.8 cm×28.0 cm

计，该校校友中担任省部级领导的有七十多名，担任大学校长的有四十多名，当选为中国科学院院士或中国工程院院士的有三十多名。

在收藏过程中，我一直留意民国时的苏中资料，以探秘这一精神家园里的生命轨迹。终于有一天在一书贩手中以千元价格得到了公开出版发行的民国二十六年（1937）《苏中校刊》第二期、民国二十一年（1932）十月学校编印的《同学录》和民国二十一年（1932）十二月修订的高中部《学生自治会概况》。

在这期校刊中，有行政会议、讲座、行军记、校闻、校友消息栏目，篇目有：行政总训、学则、校务会议、各学科会议、现代青年应有的德性、二年级全体旅行无锡记、灵岩行军记、虎丘行军记、教导处消息一束、史耐耕先生纪念文库完成、本校化工科毕业同学近讯一束、中大本校毕业同学会近讯、交大本校毕业同学来函、武大本校毕业同学来函、浙大本校毕业同学来函、海外归鸿、编辑后记，共七十八页。

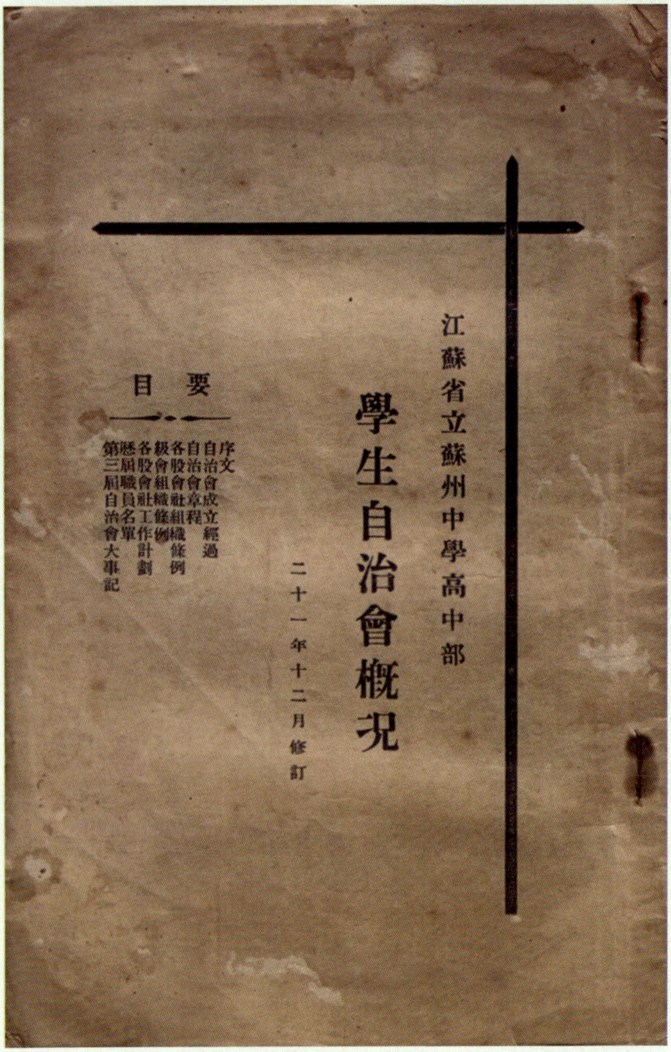
江蘇省立蘇州中學高中部

學生自治會概況

二十一年十二月修訂

目要

序文
自治會成立經過
自治會章程
各股會組織條例
級會組織條例
各股會社工作計劃
歷屆職員名單
第三屆自治會大事記

15.0 cm×22.7 cm

值得提及的是语言学家吕叔湘。1934 年，江苏省教育厅设立久任教员留学名额，规定在一校任教五年的有资格应考。每年派送两名，一文一理，期限两年，可延长一年。1935 年是第二批，苏州中学同事竭力让吕叔湘报名，他却犹豫不决，同事们就替他报了名。后来去南京应试，还是一位苏州中学同事陪他去的。国文、英文、历史三门考试科目吕叔湘均顺利通过，1936 年 2 月他由上海乘意大利凡尔第侯爵号万吨客轮前往伦敦，踏上了漫漫英伦求学之路。

1936 年至 1938 年，吕叔湘先后在牛津大学人类学系、伦敦大学图书馆学科学习。初到英国牛津，吕叔湘思念家人，就以诗表达思家之情。1937 年，吕叔湘从英国写了一封充满感情的信给苏州中学同事、好友张贡粟，述说对祖国的思念之情以及对苏州中学生活的依恋。笔者收藏的这期第 73 页全文刊登了他的信：

自入冬以来，旅况枯寂，非可言喻。岛国虽无严寒，而烟雾迷漫，羲和匿迹，阴森气象，感外动中。斗室短檠，冻蝇缩脚，缅怀故国，寤寐思服……

洽兄初来气锐，绝不思家，近顷晤谈，亦诉愁恼。大概游学之徒，初到异国，有三月新鲜，过此即为乡思所困，岁月渐深，渐变麻木。渠正在一二期之交耳。

吕叔湘的这一史料弥足珍贵，一则因为《苏中校刊》现已成海内孤本，一般人难以看到，从而无处可以读到吕叔湘的原作；二则因为吕叔湘在《苏中校刊》上发表的有些文章未署姓名，仅在八十四、八十五期合刊号（1933 年 6 月出版）所载“《苏中校刊》总目录”上才明确署名作者“吕叔湘”。因此，甚为难得。

《苏中校刊》由汪懋祖创刊于 1928 年。汪懋祖是苏州吴县人，1891 年出身于书香门第。1904 年入上海广方言馆学习。1905 年考中秀才。1905 年 9 月入苏州府中学堂学习。1910 年毕业于江苏省高等学堂。1912 年天津北洋大学工矿科学习。1914 年后因须赡母抚弟，不得不辍学，到陕中三秦公学执教。曾参加中国教育学会、中国科学社、中华职业教育社。1916 年考取官费，留学美国哥伦比亚大学教育学院，与陶行知、胡适等为同学，受教于美国教育家杜威，1919 年获硕士学位，并被哈佛大学聘为研究员。著有《美国教育彻览》、《教育学》、《西洋教育史》等专著。生前写了许多诗文，大多未公开发表。

1920 年汪懋祖回国，任国立北京师范大学教授、教务长、代理校长（四年）。这时期参加了中华教育改进社、中华儿童教育社等进步学术团体。1925 年任北京女子师范大学教授、哲教系主任（一年左右）。1926 年南下，任国立东南大学教

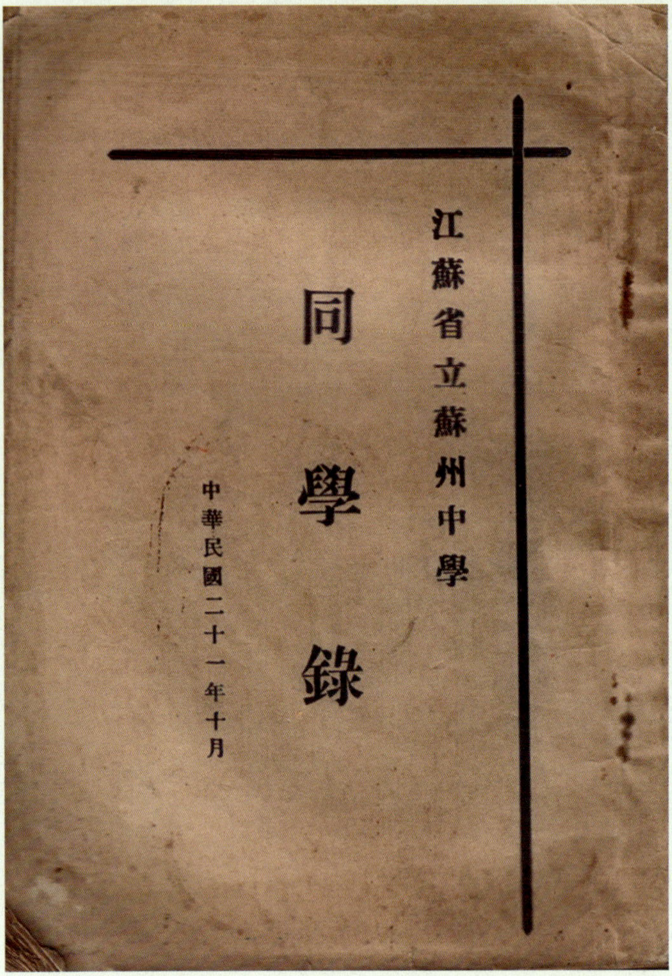

15.7 cm × 22.0 cm

授、教育系主任、江苏省督学(两年多)等职。1927 年 7 月回家乡苏州,创办苏州中学,任首任校长至 1931 年,任校长四年。

汪先生在《校刊》上发表了三十四篇文章,充分阐明自己的教育思想、办学观点和经验。他和同人们同心共策,把苏中办得有声有色,这在当时中等教育中是独一无二的。1930 年,他被全国教育会聘为专家会员。另外,他还提出:中等师校毕业生可以参加普通高校的入学考试。可是,这些新理念、独创的举措,遭到了当时新任江苏省教育厅督学的非议,上级随即勒令停办《校刊》,不批准师范生入普通高校的主张。汪先生愤然辞职,离开了这所亲自创建的“声誉满国中”的实验学校。

汪先生后来任中央政治学院教授,开办教育系,任系主任六年多。抗战爆发,中央政治学院内迁,全家到达昆明。1938 年创办大理师范学校。1942 年任西南联大师范学院教授,1946 年初返乡苏州,1949 年 1 月 9 日因胃溃疡穿孔病逝,年仅五十八岁。

《苏州国医杂志》之新建校舍纪念特刊

《苏州国医杂志》刊名由章炳麟(号太炎)题写。据 1994 年《吴县志》,创刊于民国二十三年(1934),社长金慎坊,主编王慎轩,季刊十六开,发行量两千份。杂志由苏州国医学校主办,苏州国医书社发行,苏州文新印书馆印刷。

第七期为《新建校舍纪念特刊》,民国二十四年(1935)秋季出版。封二为《总理遗嘱》。

本期刊前载有影印十五名中央地方要人为新建校舍的题词。国民政府主席林子超(林森)的题词是:济世保元。国民政府立法院院长孙哲生(孙科)的题词是:寿宇同登。国民政府司法院院长居觉生(居正)的题词是:幸福之门。国民政府考试院院长戴传贤的题词是:救人救国救世,医病医身医心。题词者还有国民政府监察院院长于右任、铁道部长叶恭绰、中央国医馆馆长焦易堂、中央国医馆副馆长施今墨、南京特别市市长马超俊、上海特别市市长吴铁城、江苏省民政厅厅长余井塘、江苏省国医分馆馆长王硕如、吴县县党部特派员孙丹忱、吴县县长吴合云、吴县公安局长张汉威。

赠联、赠文、赠画的包括张一麐、李根源等国家元老、社会贤达名流一

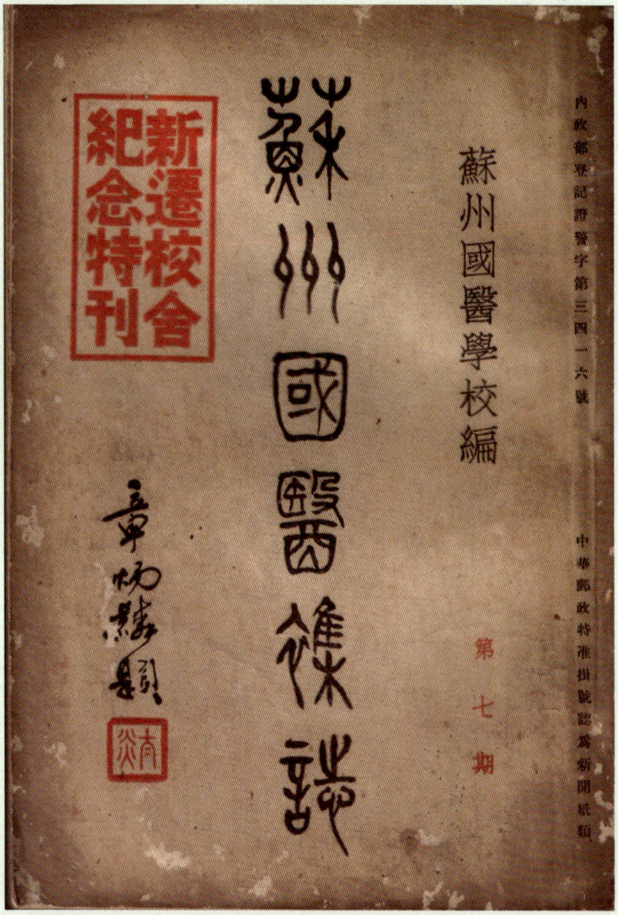

15.3 cm × 22.3 cm

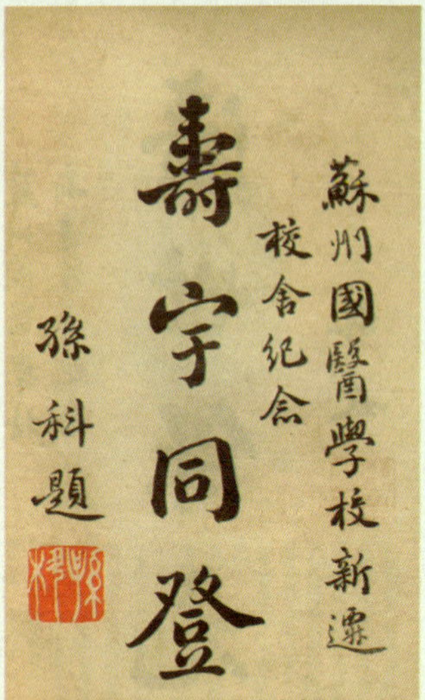

國民政府立法院長孫哲生先生題

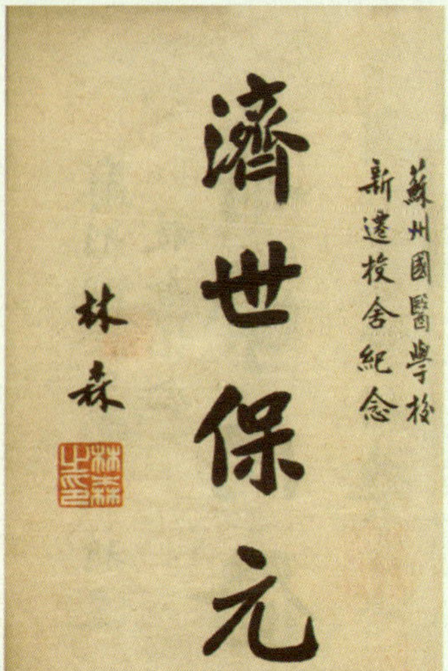

國民政府主席林子超先生題

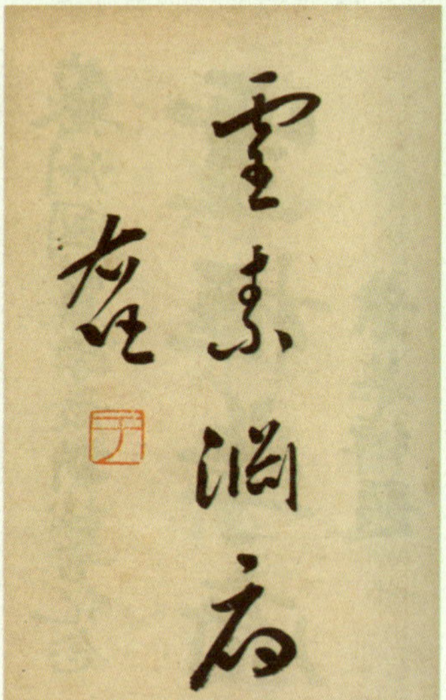

國民政府監察院院長于右任先生題

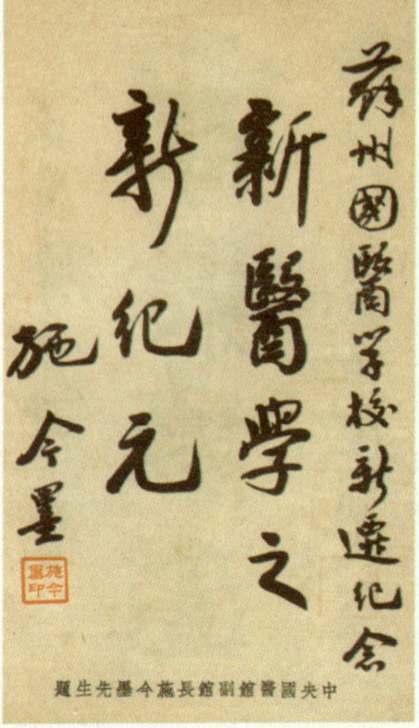

中央國醫館副館長施今墨先生題

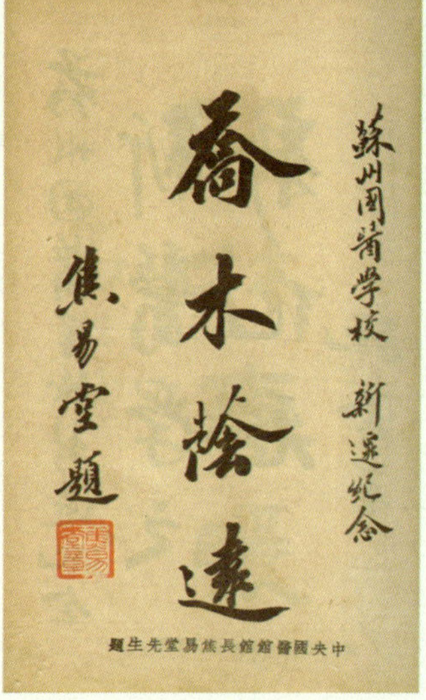

中央國醫館館長焦易堂先生題

本校標本室

本校敎室

本校園景

百一十八人，刊中有载。

张一麐(1867—1943)，苏州人，他随袁世凯十年，任机要局长，抗战爆发，他与李根源等共倡组织老子军，不惜一死以唤起举国抗战，义烈之声播于天下。日军占领苏州，搜捕张一麐，他避至光福。他与徐世百、段祺瑞、张作霖等早相识，但他鄙视高官厚禄。他的著作有《心太平室集》、《古红梅阁笔记》等。张一麐的题词是：杏林长擢秀，橘井永流芳。李根源的赠联是：传授长沙心法；养成薄海良医。

刊中共载人物图片二十一幅，展现了苏州国医教育师资阵容，另有十一幅图片展示学院校区、教室、宿舍、标本室、膳室、景园、诊疗室、图书馆景观。

学院校歌：山明水秀，古吴之邦，吾党夙多俊良。创办医校，栽培后进，共把学术开扬。溯图医，肇岐黄，治疗成绩昭彰。愿吾同志努力研讨，为国为校争光。

本期校刊除了上述特载内容外，主要有：校长唐慎坊先生答词、本校十周年回顾、本校行政组织大纲、教务概况、训育概况、事务概况、本校诊疗所扩充范围之经过与工作概况、章太炎先生演讲录等。另有业务类学术研究讨论文二十九篇。

《苏州国医杂志新建校舍纪念特刊》提供了以下思考：

一、苏州医学在当时全国的水平。

二、名流贤达云集，寓意可思量。

三、校刊出版于1935年秋季，正是日本对我国虎视眈眈之时。刊中《本校战地救护之动机与实现》值得一议。文中说："我国人口众多，而生产落后，自然是帝国主义者所垂涎的一块肥肉。国家兴亡，匹夫有责，吾负有维护民族健康使命之国医，岂容袖手旁观？为本校自觉责任，特设战地救护训练一科，以为他日服务国家之准备。"今天读来，只能长叹：百姓倒有先见之明，而政府却在幻想调停，如此幼稚最高决策层，何能统领一国？

四、苏州历来多医林翘楚，研究近现代苏州医学教学历史沿革和传统医学精髓，《苏州国医杂志》乃不可多得史料。

《桃坞》里面的人文精神

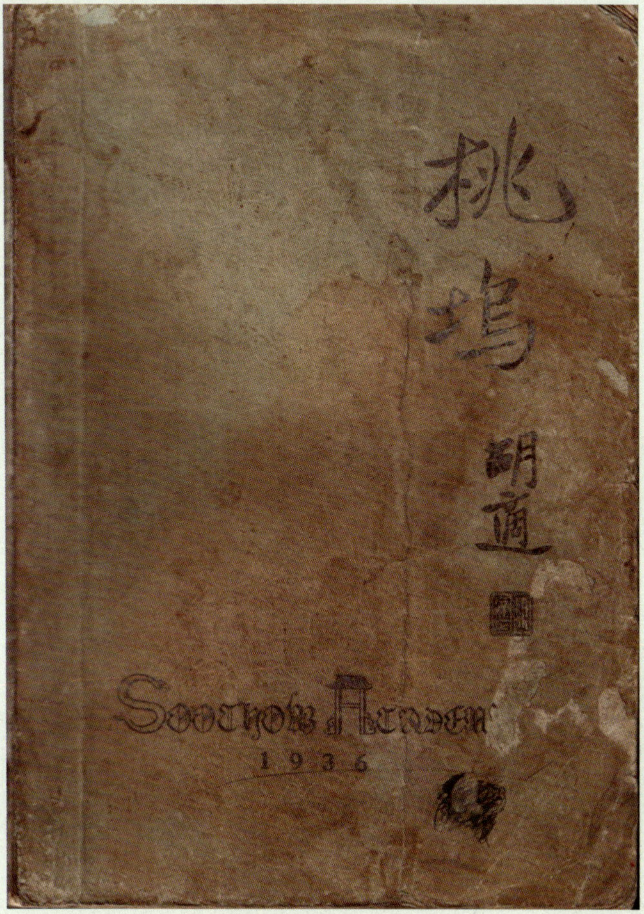

18.8 cm×26.4 cm

清末民初，苏州陆续兴办了一批教会学校，如位于谢衙前的私立晏成中学、私立慧灵中学，位于义慈巷的私立萃英中学等。其中位于桃花坞宝城桥街8号的桃坞中学，为光绪二十八年(1902)由美国基督教至公会创办。民国建立后至抗战前夕，美籍校长梅乃魁致力于学校发展，使学校享有盛誉。

笔者藏有一本桃坞中学1936年出版的校刊，校刊名由早年就读于桃坞中学的胡适题写。时光已流过近七十多年，不知这期校刊还有几本存世？

《桃坞》校刊以中英文合一的形式编排。目录有论著、科学、翻译、文艺、笔记、组织、竞赛、校友通讯栏目。

桃坞中学曾办过《桃坞》学报。出生于无锡、1923年考入桃坞中学的钱钟书十六七岁就担任中英文编辑。校刊中照片共计二百二十六幅，照片内容：一、教职员、本刊职员。二、丙子级毕业同学（适逢校刊出版）和他们的学校生活留影。三、高二级的学习生活实照。四、学校各种教学设施。五、高一级军训实照。六、初三级生活学习实照。七、初二级初一级合影。八、文学团全体顾问职员、青年会全体顾问职员、歌咏团全体成员、青年会平民夜校全体教职员、获得全苏高级中学英语背诵比赛团体冠军之本校代表及中文、英文赛事实照。九、鳞爪片片。十、春季运动会合影（包括高中足球队、高中篮球队、高中排球队、初中篮球队）。

校　長
梅乃魁先生

《桃坞》校刊为研究当时苏州的中学的教育提供了全面而珍贵的原始资料。融贯中西学问，博英文所长，而最深之处莫过于求学问而非学问。

学刊反映出学校的正义感、民族心和鲜明的政治立场。1936年，中华民族的灾难即将降临。国民党政府对日本全面侵华的野心还没有足够的清醒的认识，而《桃坞》里却有三篇论著是警惕日本探讨中国国防的。可见视野高远和学校

梅校長住宅

韓堂

品格,文章至今仍具有召唤人的力量。

第一篇《今日中国之出路》,作者是仅高三的学生黄永年。他在文中以中日纠纷之国际观与出路、中国之内部局势与对内之出路两个方面,说明日本武力征服中国之可能性。

第二篇作者张榦年仅是初二学生,标题也是《中国今日之出路》,文中列举了当时中国农业、工商业、经济、外交与主权、交通、军备现状,特别是对于人心不一、各地方政府不求团结的现状一针见血,提出了只有全民族团结一心乃为今日中国之出路的观点。

第三篇文章是《严密国防的具体办法》,作者是高三学生王秉松。文中提出了设海军、建炮台、筑公路铁路、防空保护生命财产、移民垦荒的主张。

历史虽已远去,但生机勃勃的心灵曾对国家命运的眺望,忧国忧民的精神将永远被历史记忆。文章的思想观点立场、方法至今仍可让我们对这所学校仰视。

值得庆幸的是,桃坞中学原址除了体育馆和教堂已被拆除外,其他建筑尚保持完整,1991 年已被列为苏州市文物保护单位。

《萃英中学复校一周纪念刊》

1946年11月11日是萃英中学在日本侵略军投降后学校复校一周年的纪念日。萃英中学以出此刊为纪念。萃英中学是当时的苏州名校。其校史在该刊的"校史"一栏中有略述。

萃英中学创立于清光绪十八年(1892),先是美国基督教北长老会来苏布道,在十全街彭氏之屋设立该校,定名为萃英书院,惨淡经营,主持者为美国海依士博士,师生仅六人。后迁至带城桥李氏房屋中,九易寒暑,维持不易。1905年并入上津桥石牌巷内,1910年改为萃英中学。1924年改新学制,1927年学校已有规模,有大礼堂、体育馆、图书馆、立达堂等。学校渊源久达,缔造艰辛。1937年,日军侵华,苏州沦陷,师生星散。1945年9月,抗战胜利,校长葛鸿钧返苏查看情势,但见学校断垣残壁,器物荡然,一片瓦砾,破坏严重,校中此时还驻有日军,尚未遣回。学校一时难以整理,后经多方筹措,先接收小学部,1945年11月11日复校,师生在痛惜、愤怒、发愤中重建学校。

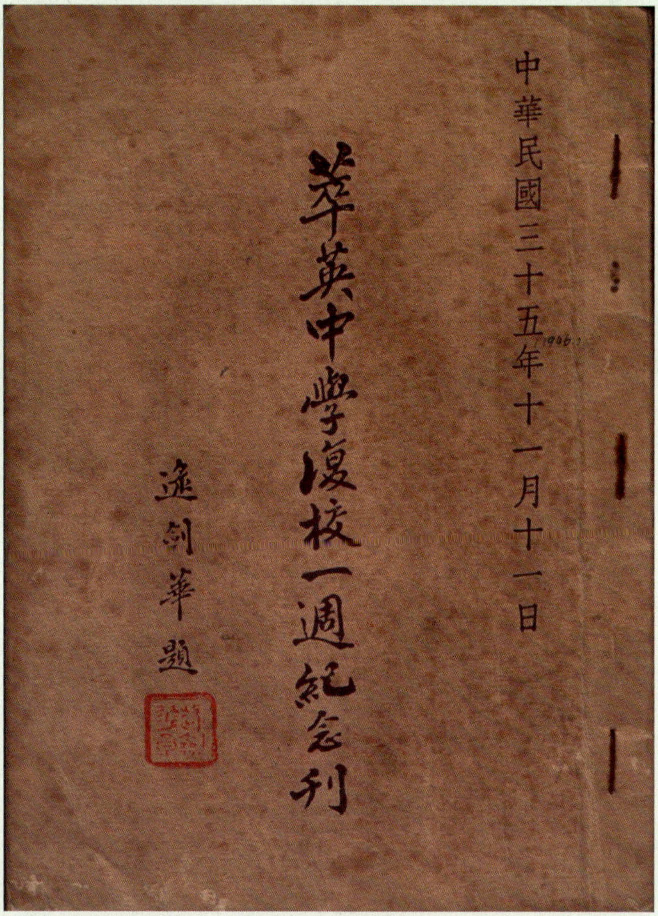

19.2 cm×26.8 cm

此刊目录有:校长近影、全体教师摄影、战事中破损未修理之校舍摄影、序言、

校史、复校经过、中学部教导概况、校舍修缮概况、教职员工一览表、纪念诗文、萃英母校四校长简史、萃英中学复校一周年纪念颂词、复校感言、纪念萃英复校即呈葛校长兼酬诸同事并赠各级同学、试炼后的救思堂、复校纪念歌。

纪念刊共四十页，其中照片七张，有一张三十二名教职员工的合影照片未注姓名，但后有钢笔详细著录了三十二人的名字，估计是其中之一的笔迹。

学校重建了，学生上课了，这些照片上教职工却似乎还是那样心情沉重。八年沦陷，教育尽失，他们一定知道，这对一个民族来说是更深层次的灾难。

校長葛鴻鈞先生近影

《苏工土木科民卅级毕业纪念刊》

也许很多人都不知道苏州曾有一个苏州工业专门学校，或许忘了。

《苏工土木科民卅级毕业纪念刊》告诉我，这所学校成立于民国元年(1912)，也就是说民国一开国就在苏州成立了这个学校。这至少也说明当时政府对于中国工业之薄弱落后也尚有清醒认识。

正如刊中所述：惜我国工业落后，人才缺乏，每年工校所造就之人才，不敷需要，且技术亦较他国为逊，因此，我国工业进步迟缓。一个国家的强弱，可视其工业发展的程度而定；要国家强盛，非工业发达不可，欲工业发达，又非多立工业学校，产生大量的工程师。

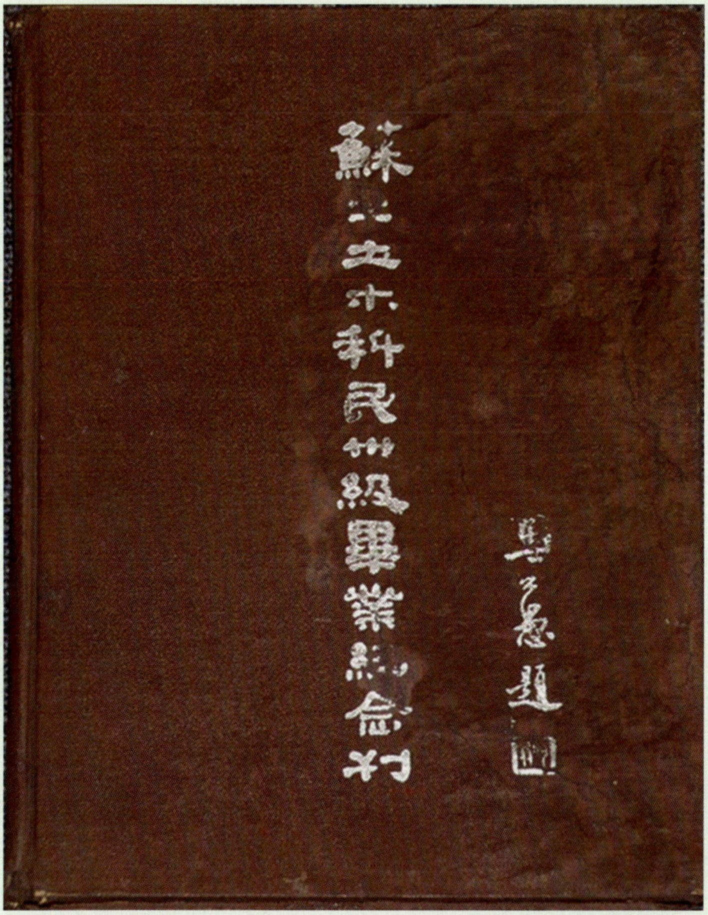

19.5 cm×26.5 cm

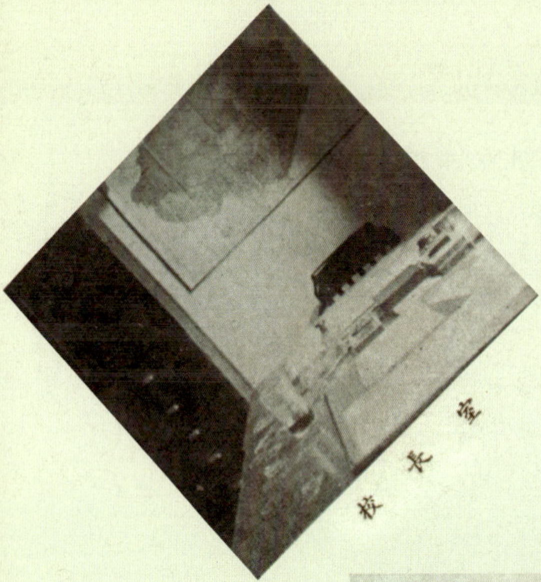

校長室

教導處

校舍外

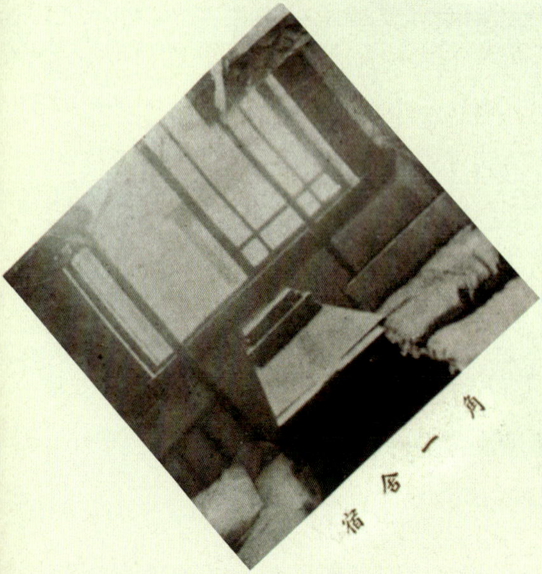

宿舍一角

事務處

据该校刊校史记载，该校学制为三年，必须修完三十科。学校共设土木科、机械科及纺织科、染色科、染织科、应用化学科、建筑科。

民国二十六年(1937)秋，苏州沦陷，苏州工业学校停顿一年。民国二十七年(1938)夏，校长邓著先应学生之请，将学校搬至上海，初租校舍于牯岭路，屋宇狭小，邓校长以积劳之躯臂助最力，不幸在复校后的第二年十月二十一日不治而终，年仅五十三岁。

此纪念刊无印制时间，但裴冠西的弁言日期可作参考：民国三十年(1941)四月三十日。全刊共一百零九页，由序言、摄影、师墨、作品、临别赠言、编后、通讯录、广告组成。其中照片众多，每个毕业生都配有照片和简介，还附有校长及各主任影像，另有校园风景及学生生活实录的图片。土木科本级毕业共四十人，书中刊有每个人的临别赠言。赠言充满着理想和志气，精神风貌今天犹可激励。不妨摘录几段：

咱们是中华热血男儿。咱们是国家未来的前导。我愿我们每一个同学，紧握着手，去努力我们的前程，创造我们的新生。

——王维雄

同学们，我们应该拿敏锐的目光，窥破一切虚伪欺诈。拿坚毅勇敢的精神，创造理想的事业。

——张四维

我们要做主人而拼死在疆场，不愿做奴隶而青云直上。

——侯仁民

四十个同学站在一条战线上，冲破一切障碍，去建设新中国。

——赵慰曾

每个年代的学生都是热血的。这四十位热血男儿如果在世的话，恐怕已近百岁高龄了。我们不得而知，在这腥风血雨的年代中，他们分别后的人生是怎样的路径？但此刊对于研究当时中国土木建筑水平和当时的社会背景及国家状态具有一定的史料价值。

《吴县私立郁氏尚德小学十周年纪念刊》

要不是这本《吴县私立郁氏尚德小学十周年纪念刊》，我不会知道民国时期苏州曾有一个叫郁沈懋萱的女人。她致力于苏州教育，德高望重，为国家忧愤成疾而终感天动地。笔者对苏州教育系统甚为熟悉，多年来却未曾听说此人，其默默无闻可见一斑。

此校刊共一百六十二页，封三印有：1—500册，出版日期二十三年（1934）六月。编辑者吴县私立郁氏尚德小学，印刷者苏州文新印书馆。

该校刊至今已有七十四年历史。七十四年历史长河中，苏州城曾沦于敌手八年之久，新中国成立前社会动荡，“文革”十年动乱，刊有国民党要人题词的书岂敢保留？可以猜测，这本当时仅印五百册的校刊，现已存世无多，很有可能此刊是孤本。

校刊内容有：一、目次。二、要人题词。三、序。四、弁言。五、校歌。六、摄影（1. 民国二十三年五月十日学校十周年全体摄影。2. 本校创办人郁沈懋萱女士纪念碑落成摄影，民国二十一年六月十八日。3. 本校创办人郁沈懋萱女士遗像。4. 已故校董郁冯女士。5. 现任主席校董郁黄景萱女士。6. 校董郁恒定女士。7. 校董林仙耕先生。8. 校董沈祥卿先生。9. 校董黄子清先生。10. 校董田瑞甫先生。11. 校董许玉君先生。12. 校董程继安先生。13. 校长沈麟书先生。）七、校董会概况。八、行政概况。九、教学概况。十、训育概况。十一、自治指导概况。十二、规程条例。十三、演说。

从刊中序和弁言中我们可知郁氏尚德小学和懋萱女士的情况，现全文摘录于下：

古语有云：“靡不有初，鲜克有终。”天下事固不难于创始，而莫难于持久，教育事业亦然。

郁氏尚德小学之设也，当时虽由夔贡献意见，而郁沈懋萱女士深明大义，于建立家祠以后，慨然实行，以祠堂余屋为校舍，并顾以五百亩之田租收入为经常费。事后，呈请备案。至于校舍之布置，校具之设备，教师之延聘，则全赖沈玉麟先生精心擘画，夔只襄助其间。时沈玉麟先生为县立北庄小学校长，教育夙有经验，夔

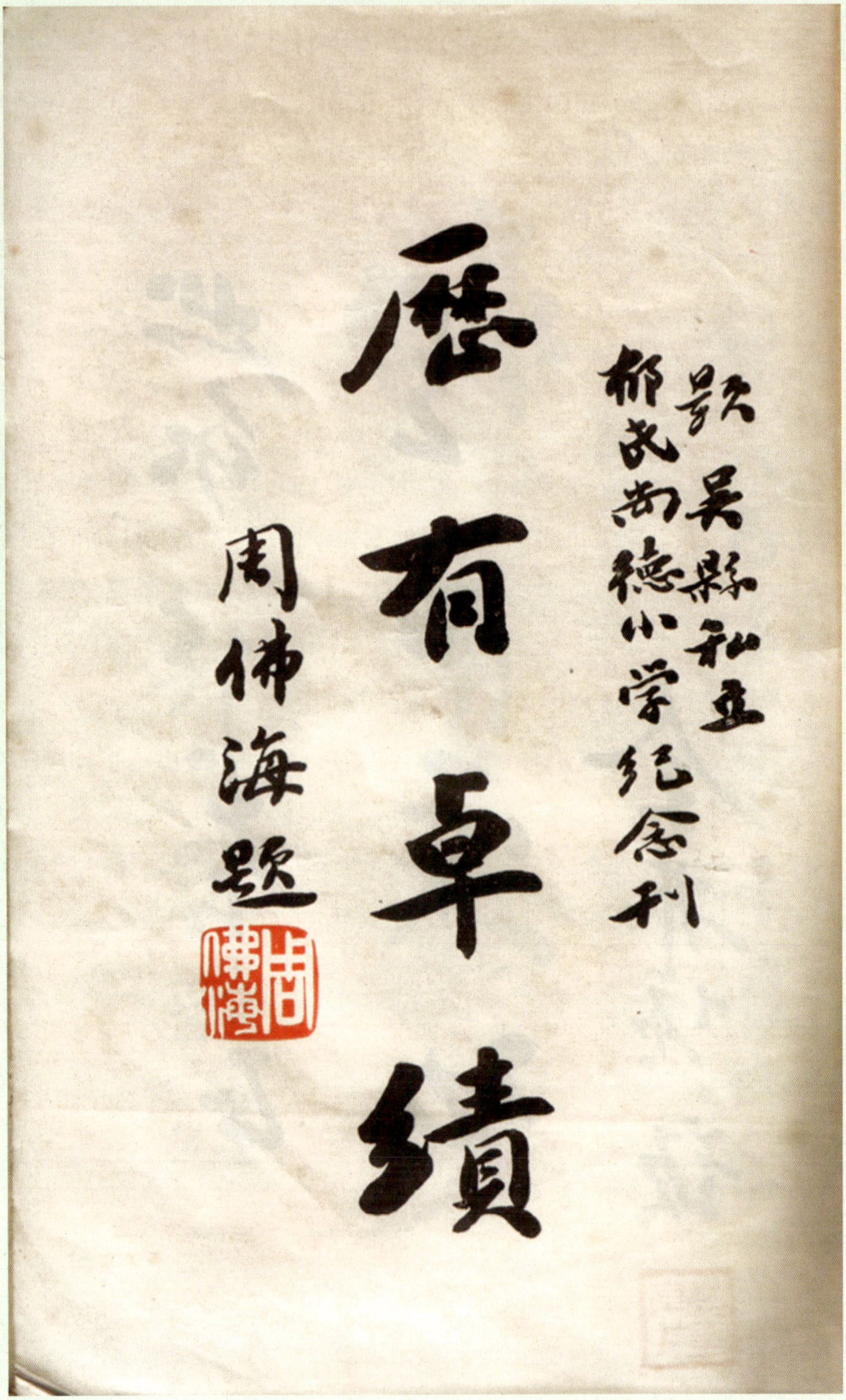

15.2 cm × 22.7 cm

请郁校主懋萱女士聘为名誉校长。学生闻风而至者甚盛，正式成立之日，为民国十三年五月十日。此可纪念者一也。

嗣后江浙战争，频年纷扰，独郁氏尚德小学尽力维持，未尝中止，且一再添辟教室。民国十六年春，国民革命军奠定江南，实施三民主义教育，文化一新，而本校学生亦日盛；懋萱女士慈幼为怀，群称为山塘贤母，此可纪念二也。

民国二十一年，淞沪战事起，懋萱女士忧愤成疾，遽于三月十七日作古，弥留时犹谆谆以“维持该校”为嘱，其热心教育如此；且懋萱女士之亡夫子良先生南北经商，辛苦起家，女士相夫持家，一生节衣缩食，而对于教育独不惜牺牲，此可纪念者三也。

今懋萱女士往矣，会孙祖荫尚在求学，其媳景萱女士继起竭力维持，近以田租收入锐减，学校不敷开支，因节省家庭费用以抵补之。去岁，又扩充高级，尤为难能可贵，此可纪念者四也。

沈玉麟先生前年允本校校董会之聘请，辞去北庄职务，而以全副精神办理本校，学校信誉益隆，此可纪念者五也。

本校創辦人郁沈懋萱女士遺像

古云“十年树木，百年树人”。十载以来，儿童之识字者当以千计，成材就业而去者亦不下数百人。回顾光阴，有如一瞬。夔今年已六十有六，精力远不如前，而尚德小学则蒸蒸日上，方兴未艾，不但能创始，且可以传之久远矣。会校中有《十周纪念刊》之编辑，问序于夔，因述其梗概如此。

中华民国二十三年五月十日立校纪念日吴县林大夔识。

该校行政概况及校史刊中有这样的记载：

本校创设于民国十三年，先是创办人郁沈懋萱女士因鉴于七里山塘，虽有学校数处，而失学儿童依然甚多，急宜添设学校以普及教育；于是在山塘大街之中心——金家街口，购置房屋一所，鸠工庀材，从事改建，计费二万余金，除留靠西第一进房屋为郁氏家祠外，其余楼平房数十间及厢房、园地、空地等，均发作校舍之用；又提出家祠田五百亩之收益，制定为学校经常费，一切布置设备招生事宜，由林先耕、沈麟书二先生负责筹备，计开办购置又费千余金。是年五月十日，正式举行开校典礼，吴县公署及县教育局均派代表莅校训话，即于翌日开学上课，一般就学儿童之欢呼忭舞。

在"演说"目次中有，沈校长讲词、故校主追悼会演说选录、教职员代表之一陈树英先生讲词。讲词中对懋萱女士作了六点评价：第一，她能积业办学。第二，她能热心公益。第三，她能造福社会。第四，她能勤俭耐劳。第五，她能提倡兴学救国。第六，她能提倡扶助教育。读完校刊，笔者掩卷深思。教育是民族的，郁氏尚德小学在苏州教育史上应该拥有地位，懋萱女士的教育大爱应该有丰碑，我们不能忘记她。

《青　鸟》

四十八个同学，毕业于东吴大学附中，毕业三年后（1948）他们成立了同学联谊会。同学分散在全国各地，不能经常见面，于是翁家颖同学牵头创办了《青鸟》期刊。

《青鸟》为油印本，六十多年过去了，这本创刊号除了笔者所藏的一本外，是否还有第二本存世？《青鸟》出过几期？无从考证。仅从翁家颖的编后记中可得知："这一期刊物本来准备铅字印刷，但后来同学稿子并不多，经济力量不足，决计用蜡纸油印。此次刊物出版蒙施仲良同学预垫国币一百万元，我们十分感激他，此项款额以后尚可如数归还。"

目录有：附中三二级同学录、金君声冠兄传略、我的生活动态、生活、别后、我的生活、杂记、清华杂记、离开了母校之后、无题、英国之律师制度、我的生活、生活琐记、生活写真、生活杂记、处世的滋味、台湾记游、离别以后、恋爱之道、生活感慨、三二级第一次同学联谊会经过、同学简讯、三二级毕业同学详细统计、编后记、介绍海军学校、补白。

刊中登载同学来稿二十二篇，来稿体裁以记叙文为主，记叙的都是离校后同学们在大学或在工作生活中经历的一些事件，还有对人生的感悟。

从统计中可知，三二级同学共有四十八人，其中十九人考上大学，就业二十五人，在家二人，死亡二人。

可圈可点的是：考上大学的十九人中有清华大学一人、东吴大学三人、光华大学一人、大同大学二人、大华大学一人。可见东吴附中当时的教育质量。

此外，此刊对于研究当时社会形态、学生意识形态有着更现实的实际意义。

关于刊名何以取名《青鸟》，编者是这样解说的：

关于本刊物的命名青鸟，我有一个简单的解说。青鸟（系是三足鸟）本为西王母使者，后引申为一切使者，更解为传信使者，又李中主词"青鸟不传云外信，丁香空结雨中愁"，李商隐诗"青鸟殷勤为探看"，这刊物仿佛是一个传送同学间的消息使者，又梅特林克有戏曲名《青鸟》，系幸福之象征，愿这刊物给同学带来了无量的幸福。

12.3 cm × 17.7 cm

地方教育辅导委员会会议记录

地方教育辅导委员会会议记录封面有“江苏省立苏州女子师范学校校长室”的紫色图章盖。全册共二十二页，线装，共记录了十一页，毛笔书写。

会议的主席为校长俞钰。参加会议的人员都亲笔签名。每次会议的主题都是关于讨论落实“国民教育”方面的问题。关于会议举行时间，第一次会议是民国三十六年四月十八日下午三时半，第二次会议是民国三十六年十月十四日下午二时，第三次会议是民国三十七年四月二十三日下午三时半，第四次会议是民国三十七年十月二十九日下午四时半。十六个月仅开了四次关于“国民教育”会议，而且每次会议都是下午召开的，最早的一次是下午两点，最晚的一次是下午四点半，两次是下午三点半，可见对当时国民党政府教育部门抓的“国民教育”的消极态度。

因为校长俞钰是个实实在在的人，在 1946 年 2 月接任校长一职后，修校舍，添教具，坚持困境中办学，新中国成立后又当了六年新苏师范学校校长，后调任苏州市文管会专职委员。“文革”中因不堪忍受造反派批斗，无家可归的她在大年夜自悬于现苏州博物馆（原太平天国忠王府）工字厅东侧备弄里一间屋子的落地长窗边。

《苏州史志资料选辑》2000 年刊总第二十四期、第二十五期载有怀念俞钰校长的文章。这本会议记录对于研究民国时期苏州教育，了解苏州女子师范学校历史，体察俞钰执掌女师办学理念都具一定的史料价值。

卅六年度第一学期第一次地方教育輔導委員会議紀錄

時間 卅六年十月十四日下午二時

地點 會議室

出席人 俞鈺 郭兵真 費[illegible]
黄剑民 殷志賢
[illegible] 韩明[illegible]
范[illegible]

列席人 楊同生

主席 俞鈺 紀錄 楊同生

報告事項

（一）本学期本師範區聘請費錫胤先生為地方教育輔導員

並通知本師範區吳縣吳江常熟崑山青浦五縣教育

18.9 cm × 27.9 cm

清末特别是民国时期的文学，有着自身鲜明的特点。它既是近代文学的尾声，又是现代文学的先导。一些影响深远的谴责小说、鸳鸯蝴蝶派作品和众多充满激情的新文学作品至今仍为人所津津乐道。收藏这些资料，不仅有文学史层面的意义，更能从这些装帧充满个性的图书中收获那久违的美感。

曾朴的《孽海花》

在清末民初，常熟有一个以笔名“东亚病夫”自称的小说家。他叫曾朴，以写晚清四大谴责小说之一的《孽海花》而闻名。史志上有这样的记载：曾朴（1872—1935），中国清末民初小说家、出版家。家谱载名为朴华，初字太朴，改字孟朴，又字小木、籀斋，号铭珊。江苏常熟人，出身于官僚地主家庭。

《孽海花》的始作者为金天翮。他先写了六回，在《江苏》上发表。1905年由曾朴修改后的一至六回和重新写的七至十回，由小说林社出版。次年又出了十一至二十回，后又陆续完成了三十五回。

《孽海花》头二十四回问世以后，在1905年至1906年间即再版十五次，印数达五万册，以后又陆续修改，续成三十五回，容纳了从同治初年起到甲午战败大约三十年的社会历史。作者撰写此书，是环绕着洪钧和傅彩云这两个人物来展开故事的，他“想借用主人公做全书线索，尽量容纳近三十年来的历史，专把些有趣的琐闻轶事来烘托出大事的背景”，而且是以“愿尔早登觉岸”来作为创作主旨的。

《孽海花》大受欢迎而致洛阳纸贵，乃由于它的思想倾向是进步的，取材是现实的。首先，曾朴是居高临下，观察清廷内外处境，来反映三十年来中国政局的。他愤然指出：“朝中歌舞升平，而海外失地失藩，频年相属。日本灭了琉球，法国取了安南，美国收了缅甸，中国一切不问，还要铺张扬，摆出天朝空架子。”这一番概括，基本上道出了末代王朝空虚颓败的局势。小说又具体描绘了在列强不断侵凌下的清廷，上层士大夫的崇尚空谈、醉生梦死，为日趋崩溃的危局提供了惊心动魄的验证。洋务运动从兴起到失败，改良主义的崛起，资产阶级革命派初露头角，在小说里均有了比较清晰的反映。如此巨大的概括力，实是其他三部谴责小说所不及的。

曾朴的视野极其广阔。这部小说的情节超越了中国现实社会的领域，描写了德国、俄国和日本的政治生活，尤其是其中一些章节以热情赞颂的态度述说了日本革命者和俄国“虚无主义者”革命运动。小说中也出现了伟大的俄罗斯作家赫尔岑、车尔尼雪夫斯基、托尔斯泰的名字，并且介绍了他们与俄国初期革命运动的关系；还借俄国人毕叶的话，宣扬了“天赋人权，万物平等”的民主主义启蒙思想。

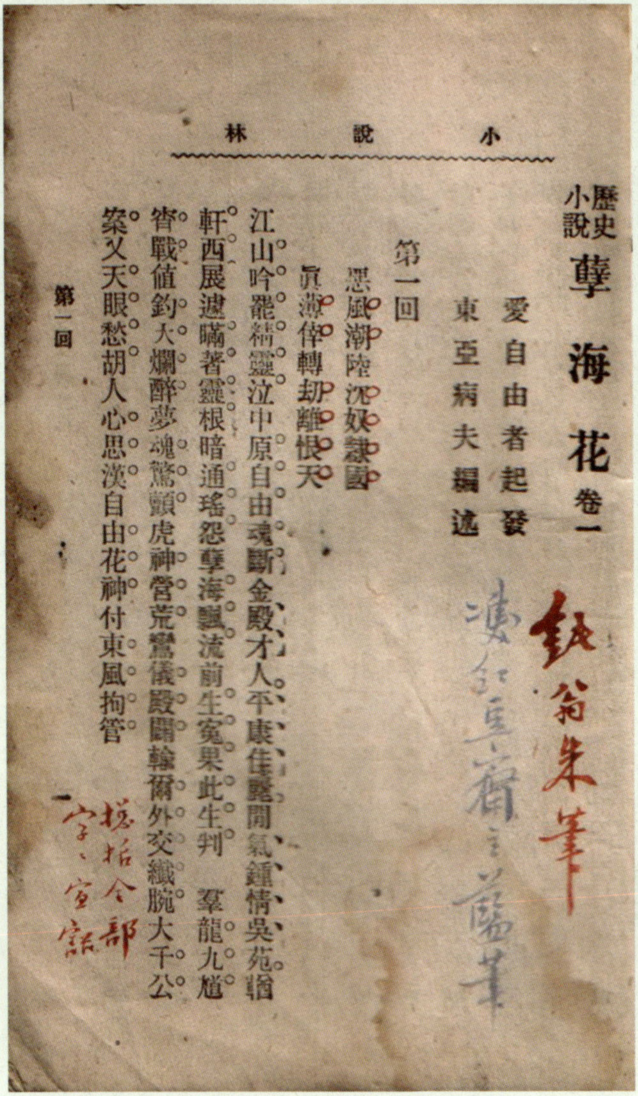

12.5 cm × 18.5 cm

如此广博的见闻和精锐的眼光，在当时小说家中实为罕见。

更值得彰扬的是，在20世纪初的谴责小说中，《孽海花》是第一部以同情的态度来描写民主革命与民族革命的作品。曾朴警辟地提醒大家正视中国的现状，“看着茫茫禹甸，是君主的世产；赫赫轩孙，是君主的奴仆”，并表示痛恨这个“专制政体”。他又通过写史事来启发国人觉醒：“只要看元世祖是个蒙古游牧的部落，酋长的国度，一朝霸占了中国，我们同胞也自贴耳摇尾的顺服了九十余年，你们想想如今五洲万国，那里有这种好说话的百姓，本国人不管，倒教外国人来耀武扬威，多数人退后，倒被少数人把持宰割。”这还只是以“蒙古”影射清朝，接着在第四回里干脆公开叙说“满洲入关之始，亡国遗民起兵反抗”的史事。甚至在描写革命党人演说的情节中更露骨地提出“现在的革命，要组织我黄帝子孙民族共和的政府”的召唤。在清廷淫威之下，竟公开宣扬如此强烈的种族革命主张，实在是不寻常的。《孽海花》中还塑造了孙中山、陈千秋等革命者形象，热情歌颂了他们的活动，这在晚清谴责小说中实是个大胆的创举。

《孽海花》里关于中法战争、中日战争的描写，显豁地表明了作者反对帝国主义侵略的爱国意识。曾朴借书中人物薛淑云在味莼园谈瀛会上的谈话，探讨了中国处于列强环伺的危险处境，并且强调指出：“现在各国内力充满，譬如一杯满水，不能不溢于外，侵略政策，出自天然。”可见，他对帝国主义本质的认识是比较清醒的。谈论“力图自强”之道时，又说到“今闻海军衙门军需要款，常有移作别用的。一国命脉所系，岂容儿戏”，隐指慈禧太后挪移海军经费为她建造颐和园以供享乐之事。

《孽海花》的结构是连缀多部短篇而成为长篇，不是像穿珠那样直线穿，而是“蟠曲回旋着穿的，时收时放，东西交错，不离中心”，最后“开成一朵球一般的大花”。

曾朴描写达官名士，不同于刘鹗、李伯元和吴趼人，他并不着眼于描写其凶残或贪鄙，而是着重刻画他们精神颓废的要害。曾朴描绘的多是貌似方正的人物，有些更是敢于直谏的“清流”人物，但他们或崇尚空谈，或师心自用，或沉溺考据，或癖嗜古董，或自命风雅，其实是迂腐自守、不学无术、矫揉造作之徒。这些人置国家人民于不顾，醉生梦死，佯狂玩世。曾朴入木三分地描摹出这群人物的精神世界，也就映现出了末代王朝崩溃前夜的图景。

至于《孽海花》的写作艺术，鲁迅早有定评，“结构工巧，文采斐然”，但也指出它亦有“高增饰而贱白描”、“形容时复过度”的一面。

笔者藏本《孽海花》为上海小说林出版，丁未（1907）年五月五版，书中有多处前人批校。

徐枕亚与《玉梨魂》

说起鸳鸯蝴蝶派,《玉梨魂》和《广陵潮》当是开路创派之作。研究者认为,这两部小说差不多是在同一时期同时引起读者注目和影响读者的,只有二者并举,才能代表这个起自民国、终于新中国成立的历时长达三十八年的鸳鸯蝴蝶派所包含的形式和内容。

《玉梨魂》是一部骈文体的书信体小说。《红楼梦》问世后,风靡近两百年,无所匹敌,但到了晚清民国时期,闺阁妇女不甘于读《红楼梦》、《西厢记》了,她们期望读到现代色彩的爱情小说。这种小说有现代装束和现代意识,有洋装和旗袍,有偷情和私奔。《玉梨魂》正好满足了上海、北京等地闺阁女郎的需要。由于小说当时是在报纸上连载的,尚未连载完,上海市民已满城争说,尤其是贵族人群中的女性读者。《玉梨魂》旋即出单行本,前后重版三四十次,风行海内外,红遍东南亚,并被拍成电影,改编成新剧演出,从而成为当时鸳鸯蝴蝶派影响最大的代表作品。

小说的作者徐枕亚是常熟人,十岁能作诗填词,在校期间已积诗八百多首,成名后创办《小说丛报》、《小说季报》和清华书局等。在创作《玉梨魂》、《雪鸿泪史》之后,还有《余之妻》、《双鬟记》、《兰闺恨》、《刻骨相思记》等作品问世。

《玉梨魂》是一部什么样的作品呢?小说里,女主角是一个哀怨美貌的寡妇,叫白梨影,会写一手艳词,清冷独眠之夜望月兴叹;而住在她一墙之隔的家庭男教师何梦霞,正在挑灯夜读批改作文。两人白天在众目监视之下,受到礼节的拘束;晚上却相思成疾,暗中书信往来。这种热恋似"地下斗争",既有传统的待月西厢的苦况滋味,又时时像地火一样冲出表层,对封建伦理公然挑战。他们之间爱恋的书信由何梦霞的学生也就是白梨影的儿子鹏郎传递。在封建礼教的重压下,寡妇不可能再嫁。何梦霞为此忧愁憔悴,梨影便介绍她的小姑筠情与梦霞订婚。但何梦霞仍然暗恋着可望而不可得的梨影,而筠情也因此郁郁寡欢而亡。最后,梨影染上时疫病故,何梦霞含悲忍痛东渡日本学军事,辛亥革命时回国,在攻战武昌的厮杀中阵亡。

现在可以明了,《玉梨魂》实则出自徐枕亚与寡妇陈佩芬的一段刻骨铭心的

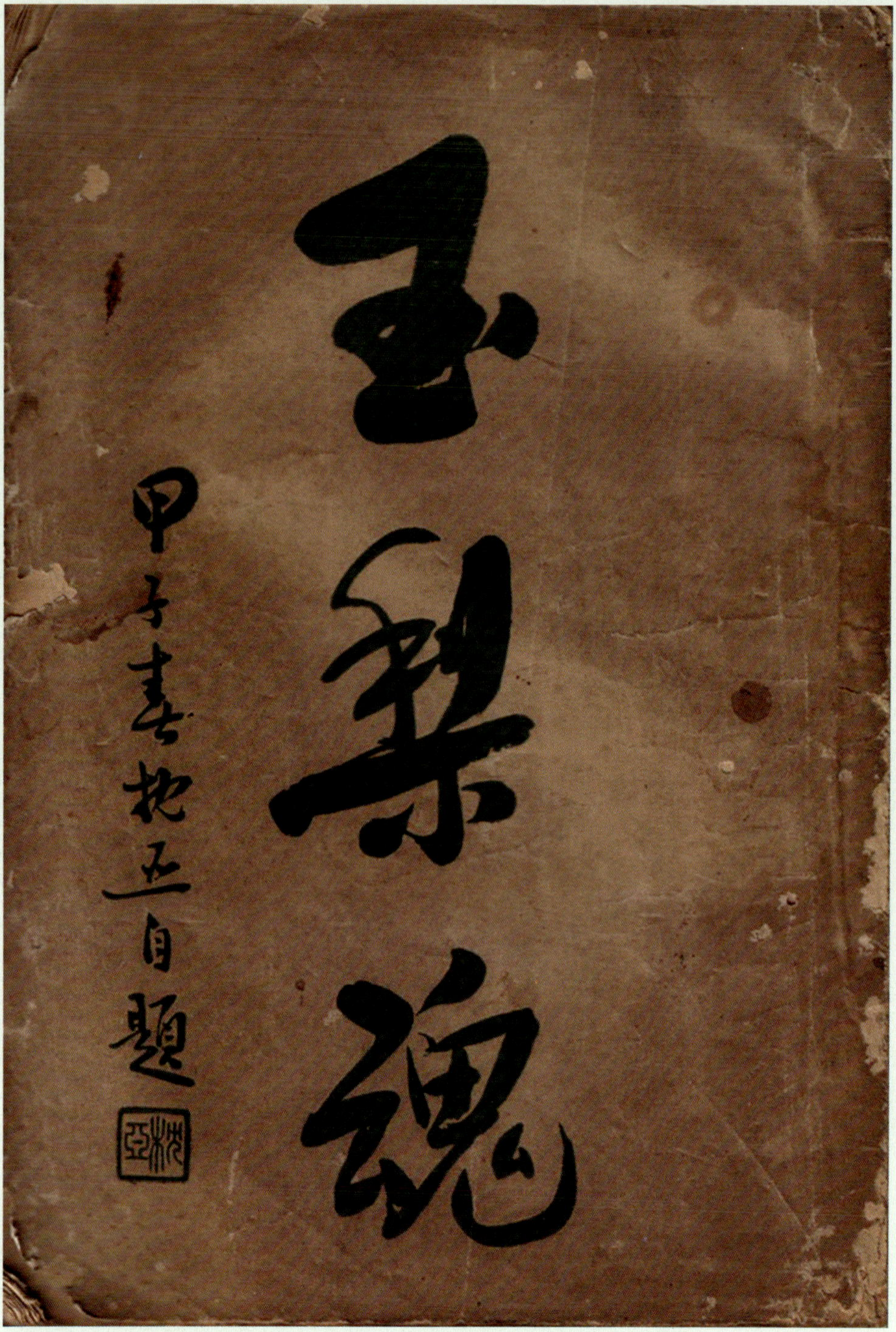

15. 2 cm × 21. 9 cm

爱情。《苏州杂志》1997年第1期，以《真相大白玉梨魂》一文披露了这悬案八十几年的一个史实。文中还影印了两人互通的书信手迹，系作者从一徐姓藏家处发现的徐枕亚与寡妇陈佩芬往来书札唱和诗词九十三叶的一部分，经对照《玉梨魂》，并鉴定笔迹及笺纸所印宣统年号，确证旧件为《玉梨魂》故事蓝本。

徐枕亚早年在无锡乡下教书，著名书法家蔡荫庭之孙蔡如松是他班上学生。蔡如松有一年轻寡母陈佩芬，孤守空房却能诗善文。由于感谢徐枕亚对其子的爱护教导，兼之钦佩徐先生的才情，陈佩芬与徐枕亚写诗唱和，通过其子传递书信，终于摩擦生电，萌发爱情。

一大堆故纸记录的是一段血海情缘。《真相大白玉梨魂》一文以徐陈书信进行了举证，文中说：《玉梨魂》中有梦霞啮指挥血作书以表深情之举，两人信札中确也有之。陈氏含泪向枕亚作复之札云："昨午接血书，如摘我心肝，见字此时心实痛难至，不如速死……"又云："午得手书，悉欲我从，岂有不肯相从之理？感情不弃，后为久聚。亦有一言，须梦儿成婚，不死当从。忆昔至今，两情愿不是独活的局面了，再加各存血迹，作可算铁证，此生血点惟尔能得，手迹更为独取，身亦为汝有，心为情死，何事不可？"

情爱升温，鱼雁往来已不足偿其相思。按《玉梨魂》中梨娘致梦霞书云："我来，君不在；君若在，我亦不来。"从陈氏致徐函中，可见其企盼与情郎见面之情若大旱之望云霓，诗云："步步凝寒露滴垣，可怜归路暗黄昏。残月虽明恐易散，候到三更未掩门。"信云"君情既若此，我何忍乎……我处早已妥排，老姑小女宿处处，夜则无人在内，惟一主一婢，若蒙文星光临，我门户不扃"，"君必欲相见，不难，假日开后门，我可到你处"，"我恨不得化鸟飞到床前"。徐陈函中几次约会均是深夜，且途径颇为曲折，佩芬书云："后场相见，非万全之计，仿（防）有看见，两人同行，反为不美，况此时我处后门不能开，有鹤高兄弟在家，开恐误事，又义庄前后门更不可开……君若能出义庄内墙门否；若不能，待到黄昏，以先将内墙外，小庭中半壁处，仿（傍）一只茶儿抵脚，然后人净（静），从小厅庭中，东首屋边，随（垂）一云梯，可出此门。不必虑别，虽有两重备拢门，庄里用人掌握，君自开不妨，一直向东行，又有门，君可至（止）行，此门开不得……转北行二三尺地，有门，虽老姑握持，我可以开候。再行五六尺地，向东首门，便我内室，西首门切不可敲，敲亦误矣。”私心忒忒，胆战神惊，真难为了这对情侣。

从陈氏诗中还可窥见情爱之真。如“深夜相逢阳气和，谁知巫峡梦中多。若能同剪西窗烛，再托阳台扑飞蛾”；又如“相敬相爱两情真，携手频头笑语亲。一双暗度谁知觉，伤心不是莲枝人”；又如“死生为我意中人，此度欢心足算真。漫望云行何处聚，从今鱼鸟永相亲”。从陈氏信札中常见这些表明其情始终不渝的表白：“幸我得龙兮，死亦愿。永无违背兮，皇天知。立誓斯终兮，神灵作证。”“两人早证生死之情，何愧之有。贫富本来同命，翻覆苦海亦愿同沉，更复何怨。”

情结至深，誓同生死，按理应结佳果。只是当时社会礼教森严，寡妇岂能再嫁？为挣脱压力，陈佩芬一再央求徐枕亚娶其小姑蔡蕊珠。宣统二年（1910）冬，徐枕亚与蔡蕊珠结婚，而不久蔡即病亡。

徐枕亚的另一段婚姻是缘由他的小说《玉梨魂》。

清朝京城末代状元刘春霖的女儿刘沅颖，家学渊源，雅擅文翰，花容月貌妩媚可人，托媒说亲者不绝于途，但从来没有被她看得上眼的。一次，刘沅颖无意中在书坊买到徐枕亚所著《玉梨魂》，开卷不久便被作者典雅流畅、对仗工整的文笔和凄恻动人的情节吸引住了。她于是废寝忘食，逐渐沉湎，竟为之失神落魄，对作者顿生爱慕之心。她想能够写出这样绝妙好辞的作者，定是一位千古少有的风流才子，有朝一日，若能与他共语一室，互诉衷肠，虽夕死可也。她日夜痴想到了极点，最后终于大胆地亲笔写了一封信给徐枕亚。曰：“颖彭城望族，簪缨世家，龀龄就学，即喜吟咏，维鲜良师指导，虽聊知音韵，远逊咏絮，偶阅君子所撰《玉梨魂》一书，情意感人，今欲求为入室子弟，愿终身侍奉左右，时聆教诲。”她向母亲直说，已对枕亚无限爱慕，愿嫁此人。虽然但父亲坚决反对，但她决心已定，岂容再改？想了几日，她准备带了丫头私奔。被发现后，父亲对女儿严加训斥，并命家人永远不准小姐再出大门一步。小姐自然痛哭一场。痛定思痛，她一咬牙，把父亲的顽固之状，密函枕亚，并有“愿魂化蜀鸟，啼血在君前”之句，以申宁死不屈之志。枕亚得信为之感泣，竟复诗云：“尺书碧血缄身世，蚕脱终多不了缘。”迫使沅颖小姐不得不更进一步为此殉情了。从此，她粒米不食，滴水不饮，静卧绣榻，但等一死。到底母爱胜于父爱，这首先吓坏了母亲。她在丈夫面前再三乞求，状元公毕竟只有这位宝贝千金，无可奈何之下，道：“可以依从，但总要在亲友面前说得过去。”

既有此诺,众亲友齐来为小姐出谋划策,最后想出一个办法:介绍徐枕亚先拜樊樊山为师,取得樊门弟子的资格。因樊翁与刘春霖堪称莫逆,再由樊翁出面提亲,不但面子上说得过去,亦差可算是门当户对了。于是好事终成,小姐如愿以偿。

但枕亚家境清寒,蜗居僻隅,怎能迎纳这位住惯绣楼曲廊的千金?正在急得走投无路的时候,刘春霖状元出手就汇了五千元来,命将房屋修缮,应具花木庭院之格局。枕亚当然乐于从命。待到一切就绪,小姐从北京择吉南下,排场之盛,仅嫁妆一项,已轰动常熟,观者空巷,无不欣羡。婚后,由于多年相思,终被月下老人红绳牵上,自是恩爱异常。无奈沅颖小姐过不惯清贫生活,依旧挥霍无度,日积月累,坐吃山空,虽有丰厚嫁资,亦渐有阮囊羞涩之感矣。枕亚先生自己亦非持家之能手,文人习气,向视物质生活如浮云,因此,燕尔之乐转成困顿;且姑媳之间相处不洽,沅颖小姐开始后悔了。但是想到当初何等慷慨,今日却要低声下气,恳求归宁;虽然母亲那里好商量,父亲的奚落,则是万难咽下肚的。左右为难,终于忧郁成疾,最后凋零。

家庭爱情连生变故,徐枕亚心情郁闷,行为趋于颓唐,书局经营破产,难以维持。1934 年,他将上海的书局盘给友人,回到常熟。在常熟,他开设了一家以出卖自己书法、篆刻作品的古董店,名曰"乐真庐"。当时,仅四十余岁的徐枕亚已患有严重的肺病,精力大不如前,只能靠为人写书和刻章为生。据说,在上海时,他的书法就小有名气。当时的《向导》杂志,便是请他题写刊名的。1937 年 11 月,日本鬼子攻占常熟后,徐枕亚抱病逃难至常熟乡下的杨园,当年病逝,终年四十九岁。

《玉梨魂》最早版本为民国二年(1913)单行本。笔者藏本为民国二十二年(1933)二月三十七版。

周瘦鹃的《紫罗兰》情缘

民国时有一本叫《紫罗兰》的刊物，是由著名报人、作家、散文家、文学翻译家、园艺家周瘦鹃主编的。张爱玲初涉文坛时，全仗周瘦鹃的赏识和提携，她的第一篇小说《沉香屑·第一炉香》和《沉香屑·第二炉香》都是在《紫罗兰》上发表的，且引起轰动。新中国成立后，特别是“文革”期间，这类鸳鸯蝴蝶派刊物被视为“封资修”，以致如今这类刊物已难以寻觅。

周瘦鹃(1895—1968)，原名周国贤，苏州市人。曾任第三、第四届全国政协委员，江苏省人民代表，苏州市博物馆名誉副馆长。

说起《紫罗兰》刊名，是因一段姻缘。1912 年，周瘦鹃辞去学校教务，专事写作。这年冬天，他结识了务本女校学生周吟萍，两人遂开始书信往来，迅速建立了恋爱关系。由于周瘦鹃出身贫寒，婚事遭到女方家庭的坚决反对，遂由父母作主，将周吟萍许配给了一户富家子弟。这场恋爱悲剧在周瘦鹃心灵上烙下了永久不可治愈的创伤。由于周吟萍有个英文名字 Violet(紫罗兰)，从此，周瘦鹃异乎寻常地喜爱紫罗兰花，且爱其终生。

周瘦鹃编的刊物也都以紫罗兰命名，如《紫罗兰》、《紫罗兰集》、《紫兰牙》、《紫兰花片》、《紫罗兰言情丛刊》。1935 年，他在苏州甫桥南的王长河头自建家庭园林，也命名紫兰小筑。周瘦鹃忠情、哀情、悲情，正如他所称，自己“是鸟类中的苦鸟，常在夜半啼血，是一头啼瘦的杜鹃”。

《紫罗兰》最初为半月刊，1925 年 12 月 16 日创刊于上海，周瘦鹃主编，由上海大东书局发行。该刊承《半月》而起，仍继承“鸳鸯蝴蝶派”的传统，以发表笔记小说为主。1930 年 6 月停刊，共出四卷九十六期。到了 1943 年春，《紫罗兰》在上海复刊，仍由周瘦鹃主编，林振浚为出版人，紫罗兰月刊社与银都广告公司联合发行。复刊后的《紫罗兰》的封面题签仍是袁克文，然改成半月刊，改为三十六开本，每期近两百页，仅为从前《紫罗兰》的一半。至 1945 年 3 月《紫罗兰》终刊，共续出了十八期。

笔者寓中藏本民国三十三年(1944)出版的《紫罗兰》上，周瘦鹃以《记得词》一百首作爱的供状，而《紫罗兰》已距周瘦鹃恋爱三十余年。读来感叹万千，也为

12. 2 cm × 16. 8 cm

周老文采妙笔所折服，在此把其中最能表现周老刻骨铭心及灵魂之痛的诗句摘录如下。

卅年前事已成陈，爇尽心香入梦频。
记得江城春似锦，绿杨巷陌种兰因。

圆姿艳艳髻峨峨，瞥睹仙姝坠爱河。
记得城南花巷里，痴心日日伺秋波。

洛川神女非凡艳，小商千年下太清。
记得红窗偷一眼，不输平视作刘桢。

怜香惜玉一心坚，青鸟传书诉万千。
记得九天颁玉旨，簪花小字满鸾笺。

珍珠密字乌丝格，心事千重一纸书。
记得行间曾渍泪，忧愁玉怨总难除。

春来渐觉腰围瘦，疑是东阳姓沈人。
记得渠侬将别嫁，故应肠断百花辰。

盈门百辆驻香舆，泪眼无从挽锦裾。
记得云英终嫁去，鸾情凤想尽成虚。

银盂银笔亲贻我，中有佳人款款情。
记得书窗常作伴，誓将翰墨奋前程。

悲情刻骨铭心，却是周瘦鹃成为鸳鸯蝴蝶派早期代表作家的一个重要原因。周瘦鹃由此为抒发内心苦闷，写出了大量的哀情、悲情、惨情小说。

这里有必要交代一下，何谓“鸳鸯蝴蝶派”？这一名称专指文人笔下婚姻恋

薇龍的主張一變，第二次看見了喬琪的時候，自然辭色間流露了出來，喬琪立刻覺得了

那天是一夥青年人到山頂去野宴；薇龍走累了，喬琪陪着她在道旁歇息着，約好了待會兒和大家在山頂上會齊。雨下了多天，好容易停了，天還是陰陰的，山峯在白霧中冒出一點青頂兒。薇龍和喬琪坐在汽車道的邊緣上，脚懸在空中，望下看過去，在一片空白間，隱隱現出一帶山麓，有兩三個藍衣村婦，戴着寶塔頂的寬沿草帽，在那裏折樹枝。薇龍有一種虛飄飄的不眞實的感覺，再加上喬琪那一天也是特別的安靜老實，只悄悄的挨着她坐着，更覺怔怔惚惚，似乎在夢境中。薇龍穿着白袴子，赤銅色的襯衫，灑着銹綠圓點子，一色的包頭，被風吹得褪到了腦後，露出長長的微鬈的鬈髮來。她把手拔着身下的草，緩緩地問道：『喬琪，你從來沒有作過未來的打算麼？』喬琪笑道：『怎麼沒有？譬如說，我打算來看你，如果今天晚上有月亮的話。』薇龍變了臉，還沒有說出話來，喬琪接下去說道：『我打算來看你，有要緊話和你說。我想知道你關於婚姻的意見。』薇龍心裏一震。喬琪又道：『我是不預備結婚的。即使我有結婚的能力，我也不配。我在五十歲以前，不能做一個令人滿意的丈夫。薇龍，

沈香屑

第一爐香（下）

張·愛·玲

•五〇一•

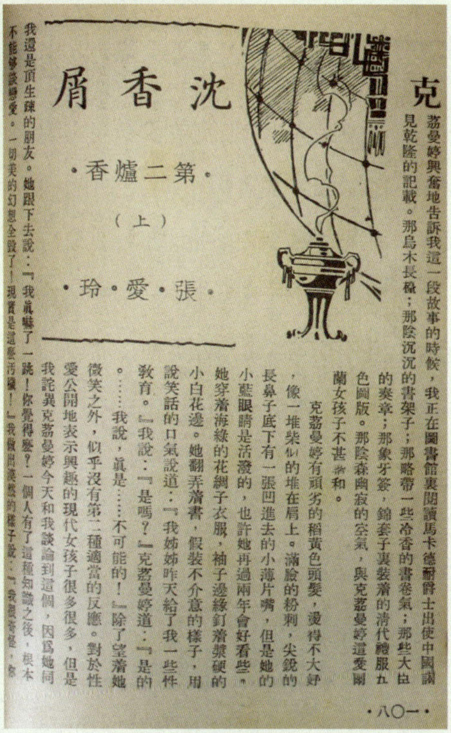

沈香屑

•第二爐香•

（上）

•張•愛•玲•

克荔曼婷興奮地告訴我這一段故事的時候，我正在圖書館裏閱讀馬卡德爵士出使中國謁見乾隆的記載。那烏木長檯；那陰沉沉的書架子；那略帶一些冷香的書卷氣；那些大臣的奏章；那象牙簽，錦套子裏裝着的清代禮服五色圖版。那陰森幽寂的空氣，與克荔曼婷這愛爾蘭女孩子不甚諧和。

克荔曼婷有頑劣的稻黃色頭髮，燙得不大好，像一堆柴似的堆在肩上。滿臉的粉刺，尖銳的長鼻子底下有一張凹進去的小薄片嘴，但是她的小藍眼睛是活潑的，也許她再過兩年會好看些。她穿着海綠的花綢子衣服，袖子邊緣釘着漿硬的小白花邊。她翻弄着書，假裝不介意的樣子，用說笑話的口氣說道：『我姊姊昨天給了我一些性教育。』我說：『是嗎？』克荔曼婷道：『是的。……我說，眞是……不可能的！』除了望着她微笑之外，似乎沒有第二種適當的反應。對於性愛公開地表示興趣的現代女孩子很多很多，但是我詫異克荔曼婷今天和我談論到這個，因爲她同我還是頂生疏的朋友。她跟下去說：『我眞嚇了一跳！你覺得麼？一個人有了這種知識之後，根本不能夠談戀愛。一切美的幻想全毀了！現實是這麼污穢！』我做出淡然的樣子說：『我很奇怪，你

•一〇八•

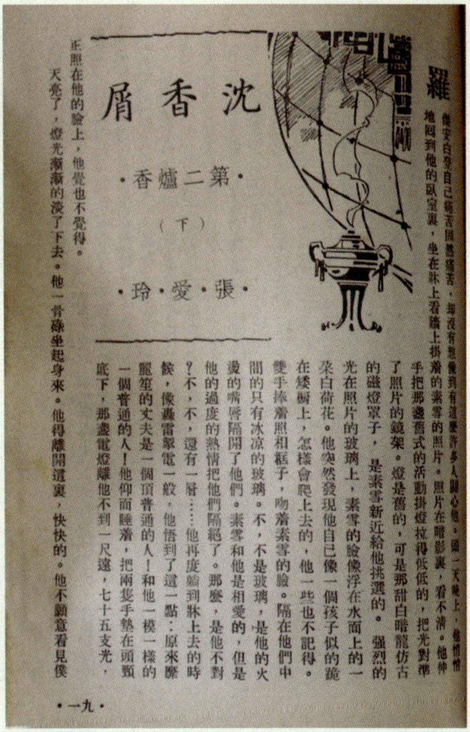

沈香屑

•第二爐香•

（下）

•張•愛•玲•

羅傑安白登自己痛苦圖熬痛苦，却沒有想像到有這麼許多人關心他。有一天晚上，他悄悄地回到他的臥室裏，坐在牀上看牆上掛着的素雪的照片。照片在暗影裏，看不清。他伸手把那盞舊式的活動掛燈拉得低低的，把光對準了照片的鏡架。燈是舊的，可是那甜白暗龍仿古的磁燈罩子，是素雪新近給他挑選的。強烈的光在照片的玻璃上，素雪的臉像浮在水面上的一朵白荷花。他突然發現他自己像一個孩子似的跪在矮櫥上，怎樣會爬上去的，他一些也不記得。隔在他們中間的只有冰涼的玻璃。不，不是玻璃，是他的火燙的嘴唇隔開了他們。素雪和他是相愛的，但是他的過度的熱情把他們隔絕了。那麼，是他不對？不，不，還有一層……他再度爬到牀上去的時候，像轟雷掣電一般，他悟到了這一點：原來靡麗笙的丈夫是一個頂普通的人！和他一模一樣的一個普通的人！他仰面睡着，把兩隻手墊在頭頸底下，那盞電燈離他不到一尺遠，七十五支光，正照在他的臉上，他覺也不覺得。天亮了，燈光漸漸的淡了下去。他一骨碌坐起身來。他得離開這裏，快快的。他不願意看見僕

•一九•

爱题材而言。“鸳鸯蝴蝶派”诞生于上世纪初，其背景是：当时延续数千年的王权已经崩溃，一代人处在媒妁之言、父母之命与自由恋爱、婚姻自主的转折期，表现这类冲突的题材深受读者的欢迎。另一方面，科举的士子进身之路断绝，而新闻出版事业飞速发展，写作便成为当时一门新兴的求生职业。

那么该如何看待“鸳鸯蝴蝶派”呢？对于这个香艳的文学派别，我们许多研究者至今往往还是不屑一顾。新中国成立后，“鸳鸯蝴蝶派”更被视为毒草而成为批判对象，形成了全中国人民对这种风花雪月作品共伐之的局面。至今，这种看法还没有得到本质上的改变。其实，“鸳鸯蝴蝶派”才是真正的中国传统意义上的作品，因为它的题材和表现方式都没有受到西方文化的影响。

当然，阅读“鸳鸯蝴蝶派”作品，一是必须有“内心”，二是必须具有中国传统意义上的审美眼光，三是须具备中国古典文学的深厚修养。

任何作品的成功都有着一定的时代背景。民国初期，青年们已有了争取婚姻自主的想法，但不可能一下子冲破封建的“父母之命、媒妁之言”的礼教，情感的涌动与礼教冲突之下，广大青年处于深深的痛苦之中，屈服者以泪洗面，抗争者甚至走上了殉情之路。这些社会现实使哀情小说引起社会广泛的共鸣。因此，在这一阶段，哀情小说相对热于言情小说。

当然，我们不能简单或单纯地以鸳鸯蝴蝶派来定位周瘦鹃。除哀情小说外，他还创作了许多爱国小说、伦理小说、社会小说。应该让人敬重的是他深深的爱国心。八国联军攻陷北京时，其父亲在重病中，对膝下三个儿子激越大呼：“兄弟三个，英雄好汉，出兵打仗！”不到一月，便与世长辞。这件事对周瘦鹃的内心震动很大，也在年幼的周瘦鹃心中播下了爱国的种子。后来日寇犯我中华，周瘦鹃奋笔写下了许多唤起同胞抗敌救国的小说，如《亡国奴日记》、《祖国之徽》、《南京之围》、《卖国奴日记》、《亡国奴家里的燕子》等。1936年，日寇正准备大举侵华，周瘦鹃与鲁迅、茅盾、巴金、郭沫若等二十一人联合发表《文艺界同人为团结御侮与言论自由宣言》，主张新旧一切文艺派别联合起来，为抗日救国、言论自由而斗争。鲁迅病逝，周瘦鹃专程由苏州赶去上海参加葬礼。“七七”卢沟桥事变发生不久，“八一三”事变爆发，《申报》被迫停刊。太平洋战争爆发，租界陷落，《申报》也随之被日寇接管。周瘦鹃为保气节，辞去职务。周瘦鹃的名字也就此上了日本特务的黑名单。

“举国争传胜利，居家应有知闻。红旗竞赛一重重，心志能无所动？　　早岁出撄尘网，暮年退拥书城。济时也仗老成人，那许巢由隐遁。”这首《西江月》充满了周老对新中国成立的无比激动欣喜之情。体现他真情实感的还有散文集《行云集》、《花花草草》、《花前琐记》、《拈花集》等。

周老在北京曾两次受到毛主席的亲切接见。主席与他长谈，称赞鼓励他，还亲自为他点烟。《我的心拴在中南海》、《初识人间浩荡春》等作品充分表达了他对祖国、领袖、人民深深的感情。

周恩来、朱德、叶剑英、陈毅等党和国家领导人曾多次到他家紫兰小筑参观或看望。党和人民的信赖使他忘记了年逾七十的年龄，他以高涨的热情，积极投身到社会主义建设中。然而，“文化大革命”的浩劫让他备受凌辱。1968 年 3 月 12 日，在时任中央文革小组副组长张春桥接见苏州红卫兵，指名道姓辱骂周瘦鹃后，红卫兵再次冲到周家，将其押至石路，惩罚下跪。老人再也无法忍辱。1968 年 8 月 12 日，周老没有留下一句话，在家井中自尽。

今天，我们去追忆他，该留下的，应该是串串心酸与怀念的泪水呢，还是对那段不堪回首、颠倒黑白的历史深深的思索呢？

程瞻庐的《废妾》

程瞻庐是民国旧派小说家中影响最大、鸳鸯蝴蝶派的小说家之一。他早年就参加了包天笑、范烟桥等组织的文学团体“星社”。民国初年(1911)开始发表小说，一生致力于文学创作，以长篇为多，有《黑暗天堂》、《新旧家庭》、《众醉独醒》及弹词《蔡蕙》、《藕丝缘》等二十余种，尤以《唐祝文周四杰传》最为畅销。另外还撰有短论《沧浪小志补遗》、《四库全书仅存录》等补白。程瞻庐生性旷达，和蔼和亲。文风滑稽诙谐，勾勒人物淋漓尽致。

程瞻庐1879年出生在江苏吴县(今苏州)，二十四岁入江苏省高等学堂，后任该校中学校长。执教过东山五湖二级学堂、苏州晏成中学、景海女校、振华中学等。曾就职于江苏省立苏州图书馆，1936年任馆总部主任。1943年病逝于苏州，终年六十五岁。值得提及的是，抗日战争初期，他曾协助蒋吟秋将省立图书馆善本、孤本图书馆万余册隐藏在东山，使这批古籍终于完整地保存了下来。

《废妾》和《原谅》二书是程瞻庐生平得意之作。当时一编出世，万户风行。《废妾》讲的是某女士因夫娶妾，集会演说，聚众运动，主张一夫一妻制度，并以离婚为利器要挟男子，卒至废妾未成之事。程瞻庐以生花妙笔，描写女子嫉妒心理，可谓入木三分。

值得深思的是，这类本是消遣性质的小说在当时却能万户风行。这一阅读取向折射出国民“无理想、无主义、无信仰”的素质，反映了半殖民地半封建社会的本质。

《废妾》由“天虚我生”(陈蝶仙)题写书名，全书六回，共一百零四页。

第一回　提高人格石女士宣言　改良经书吴先生应聘

第二回　阅课卷娇女起猜疑　论礼教悍姬生嗔怒

第三回　发传单五花八门　读露布一唱三叹

第四回　喜洋洋洗尽脂粉气　话叨叨打断梵呗声

第五回　旗影飘扬正式开幕　琴声断续全体唱歌

第六回　听演说撩蜂拨蝎　闹会场叱燕嗔莺

此书发行者为新声书局，初版于民国十二年(1923)四月一日。笔者藏本为民国十四年(1925)十二月一日再版本。

12. 8 cm × 18. 2 cm

陆澹安的《啼笑因缘弹词》

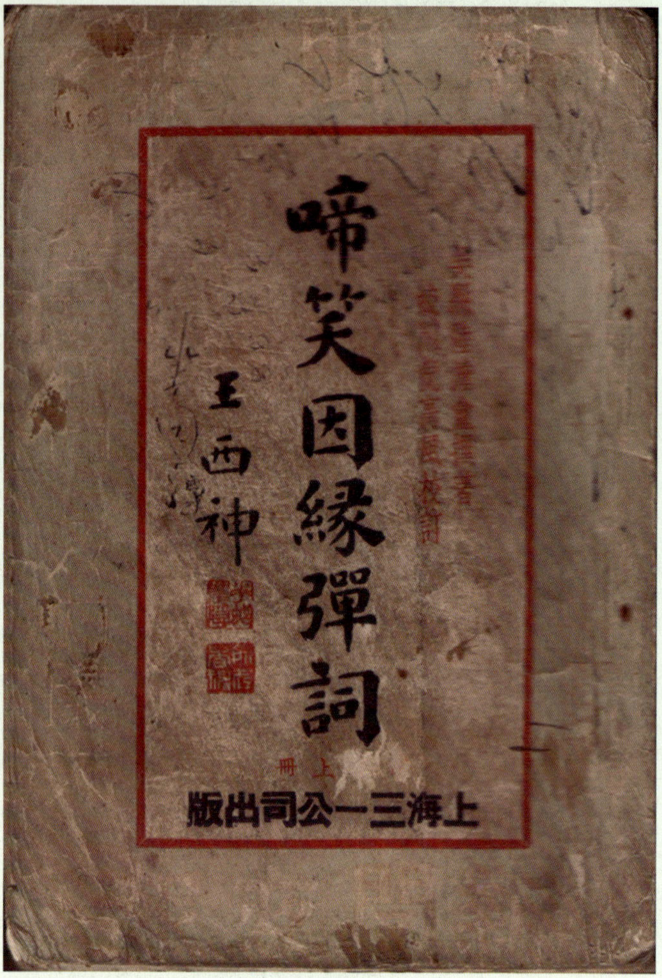

13.0 cm×18.7 cm

苏州古镇东山，人杰地灵，仅明清两朝就出状元二人、探花一人、进士四十四人，知县府第以上官员一百四十九人，历代名人有唐武卫士将军席温，宋户部尚书叶梦得，明户部尚书文渊阁大学士王鏊，明医学家吴有胜（著《瘟疫论》），明富商、人称翁百万的翁笾，清末民初在上海滩有“金融世家”之称的席正甫、席锡蕃，棉纱大王金锡元等。现代共出了四百多个正副教授，其中有中国科学院、工程院院士五名，作家唐人（严庆树）等。

明星影片公司贈刊

別有一番滋味在心頭

平生慣作不平鳴

东山还有许多名人曾在历史上享有盛名，但很多人已日渐在人们的心目中淡漠和消逝了。对今天的人来说，已感到相当陌生了的，陆澹安就是其中一位。

陆澹安生于1894年，卒于1980年，名衍文，字剑寒，别署琼花馆主，世居东山洞庭山莫厘峰下，家中筑有明志堂，以诸葛亮的“淡泊明志”之意取名。陆澹安早年就读上海沪南民立中学，与周瘦鹃同为班中作文杰出者，后钻研法学，毕业于江南学院法科，历任同济大学、上海商学院、上海医学院教授。

陆澹安主编过《上海》、《侦探世界》等期刊，据说有“鸳蝴派三骑士”之一的雅号，主要作品有《落花流水》、《游侠外传》等，他也是著名的小说家和戏曲、电影编剧。

随着电影事业的发展，他和洪深、严独鹤一起创办电影学院和中华电影公司，培养了一批像胡蝶、徐琴芳、高梨痕等早期电影明星。同时，他编写剧本，亲自编导了不少受当时上海观众欢迎的电影。

1929年，他与张恨水结识。陆澹安是苏州人，对评弹有感情，又深谙民间艺术奥妙，有多年的小说创作及戏曲编导的经验。因此，他以张恨水风靡一时的小说《啼笑因缘》为蓝本编写了《啼笑因缘弹词》，小说在他笔下收放自如，在书坛一炮打响，红遍大江南北，因丝弦而走进江南千家万户，百姓百听不厌。

《啼笑因缘弹词》由上海三一公司出版，首有著者陆澹安、公司主办人汪仲年、本书校订者倪高风、公司主办人戴桐秋像。明星影片公司增刊的剧情照有：蓦地见五百年风流冤、有谁知道女儿家这时候的心肠、如鼓瑟琴、有女同车、人间天上两相同、鞭鸾棰凤、别有一番滋味在心头、平生惯作不平鸣、梵王宫殿月轮高、拈花心事证无言。

此书写序者有：严独鹤、周瘦鹃、孙玉声、张春帆、顾明道、范烟桥、徐卓呆、郑正秋、郑逸梅、徐碧波、张舍我、刘恨我、尤爱梅、倪高风。

《啼笑因缘弹词》上下二册，中华民国二十四年（1935）八月一日初版。

《啼笑因缘弹词续集》上下二册，中华民国二十五年（1936）六月一日初版。

掌故家郑逸梅的老版本

在苏州的近代作家中，郑逸梅创作时间最长。郑逸梅出生于1895年，卒于1992年。1913年起，他就在报刊发表文字，自1981年起，每年从事写作，编撰五十万字左右，直至去世前夕。他一生共出版著作达六十余种，一千多万字，称得上著作等身。

郑逸梅是从写笔记小品起步的，直到上世纪80年代复出，仍采用笔记体写作，谈的是掌故。纵观其一生，掌故占绝大部分，因此有"掌故专家"名号。

在报刊版面中，史料性掌故性文章很受读者欢迎，特别是文史掌故，短小精悍，叙述亲切生动，史料性和趣味性兼具。郑逸梅以平实文字琐谈民国出版界、报界旧闻逸事，勾勒出了一部富有参考价值的文化史料。

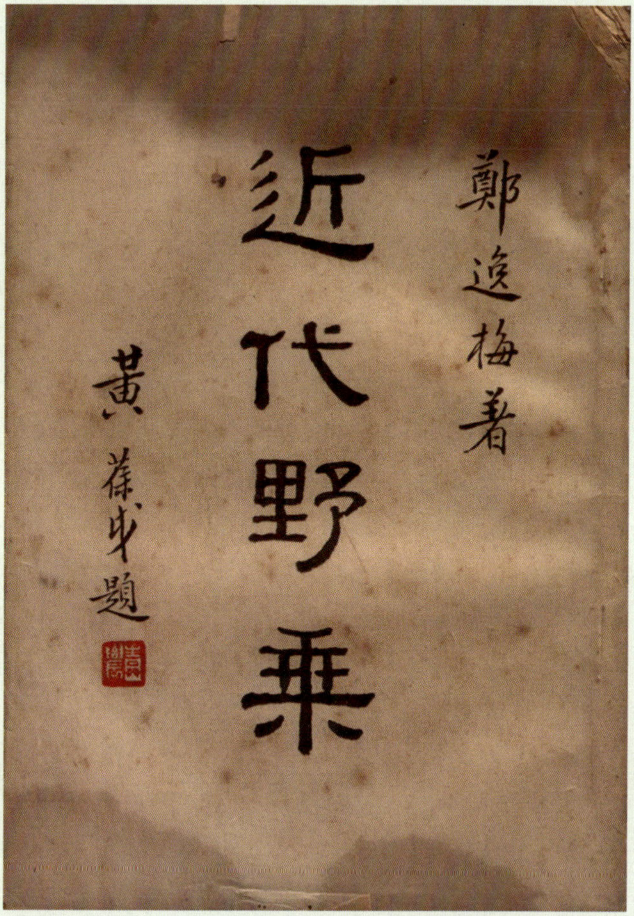

12.2 cm × 17.0 cm

关于郑逸梅，综合长期以来各界的看法，笔者认为有四点需要理清。

第一，掌故家当之无愧，小说家亦有位置。周瘦鹃、范烟桥是鸳鸯蝴蝶派大腕，郑逸梅一直以他的补白、笔记文停留文坛，但也曾试图改变角色，涉足小说、电影、剧本，主持刊物笔政，后来舍小说就掌故而成名。当然，就他创作的小说，也可算

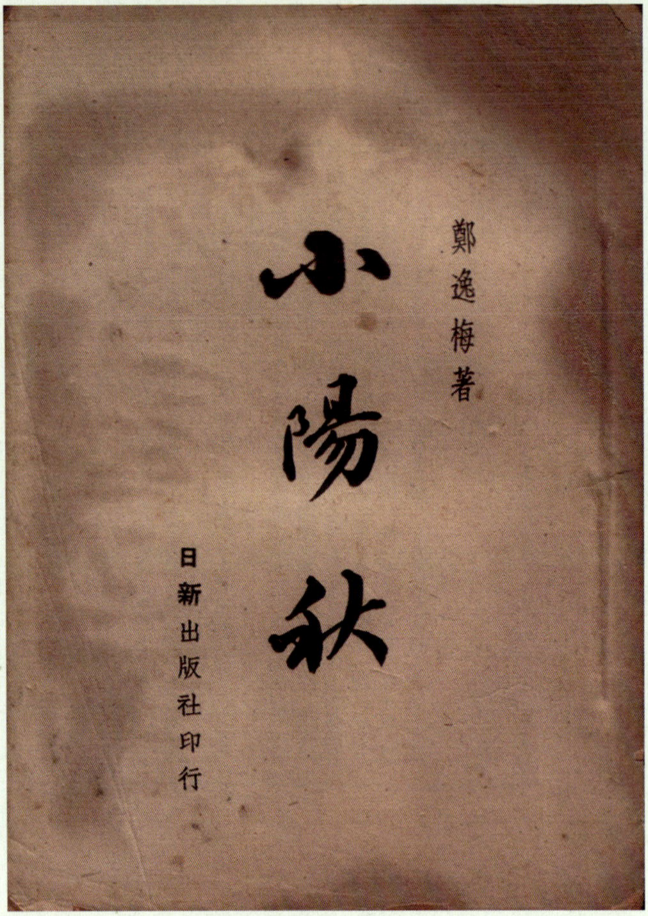

13.2 cm × 17.9 cm

是鸳鸯蝴蝶派中的一员。后人评述郑逸梅往往不提小说，有的对他的小说创作水平持否定态度。笔者所藏《羽翠鳞红集》，其中就有小说三十余篇。据《苏州杂志》1993 年第 1 期《郑逸梅写的小说》一文介绍，另有《玉霄双剑记》1932 年版，是长篇武侠小说，共出两集。苏州市图书馆仅藏有第一集上下两本。此小说在武侠情节创作上未曾有什么突破，但写地理名胜如数家珍，人情世态也刻画得相当生动。作者也提到《羽翠鳞红集》，但说未见到实物。

第二，正确看待郑逸梅的掌故。对于郑逸梅的掌故，很多专家学者认为不可靠。这是基于“孤证不立”的原则。应该说，作为学问家，这个态度是正确的。确实，据有关文章评述，郑逸梅的许多掌故有他本人道听途说之嫌，这也不无道理，比如说郑逸梅《艺林散叶》和《艺术散叶续编》就收入掌故小品近七千条，量之多，自然“小道消息”也夹在其中。我们要从立场、观点、方法入手去看待。作为专家，自然不需要雅俗共赏，只需要供考的资料。因此，我们在运用其成果时，应当寻找旁征互相印证。

第三，郑逸梅的读书法对于我们成才很有启示。他认为大凡读书主要有两种

13.0 cm×18.7 cm

方法，即“里打进”式和“外打进”式。他自己则属于后一种。他说：“前人看重基本功，所以家长和老师相互督促弟子们阅读经典著作，诵千古名篇，务使含英咀华。在这时期，不容许阅读所谓‘闲书’，以免分散注意力，直至文理通达，能涉猎稗史小说，有所遣兴。这种读书属于‘里打进’。”而“外打进”式读书法，则是“由浅入深，循序渐进，先从饶有趣味性的稗史小说和时代气息很浓厚的散文开始，然后读清文及晚明小品，更上溯元曲、宋词、唐诗、汉文章，及《左传》、《离骚》、《诗经》、《尚书》也得钻研一番”。

郑逸梅在将两者进行了比较之后评论道：“培根之深，植基之固，是前者胜于后者；至于领会之易，进步之速，是后者胜于前者。各有利弊，难下结论。”郑逸梅在谈及自己的读书方法时说：自己初在私塾，读《大学》、《中庸》一类，不感兴趣。后来乘凉时听到《三国演义》被吸引住，乃由听讲转而自己翻阅，渐由一知半解到悉其大端，“当时认为读书是件苦事，一转变觉得其味无穷”。

第四，郑逸梅的作品中老年时所作的要比年轻时所作的质量高。1926 年上海图书馆出版了他的第一部作品《梅瓣集》，有学者评价其杂乱无章，且史实有不实之疑。笔者查阅后，很认同这一观点。中老年后的作品应该说大部分内容详实可靠，文笔老练，笔墨舒卷。

总之，郑逸梅掌故小品为后人研究现代文艺界提供了相当宝贵的资料和必要的参考，其贡献值得重视。

笔者藏有郑逸梅多种版本。《近代野乘》为新中书局民国三十七年（1948）十一月初版本。《小阳秋》为日新出版社民国三十六年（1947）十一月初版本。《羽翠鳞红集》为上海益新书社发行，民国二十六年（1937）二月三版。《浣花嚼雪录》为上海益新书社印行，民国十九年（1930）八月出版。

另：关于《浣花嚼雪录》一书，广陵书社 2005 年 11 月第 1 版《苏州民国艺文志》误把此书载入第 524 页赵眠云栏，实是赵眠云为“编辑”，著作者为郑逸梅。笔者认为，即使赵眠云栏也存目，也应作“编辑”的注明。而第 490 页郑逸梅栏倒无此书的记载。

《梅瓣集》是郑逸梅的第一部作品，郑逸梅栏有载，赵眠云栏也误入，未作“编校”说明。郑逸梅栏内有“《茶烟歇》校订”的记载。而《茶烟歇》作者的是范烟

13.0 cm × 18.7 cm

桥。笔者认为，著书立说，大凡著及编著二说。编纂工具书，作者校订的书目不应和著、编著同列。一个刊物的编辑在工作的年限中所编之书想必众多，如都作为成果，都要统计在目下，是浅薄的；当然，有些具历史性纲领性或有重要历史地位的著作可除外，但也应该注上著作者名字，以使读者一目了然。

《民国艺文志》多处有此交叉繁复的情况，在此聊备一说。

包天笑的《小说大观》

包天笑，报人，近现代小说家、翻译家。原名清柱，改名公毅，字朗孙，别署拈花、天笑、钏影楼主等，苏州吴县人。其祖父瑞瑛为书生，三十岁而卒。父韵竹为遗腹子，因家道中落，初业商，后作幕。

天笑六岁拜师受教。八岁开始阅读中国古代小说和上海《申报》。十一岁开读五经、唐诗，并命题作文。十七岁父亡，家更贫困，不得已设帐授徒。十九岁考取秀才。二十三岁开始学日文、英文，并在苏州组织励学会，开办东来书庄，出售新书新刊；创办旬刊《苏州白话报》，深受民众欢迎。二十六岁创办《励学译编》月刊，并在该刊发表翻译小说《迦因小传》（与蟠溪子合译），从此步入文坛。二十七岁时受蒯礼卿之派，赴上海经办蒯之金粟斋译书处，出版了严复所译《原富》等七部著作，并与表兄尤子春合资翻印当时已为禁书的谭嗣同《仁学》一书，半赠半售，以广宣传。二十九岁应聘任山东青州府中学堂监督，并开始在报刊上发表著译小说和杂文。三十一岁应聘赴上海任《时报》编辑，创设副刊《余兴》，开近代报纸文艺副刊之先河，从此开始了专业作家兼文学编辑的生涯。他所工作过的报刊及出版社不下十余家，其中由他创办或主编的文学期刊有《小说时报》（1909）、《小说大观》（1915）、《小说画报》（1917）、《星期》（1922）等。20世纪20至40年代，逐渐摆脱了编辑工作，专门从事创作和翻译。1949年初前往台湾。1950年转至香港并定居，直至1973年去世，终年九十八岁。

包天笑的文学才能与艺术造诣，集中体现在通俗小说的创作上。其中，长篇《上海春秋》、《留芳记》是影响最为广泛的两部。

包天笑不仅是一位文学家，而且是一位翻译家、编辑家和新闻记者，在中国近现代文学史等方面皆作出过杰出贡献。包天笑在中国近现代文学史上是有过许多"开风气"的举措的。在1917年初，他创办了《小说画报》，以白话文为正宗，他在卷首写道："盖文学进化之轨道必由古语之文学复成俗语之文学……自宋而后文学界一大革命即俗语文学之崛然特起。"

包天笑的另一个贡献，要数他的"教育小说"了，如《苦儿流浪记》、《孤雏感遇记》、《青灯回味录》、《埋石弃石记》、《馨儿就学记》、《双雏泪》。其最有名的是所

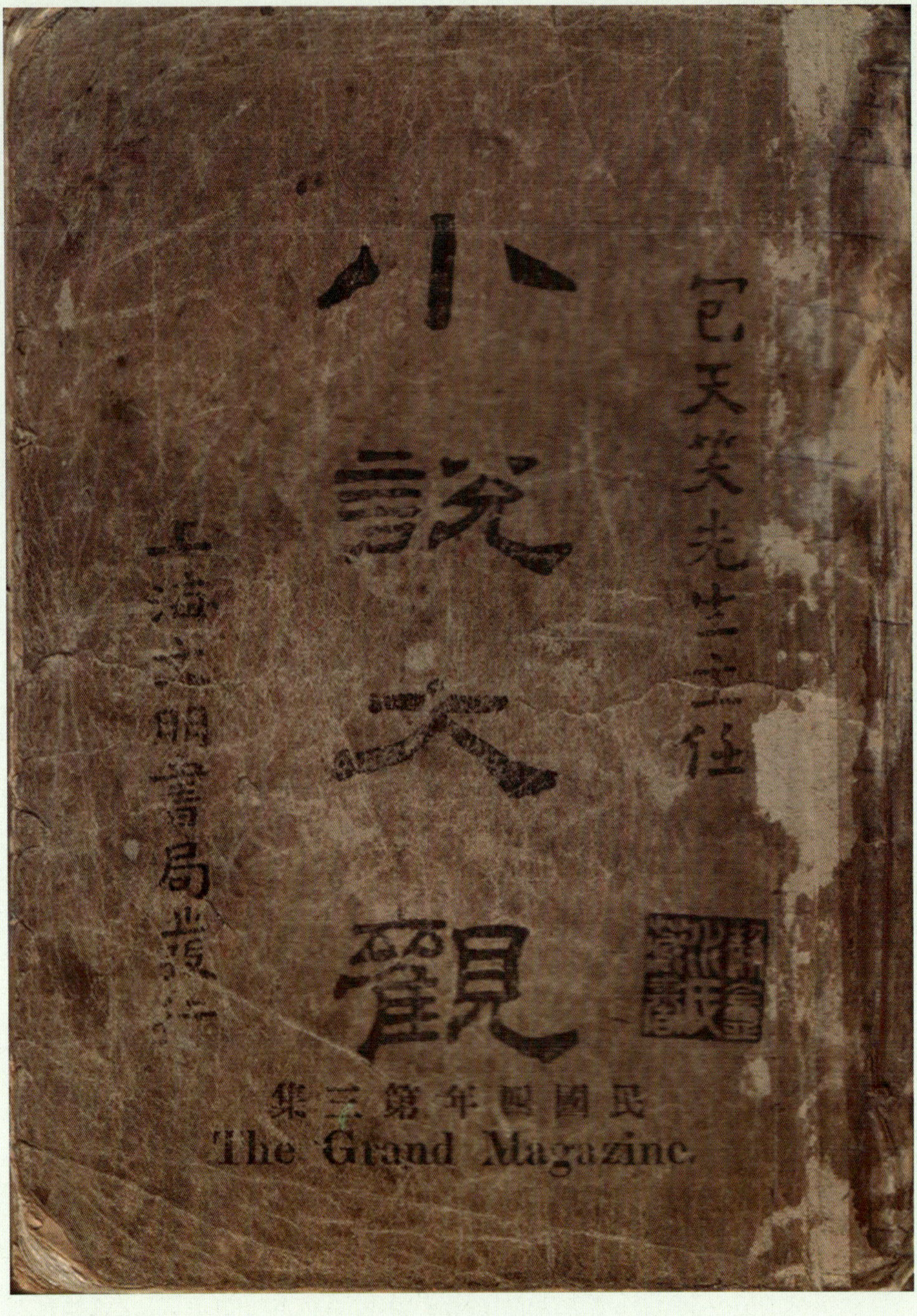

18.5 cm × 25.7 cm

谓包天笑的“三记”，即《苦儿流浪记》、《馨儿就学记》和《埋石弃石记》。而“三记”中，又以《馨儿就学记》影响最大。

包天笑的第三个贡献，则是翻译外来书籍。翻译小说有《迦因小传》、《三千里寻亲记》等，译介的科学小说有《铁世界》等，而《空谷兰》与《梅花落》还搬上了银幕，轰动一时。

此外，在述及包天笑的文学与文化贡献时，我们不能不提及其晚年所撰述的回忆性散文《钏影楼回忆录》及其续编。“我从煮豆总思家”，包天笑在垂暮的时光里，北望江南，深情寄笔，编印成书时已九十六岁，续编刊行时已九十八岁矣。此书是研究清末明初社会史、经济史尤其是文化史的宝贵资料。他还写了《衣食住行的百年变迁》，刊成单行本时他已不能亲自亲睹了。

笔者藏本民国四年（1915）包天笑编上海文明书局发行的《小说大观》第三集，前有插图照片十七幅，内有短篇十一篇长篇奇情、社会小说两篇、侦探小说一篇、社会小说一篇、笔记两篇、宫词一篇、日记两篇。此小说集对于研究当时的中国文学创作具有一定参考价值。

俞平伯的新文学善本《燕知草》

俞平伯的民国新文学版本之所以珍贵，不仅仅是因为俞平伯是我国“五四”以来集诗人、散文家、红学家、古典诗词曲研究专家于一身的作家和学者，更重要的是他在中国历史上所处的地位及其影响。那么，俞平伯的初版本有哪些被视作珍本和善本呢？试列如下：

1912 年刻本《古槐书屋词》；

1922 年上海亚东图书馆的《冬夜》；

1922 年上海商务印书馆新诗集《雪朝》；

1924 年上海亚东图书馆的《西还》；

1925 年北京朴社版的《忆》；

1928 年上海开明书店的《杂拌儿》；

13.5 cm×19.5 cm

1933 年的《杂拌儿之二》；

1929 年线装本《汉砚唐琴室遗诗》；

1930 年上海开明书局的线装《燕知草》；

1936 年上海良友图书印刷公司的《燕郊集》；

1948 年北平彩华印刷局的《遥夜闺思引》。

一个作家在身后有这么多著作被后人视作珍本和善本，是不多见的。唐弢、姜德明、徐雁等著名专家学者在著作中对俞平伯上述作品也均有论述。

在俞平伯的版本中，尤其

是《忆》、《燕知草》、《遥夜闺思引》为顶级。姜德明评定的民国十种新文学线装珍本中，俞平伯一人就有两种，其中《忆》排名第二，《燕知草》被列为第四。

姜德明认为：从“五四”时期到新中国成立以前，新文学的线装版本当然不限于上述十种，似乎也没有人进行过总数统计，就个人的见闻，也不过三四十种吧；如果从够得上珍本的角度来考虑，数量就更少了。

姜德明是一代大家，他所说的民国时期仅见三四十种新文学线装，是否也可理解为仅有三四十种呢？这里应该交代一下，这是因为当时中国书籍出版已告别了手工丝线装订，进入平装铅印、机械装订时代，但是，线装作为一种传统的文化遗产并没有绝迹，少数书籍虽为铅字排版，装帧却还一如旧式线装；至于新文学作品，完全借用线装书的形式来出版，就少之又少。这极少数的线装新文学也可说是如今衡量版本价值的一个重要元素。

徐雁教授曾有揭示民国线装书价值的妙语：

要是考镜源流，那么远的不去说了，百余年间将线装书“扔厕”之事，若以吴

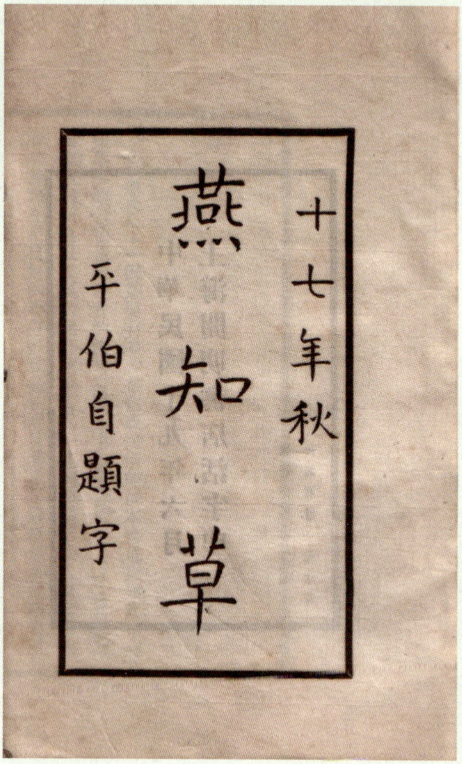

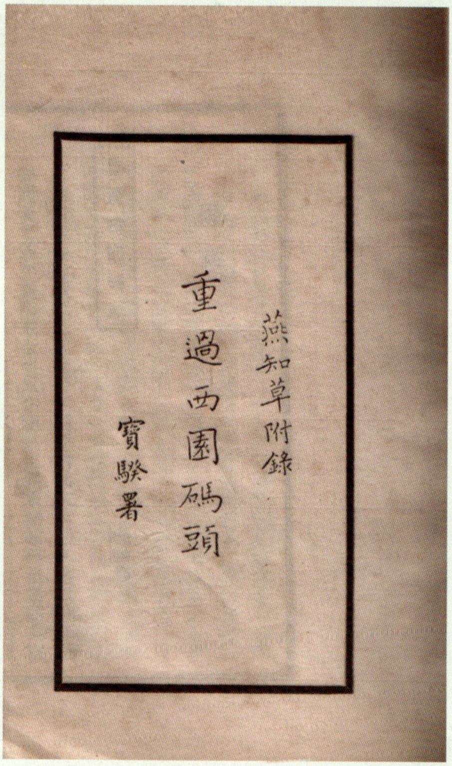

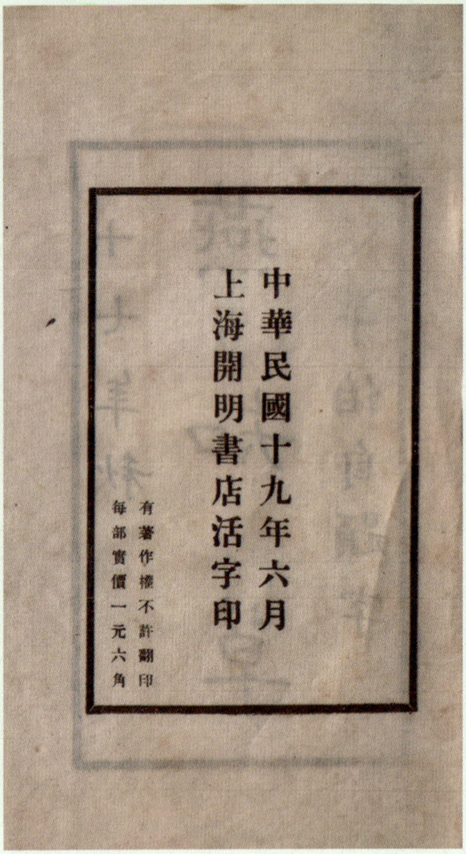
中華民國十九年六月
上海開明書店活字印

有著作權不許翻印
每部實價一元六角

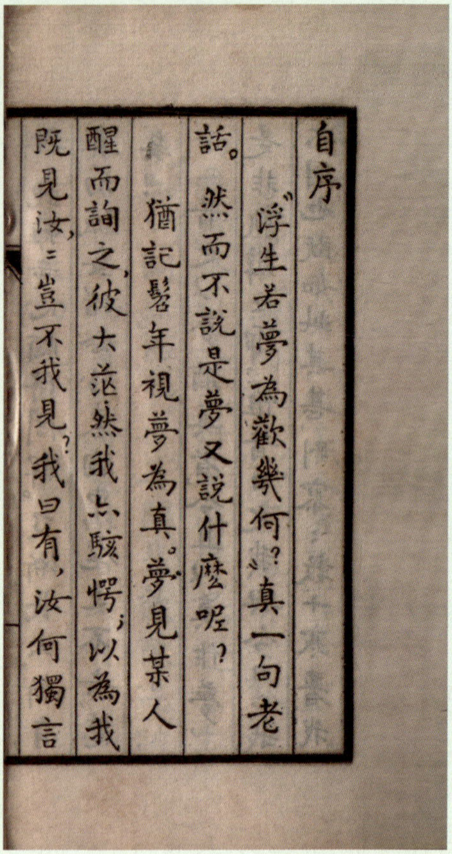
自序

"浮生若夢為歡幾何?"真一句老話。然而不說是夢又說什麼呢?猶記髫年視夢為真。夢見某人醒而詢之,彼大詫然,我亦駭愕;以為我既見汝,汝豈不我見?我曰有,汝何獨言

先生(吴稚晖)为一历史时段的中点,则此前有太平军兵士做过,此后更有"红卫兵"学生干过(尤其是后者更在"思想"的指引下,浩劫了中华民族的文化遗存)。而历劫幸存的古书丛残,至于三四十年后的今天,竟成为中外拍卖场上的珍品了。面对这一息仅存的线装文化香火,能不令人同声一叹吗?

笔者曾藏有俞平伯的《杂拌儿》、《读词偶得》、《清真词释》等民国版本,但他的线装书一直搜求无果。五年前的一天,苏州一古旧书商来电告知,说有1930年版的线装《燕知草》,并说低于五千五百元不让。我急着约见,持书在手,发现仅厚一册,正纳闷时,商者解释道,原藏者为防遗落把两本粘在了一起,怕我多疑,未敢拆开。《燕知草》用宣纸印,古朴的磁青封面、典雅的丝线装订、永驻不衰的花颜,让我心旷神怡。

值得说明的是:《燕知草》1930年初版后,直到20世纪80年代才重印出版,2003年浙江富阳华宝斋书社影印《新文学线装珍本丛书》,《燕知草》当在其列。

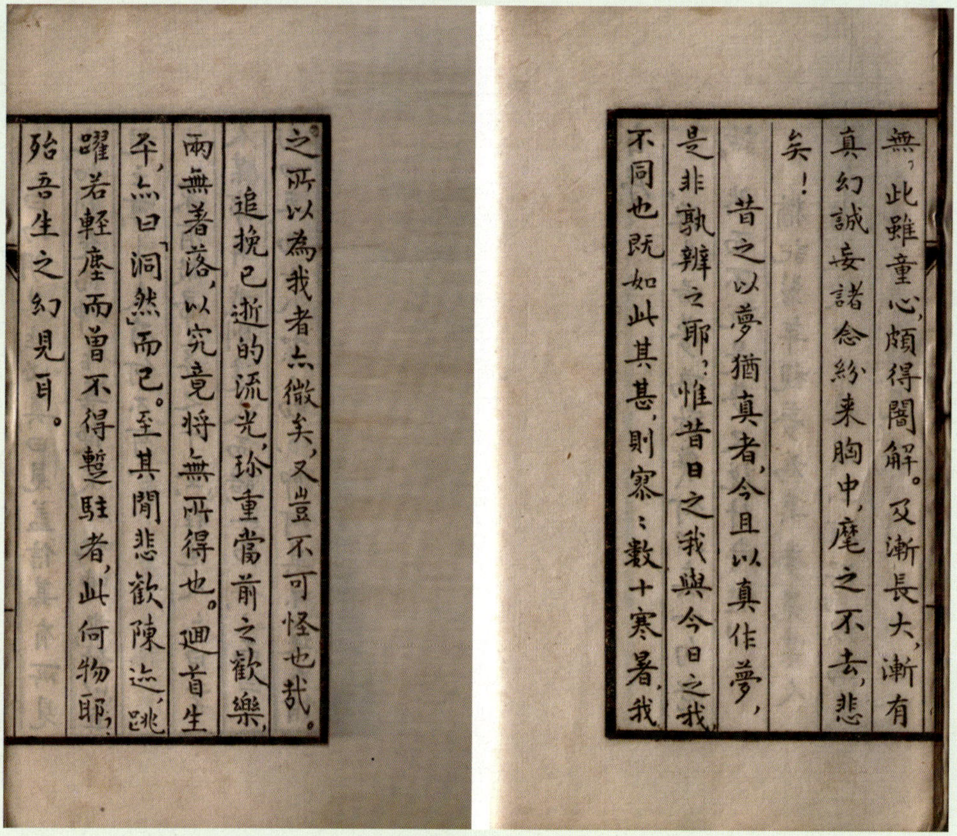
無，此雖童心，頗得闇解。及漸長大，漸有
真幻誠妄諸念紛来胸中，麾之不去，悲
矣！
昔之以夢猶真者，今且以真作夢，
是非孰辨之耶？惟昔日之我與今日之我
不同也既如此其甚，則寖寖數十寒暑，我
之所以為我者亦微矣，又豈不可怪也哉。
追挽已逝的流光，珍重當前之歡樂，
兩無著落，以究竟將無所得也。迴首生
平，亦曰「洞然」而已。至其間悲歡陳迹，跳
躍若輕塵而曾不得暫駐者，此何物耶，
殆吾生之幻見耳。

这套丛书取自姜德明藏本影印，全套共十一册，其中姜德明专有一序，为一册，单独排印，为全套各册的导读。

《燕知草》是散文集，上册收正文二十篇，下册附赵心余作《重过西园码头》残稿一篇，卷首有自序及朱自清序，书末是周作人的跋。何谓《燕知草》？唐弢在《晦庵书话·燕知草》一文中是这样叙录的：俞平伯解释他的书名，谓："此书作者亦逢人说梦之辈，自愧阅世未深而童心就泯，遂曰'燕知'耳……"我记得平伯曾有诗云："君忆南湖荡桨时，老人祠下共寻诗。而今陌上花开日，应有将雏旧燕知。"抄在这里，或者可以算作书名的别一个注解吧。

俞平伯的散文创作经历了由繁缛到素朴的发展过程。初始抒情细致委婉，词义深入曲折，描写缜密漂亮。后来追求自然素朴风格。这种自然素朴的风格在《城站》、《清河坊》、《出卖信纸》（见《燕知草》上集）等散文中体现得更为明显。文坛上有这样的评价："这些散文是他创作走向成熟的标志。这样的艺术境界，没

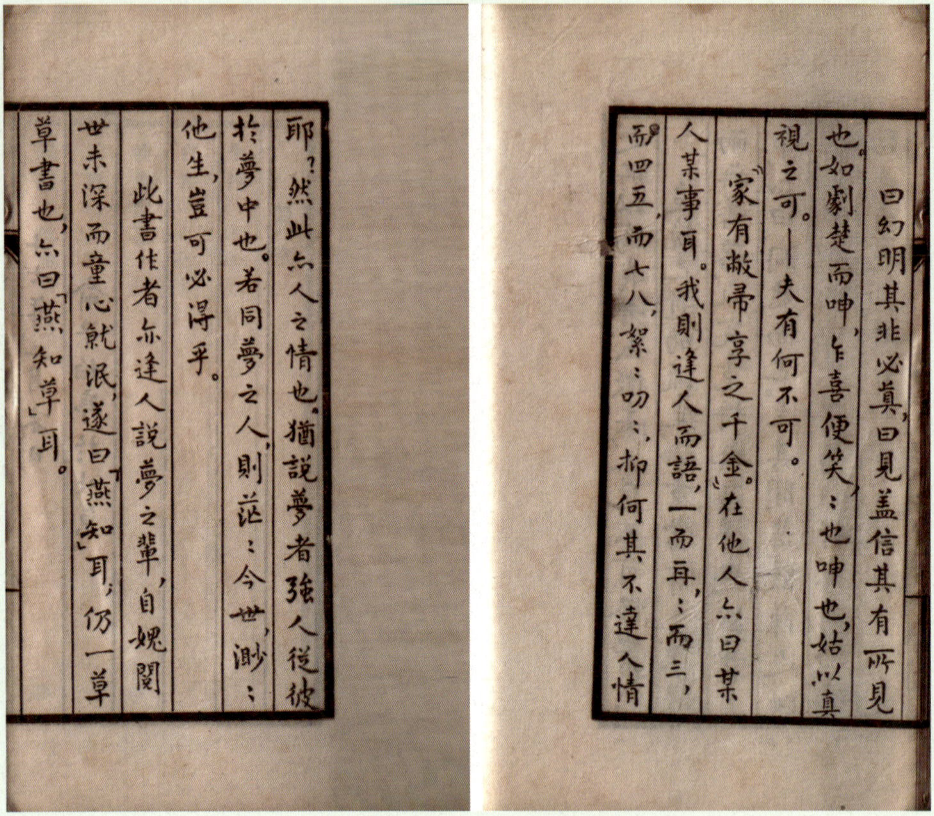
曰幻明其非必真，曰見蓋信其有所見也。如創楚而呻，乍喜便笑，笑也呻也，姑以真視之可。——夫有何不可。
家有敝帚享之千金。在他人亦曰某人某事耳。我則逢人而語，一而再，再而三，而四五，而七八，絮絮叨叨，抑何其不達人情耶？然此亦人之情也。猶說夢者强人從彼於夢中也。若同夢之人，則茫茫今世，渺渺他生，豈可必得乎。
此書作者亦逢人說夢之輩，自愧閱世未深而童心就泯，遂曰「燕知」耳，仍一草草書也，亦曰「燕知草」耳。

有渊博的学识、自身的人格修养和笔底功力，是很难达到的。”

有道是：“读书破万卷，下笔如有神。”俞平伯散文的辉煌成就与他能融会贯通古今中外之书有很大的关系。俞平伯四岁立春之日开始读书。曾祖父俞樾曾作诗记载此事，说：“喜逢日吉又辰良，笑挈曾孙上学堂。一岁周朝新甲子，九天奎宿大文章。更兼金水相生妙，能否聪明比父强？记有而翁前事在，尚期无负读书香。”真是“三岁看到老”，俞平伯终其一生，为上世纪中国文坛增光添彩，真乃诠释了诗书传家之精义。

俞平伯在民国时期出版的初版本，在藏书圈受到广泛关注，与20世纪80年代以来各大出版社重新出版也有着很大关系。这也充分显示了社会对他的认可，读者对他的喜爱，文坛对他的尊敬。让人欣喜的是，在2009年苏州有关部门为迎接新中国成立六十周年，在全市范围内以民意投票形式开展评选的“共和国记忆：六十个有影响的苏州人”中，俞平伯也位列其中。

袁水拍的《马凡陀的山歌》

在上世纪40年代，有一个以写“政治讽刺诗”闻名的诗人叫袁水拍。他原名光楣，笔名水拍、马凡陀。1916年出生在苏州吴县郭巷刘浦村，1934年毕业于苏州中学，后就读于上海沪江大学。抗战期间在香港参加进步文化活动，后曾担任过重庆美术出版社编辑。抗战胜利后担任过《新民晚报》和《大公报》编辑。解放后任《人民日报》文艺编辑部主任等职。1974年后曾任国家文化部副部长并兼《人民文学》主编，1982年病逝于北京。

《马凡陀的山歌》是袁水拍政治讽刺诗的代表作。《马凡陀的山歌》正集为生活书店1946年10月初版，印两千册；1947年2月再版，又印两千册。《马凡陀的山歌》正集共收录1944年至1946年诗歌作品百余首。《马凡陀的山歌》续集为生活书店1948年6月初版，印两千册，共收录1946年至1948年诗歌八十余首。

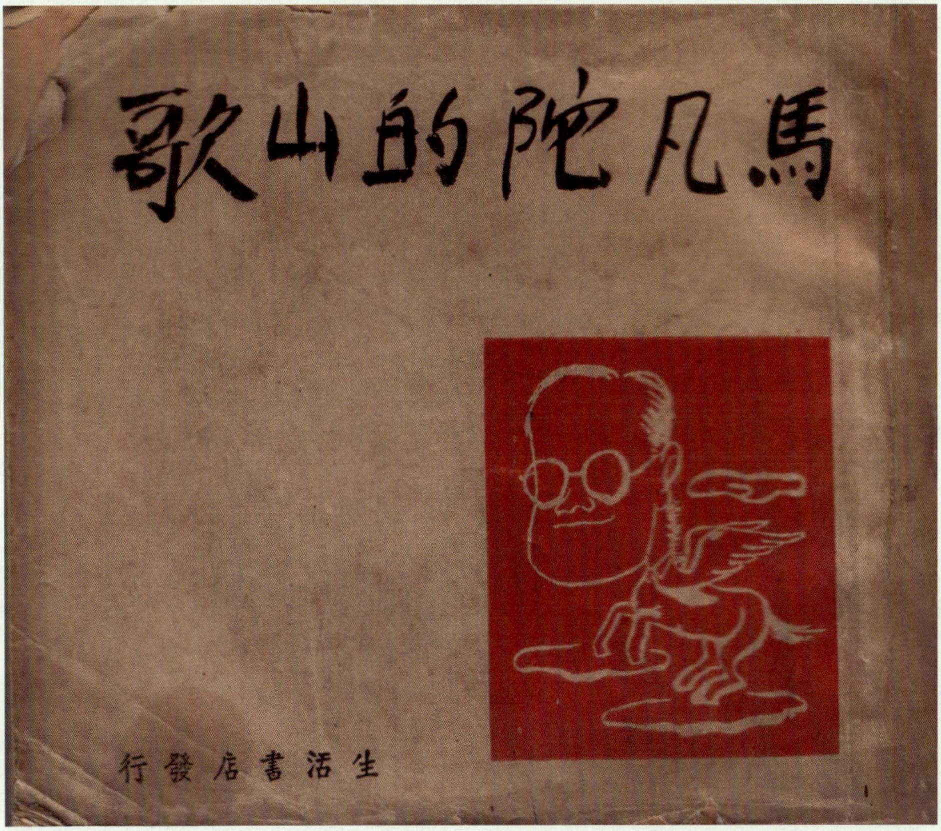

12.5 cm×14.1 cm

《马凡陀的山歌》是现代文学典藏中的善本,《唐弢藏书》书影亦可见。

袁水拍 1938 年开始诗文创作,1940 年出版第一本诗集《人民》。笔者藏有《马凡陀的山歌》正集及续集、《沸腾的岁月》、《向日葵》、《我的心呀在高原》等。

袁水拍的诗作广泛吸取民歌、民谣、儿歌等便于传唱的特点,采用大众喜闻乐见的五言、七言等句式,形式活泼,语言通俗,可歌可诵,形成独具一格的山歌体。

袁水拍的诗作取材于中国 20 世纪 40 年代市民的现实生活,对国民党苛捐杂税、物价飞涨、贪污腐败等社会现象进行了辛辣的讽刺和鞭挞。其中,《万税》一诗在民间曾广为流传。

这也税,那也税,
东也税,西也税,
样样东西都有税,
民国万税,万万税!
最近新税则,
又添赠予税
既有赠予税,
当然还有受赠税。
贿赂舞弊已公开,
不妨再来贿赂税和舞弊税?
强盗和小偷,
恐怕也要交盗窃税。
实在没办法,
还好加几种。
抽了所得税,
再抽所失税。
印花税,太简单,
印叶印枝也要税。
交易税不够再抽不交易税,
营业税不够再抽不营业税。

此外，抽不到达官贵人的遗产税和财产税，
索性再抽我们小百姓的破产税和无产税！

《马凡陀的山歌》完整清晰地记录和反映了旧社会制度对人民的残酷压迫，其中也涌动着人民对这种社会制度的强烈不满和反抗，充溢着对新生活、新制度的向往和憧憬，是研究人民心理非常重要的材料。《主人要辞职》一诗开头这样写道：

我亲爱的公仆大人
蒙你赐我主人翁的名称
我感到了极大的惶恐
同时也觉得你在寻开心！
明明是高高在上的大人
明明我是低低在下的百姓
你发命令，我来拼命
倒说你是公仆，我是主人？
……

《老母刺瞎亲子目》一诗源于真实的故事，后被谱成曲子广为传唱。

大雪落纷纷
河里结了冰
打完国仗又打自己人
抽丁抽不到有钱人
抽到我孩儿二十零啊！
叫天天不灵
叫地地不灵
求人人无情
眼泪哭干怕天明
天明我孩儿要起程！
趁我孩儿睡
回乡没人声
我的孩儿啊
莫怪你娘心太狠
莫怪你娘心太狠啊！
拿起了钢针
钢针儿两根
刺进了我孩儿的眼睛
一声惨叫鲜血喷
孩子啊！他们不要瞎子去当兵！

这首诗是国民党政权没落的预兆，与其说解放战争是两党两军的较量，倒不说是民心的较量。“得民心者得天下”真乃永恒不变之真理。

民谣民歌是百姓思想感情、感受、感悟的真实流露。翻开历史，每朝政权的没落兴盛，往往都以民谣民歌为先兆，这里面昭示的东西大有值得研究之处。

沈钧儒的《寥寥集》

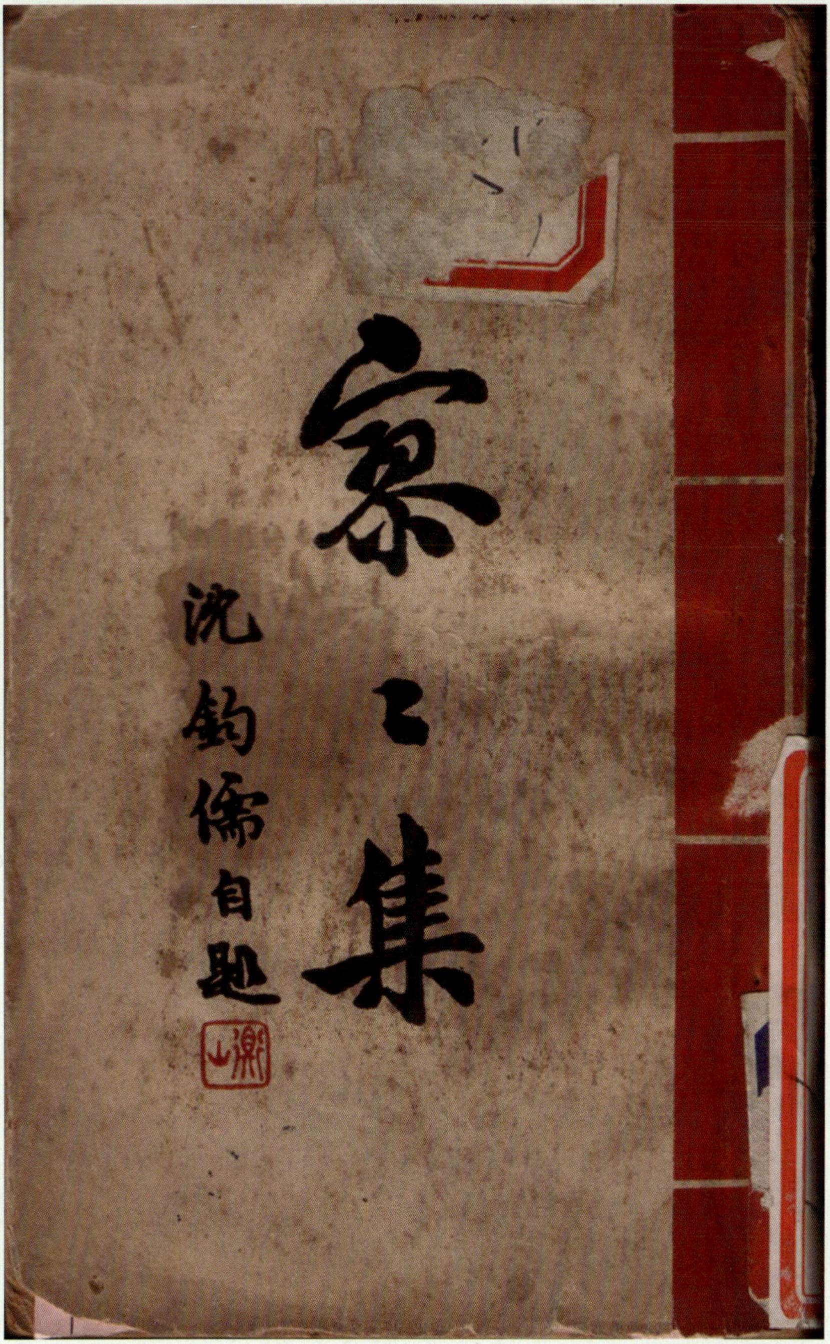

10.2 cm×16.7 cm

多年来我一直搜寻民国时沈钧儒著的《寥寥集》。据说，此诗集大部分作品是作者被关押在苏州监狱中时写成的。笔者后来收藏到了民国三十五年(1946)五月三版(沪)的《寥寥集》。版权页上记载：民国二十七年(1938)六月初版(汉——应是汉口生活书店)，民国三十三年(1944)十月二版(渝——应是重庆峨嵋出版社)。

此书编者沈叔羊是沈钧儒的儿子。兹将编后全录如下：

这本诗集的初版，系在民国二十七年六月，距今已有五年之久。这五年中间，我的父亲又络续地积了不少诗稿，我遂怂恿他再付梨枣。初版本不过五十余首，但现在的版本也不过一百余首，故仍旧叫做《寥寥集》。在编类方面，初版本分为三类：一、在苏州时，二、抗战前后，三、悼亡怀友之作。今版本则重新分类，除一、二类照旧并加入几首外，还添了三类，原来的第三类，分别编入这三类，共计五类。

关于版式方面也略有改变，就是初版本系在上海排印的，无论新旧诗都排作一句一行，虽然比较好看，但也不免浪费纸张，现在因纸价工价无不高涨，除了新诗仍排一句一行外，旧诗改取古法，一句接着一句排，亦是一种节约的意思，并且定价也可因此少些。至于装订的精美，自然远不及初版本了。

我父亲的诗词，正如他自己说的："当他是一种对于自己的安慰。"做的时候，一任情感的自然舒展，毫无一点矫揉造作的地方，是以无论其含义与语句都非常自然，我以为自然两字乃是他诗词的优点之一。

我想，这本集子的重新出版，凡是敬仰他而喜欢读他诗词的人们，一定都很高兴的吧！

民国三十二年十二月叔羊于画髓室

1936年，沈钧儒与邹韬奋等七人被捕，史称"救国会七君子事件"。在狱中，沈钧儒以诗言志，邹韬奋以《读沈先生的诗》为题作序：

我生平不知诗，更不会做诗，但是在苏州和沈衡山先生同过看守所中生活的时期内，沈先生每写完了几句诗，就给我看看，我渐渐不自觉地竟养成喜欢读沈先生的诗的习惯。我是偏于情感的人，沈先生是极丰于情感的人，这也许是我喜欢读他的诗的一个原因。我因此觉得富于情感的人才会有好诗。

我最初看到沈先生的诗，还在看守所外面，那就是他看了我所作的悼戈公振先生一文而作的一首。我哀痛公振先生的死，写那篇悼文的时候，正是刚从他临终的榻旁哭别回来之后，我当时一面写一面哭。后来在苏州看守所里，沈先生谈起他看到我这篇文，也使他泪如泉涌，他写那首诗的时候，也是一面写，一面哭！

沈先生的生平，在我所著的《经历》一书里会有较详的描写。文如其人，沈先生的人格的伟大与爱国爱友爱同胞爱人类的热情，读了他的诗，更可得到亲切的感动，所以我很快慰地看见他这本诗的辑成和出版。我希望这本诗能培养成千千万万的爱国志士，参加我们的神圣的民族解放战争，从艰苦奋斗中建立光明灿烂的祖国。

韬奋记于《抗战三日刊》编辑室

二十七年三月二十九日汉口

沈钧儒的诗充满自信和铮铮风骨，不妨摘录他《杂诗》中的一首："奔流暂与江湖别，深闭真同木石居。坐仰屋梁行面壁，无怀民欤葛天欤。"

抗战前后，沈钧儒率先响应中国共产党建立抗日民族统一战线号召，先后组织上海文化界救国会和全国各界救国联合会。国难当头，沈钧儒忧国忧民，他的许多诗句，真实地体现了他的爱国心。如满腔悲愤之作："苏州有胥门，炯炯悬双眼。怒视敌人入，我是苏州生。"

沈钧儒无私正直，为民族的独立奔走呼号，也对民族的劣根性进行了揭露和抨击："前线支撑拼血肉，吾侪安稳饱鱼虾。痛心十万牺牲者，俯仰深惭尚有家。"

新中国成立后，沈钧儒先后担任最高人民法院院长、全国人大常务委员会副委员长等职。

柳亚子与《怀旧集》

12.8 cm×18.2 cm

对于柳亚子，人们一般都是通过毛泽东的词《七律·和柳亚子先生》而知晓的。其实，柳亚子一生看点甚多，且每一点都光彩夺目。

“思想界中初革命，欲凭文字播风潮。”1909 年 11 月 13 日，柳亚子与陈去病、高天梅共同发起的中国近代第一个革命文学团体南社成立。南社在苏州虎丘张东阳祠成立，柳亚子即席赋诗：“寂寞湖山歌舞尽，无端豪俊又重来。天边鸿雁联群至，篱角芙蓉晚艳开。莫笑过江典午鲫，岂无横槊建安才？登高能赋寻常事，要挽银河注酒杯。”作为南社发起人，柳亚子举起的反清革命旗帜，是其一生最大的成就。

1923 年 4 月，柳亚子在家乡创办《新黎里》报，这是他投身新文化运动的重大举措。

1927 年，蒋介石发动“四一二”政变，5 月 8 日深夜派军警到黎里指名搜捕柳亚子。柳亚子藏身复壁，得以幸免。数日后，携家流亡日本，寓居东京郊外乐天庐。次年 4 月归国，定居上海。

1931 年“九一八”事变发生，东北沦亡。柳亚子积极投身救亡运动。他协助自巴黎归国的何香凝组织救济国难书画展览会，创办国难救护队，援助东北义勇军，任后方理事会副主席兼经济部长。

抗日战争爆发，中华民族面临生死存亡的紧急关头。柳亚子从历时年余的脑疾中振作起来。他连续发表文章，大声疾呼抗日救亡；一改杜门谢客的习惯，公开接见记者，发表政见，主张国共两党携手抗日。然而，历时三月的淞沪之战最终失利，上海沦陷。柳亚子自题寓庐为“活埋庵”。他给儿女们写下遗嘱，有云：“余以病废之身，静观时变，不拟离沪。敌人倘以横逆相加，当誓死抵抗。”

1941 年初，皖南事变发生，柳亚子与宋庆龄、何香凝、彭泽民联名发出宣言，谴责国名党当局积极反共、消极抗日的罪行。他又以亲笔代电复函重庆国民党中央，拒绝赴渝出席国民党五届八中全会，严正表示：“三军可以夺帅，匹夫不可夺志。西山采蕨，甘学夷齐；南海沉渊，誓追张陆，不愿向小朝廷求活也。”他因而被开除了国民党党籍。

柳亚子是一个具有鲜明性格的诗人，即使对毛泽东主席也直率真言，不加掩饰。1949 年 3 月，他应中国共产党之邀，到北京后，对于有些问题不理解，书写一首《感事呈毛主席》，诗中有“无车弹铗怨冯驩”之句，多少有点牢骚之意。毛主席于4月29日赠诗《七律·和柳亚子先生》后云：“牢骚太盛防肠断，风物长宜放眼量。”劝他眼光放远一些。

新中国成立以后，柳亚子当选中央人民政府委员、全国人大常委会委员。自1952年起，柳亚子长期患病。1958年6月21日，病逝于北京医院。

作为一位不朽的爱国诗人，柳亚子历来提倡“诗人要有气节，诗人要有思想”。在中国近代诗歌发展史上，柳亚子树起的诗歌旗帜可以“掀天揭地、震电惊雷”来形容，他一生写诗七千余首，词两百首。著有《磨剑室诗词集》、《磨剑室文录》、《柳亚子诗词选》。有专家评论说，柳亚子以诗歌鼓吹革命，时间之长，数量之多，内容之丰富，感情之热烈，影响之广泛，在中国近现代诗坛上没有第二人。毛泽东称誉道：“尊诗慨当以慷，卑视陆游、陈亮，读之使人感发兴起。”郭沫若曾撰长文称颂他是“今屈原”。茅盾盛称他的诗词为“史诗”。田汉则云：柳亚子是“近代稀有的爱国者”，“诗篇多不朽之作，亦将长留人间，不随逝水以没”。

柳亚子又是一位杰出的史学家。终身不渝的南明史研究，是他革命生涯的重要组成部分。尽管前因时局变化，后因长期患病，《南明史》编撰夙愿最终未能实现，但由于他矢志不渝的努力，还是为后人留下了一系列重要著作，为南明史研究作出了值得珍视的重大贡献。他主持上海市通志馆六年，为后人对上海史的研究奠定了基础。他所从事的苏曼殊研究，率先在中国近代文学史上奠定了这位天才文学家应有的地位。郭沫若称赞道：“柳亚子先生不仅是一位革命的诗人，而且是一位革命的史学家。”

柳亚子还不遗余力地搜集乡邦文献，贡献卓著。他曾将几代所搜集的书籍目录《养余斋书目草本》、《养余斋书目》重作调整、核对，并自辑《养余斋松陵书目》、《养余斋书画目录》；与此同时，又开始有目的地搜集、整理吴江地区乡邦文献，与同乡、图书目录学家薛凤昌发起建立吴江文献保存会。他说：“此时我又在发狂地收买旧书，凡是吴江人的著作，从古时到近代，不论精粗好歹，一律收藏。这样，便花去了一万多块钱。”为此，他还编了《吴江文献保存会书目》，共收集吴江人著作七百四十种，还不包括一百余种抄本。这些抄本，多是他人家藏孤本或是尚未刊刻的稿本，若得，便请人——包括年纪很小的儿女柳无忌、柳无非等——参加抄录，柳亚子自作校对、审定；柳亚子还辑录若干地方文献，见存上海图书馆的《分湖诗钞》稿本二十三册，辑录吴江地方历代作者四百余人，诗作两千五百余首，前十九册按作者姓氏分册，后四册分别为“杂姓”、“闺秀”、“方外”和“寓贤”。此部辑集造端宏大，柳亚子乃据乡邦典籍，大量地采撷、编辑和考订，呈现了分湖地区的历史文化内涵，兼及苏南、浙西的艺文景观和望族文化。其中或可窥见早年柳亚子应用图书目录和文献学，对乡邦文化所作的巨大努力。

柳亚子尽数捐献家藏图书，功在当代。1950 年秋，柳亚子从颐和园乔迁到北长街 89 号新居，他把书房取名为“上天下地之庐”，后又将从家乡黎里和上海带来的南明史料和南社图书文献捐赠给北京图书馆。1950 年底，柳亚子又南下，在上海向陈毅市长提出要将自己在上海及吴江乡下的藏书全部捐献给政府，由国家来保存。陈毅欣然同意，由上海文管会组建陈乃乾、尹石公等七人小组清点装箱。此间，黎里藏书就有木箱三百余只，内贮书籍四万四千余册，柳亚子往来信札四百余包。其中各种版本图书、报刊由上海图书馆收藏。在此同时，他又动员老友朱希祖之子朱偰，希望将朱希祖所藏南明史料捐与国家。朱偰遂将家藏南明史料最珍贵部分整理成五大箱，交与柳亚子，全部捐献北京图书馆。

柳亚子的文学和精神遗产，将是永垂青史的丰碑。

笔者所藏《怀旧集》，耕耘出版社印行，1946 年版，初版发行量一千册。内收《怀念阿英先生》、《怀念志超女士》、《新诗和旧诗》等二十三篇。

叶圣陶的《倪焕之》、《稻草人》和《开明书店二十周年纪念文集》

《倪焕之》是叶圣陶重要的作品，不仅是其仅有的长篇小说，也是新文学早期最成熟的长篇小说之一。

1930 年《倪焕之》的出版，和茅盾的《子夜》一道，成为现代长篇小说的真正开端，被茅盾誉为中国现代文学史上的“扛鼎之作”。和叶圣陶短篇小说的情调有

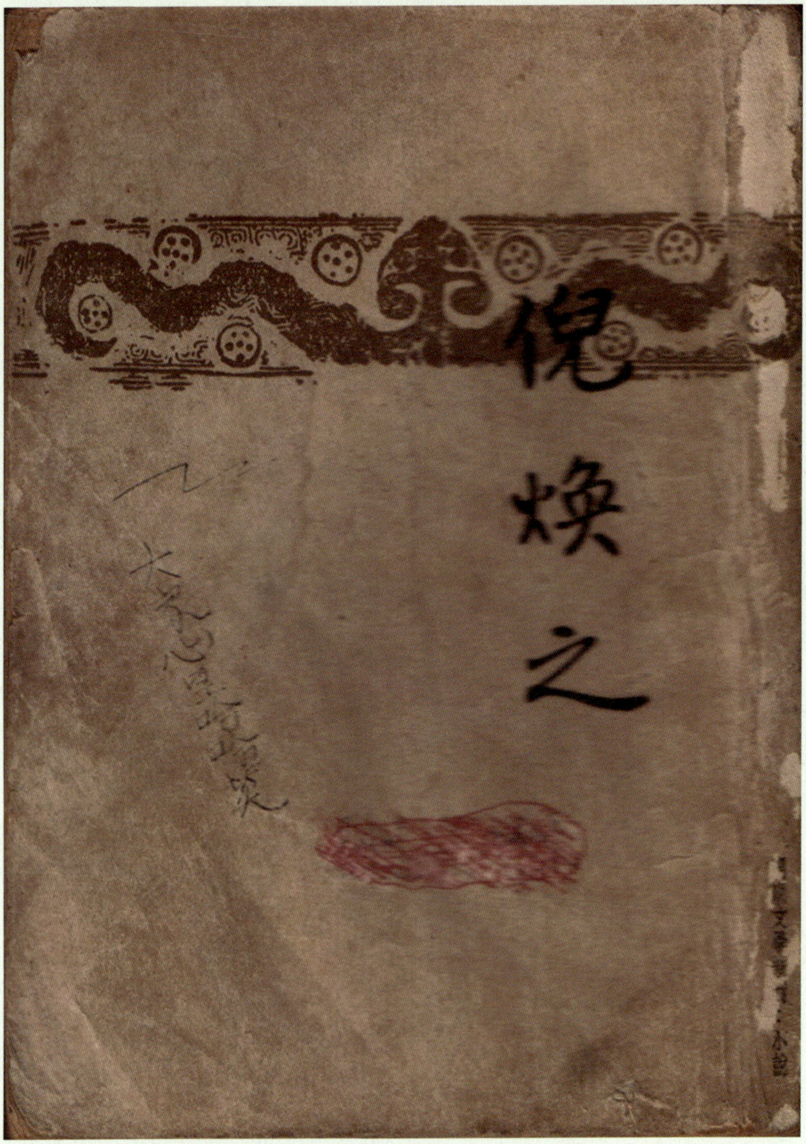

12.3 cm×17.1 cm

所不同,《倪焕之》没有描写小市民和小市民知识分子的灰色生活,而是表现了具有崇高理想和追求的知识分子坎坷的奋斗之路。在小学教员倪焕之的身上,叶圣陶比较完整地写出了知识分子从辛亥革命到小说问世前一年(即1929年)的大革命失败这一期间的追求和遭遇。

小说主人公倪焕之是一个有理想、有抱负的青年知识分子,是“五四”理想者的典型,同时也具有小资产阶级的软弱性。他的“五四”理想主义反映在两方面:首先,在内容上,他建设理想的学校和家庭是“五四”式的;其次,在精神上,他那纯洁、天真、爱幻想,不考虑社会环境与实现理想的现实可能性的个性,都反映了“五四”青春期的特点。

《倪焕之》展现了自“五四”运动前夕至“五卅”运动(1925)期间中国进步知识分子追求理想的艰苦历程,可以说是一部“近代中国追求进步的知识分子的心灵变迁史”,是知识分子的成长小说。从个人奋斗到投身革命,从不断追求、不断幻灭到最终觉悟,从不成熟到成熟,这既是小说主人公倪焕之的心路历程,也可以扩大为近代中国追求进步的所有知识分子共同的心路历程。无论从题材的意义,还是从作品的艺术水平看,《倪焕之》的创作中在当时都是一流的。

叶圣陶1894年出生于苏州,父亲在一个地主家做账房,家境清苦,使他较早体会到了底下阶层的生活。他的出身和经历以及环境,使他身上集中了温、良、恭、俭、让的美德。

叶圣陶是著名的作家、教育家。新中国成立后,他曾担任出版总署副署长、人民教育出版社社长、教育部部长。

他一生致力于文学推广运动,促进了中国现代新闻业的发展。

在当今教育界,至今备受推崇的“教是为了不教”,正是叶圣陶的教育理念。

叶圣陶的语言与修辞可称典范,作为语文教学大师,他已成为一个伟大的符号。叶圣陶的语言是简练而感人的。叶圣陶强调感觉与情感。他能深深地洞察到人物的内心世界,人物在叶圣陶的笔下鲜明活泼。知名作家赵景深盛赞叶圣陶是写作界的异数,拥有着杰出且惊人的才能。他的优美文章持久而韵美地留存于世。他表达的情感和感觉构筑了真相与现实的基础,也使他的文章充满无穷的力量。“情感如同忽明忽暗的灯火,但是记述却因为这灯火而引人注目。”至今每个

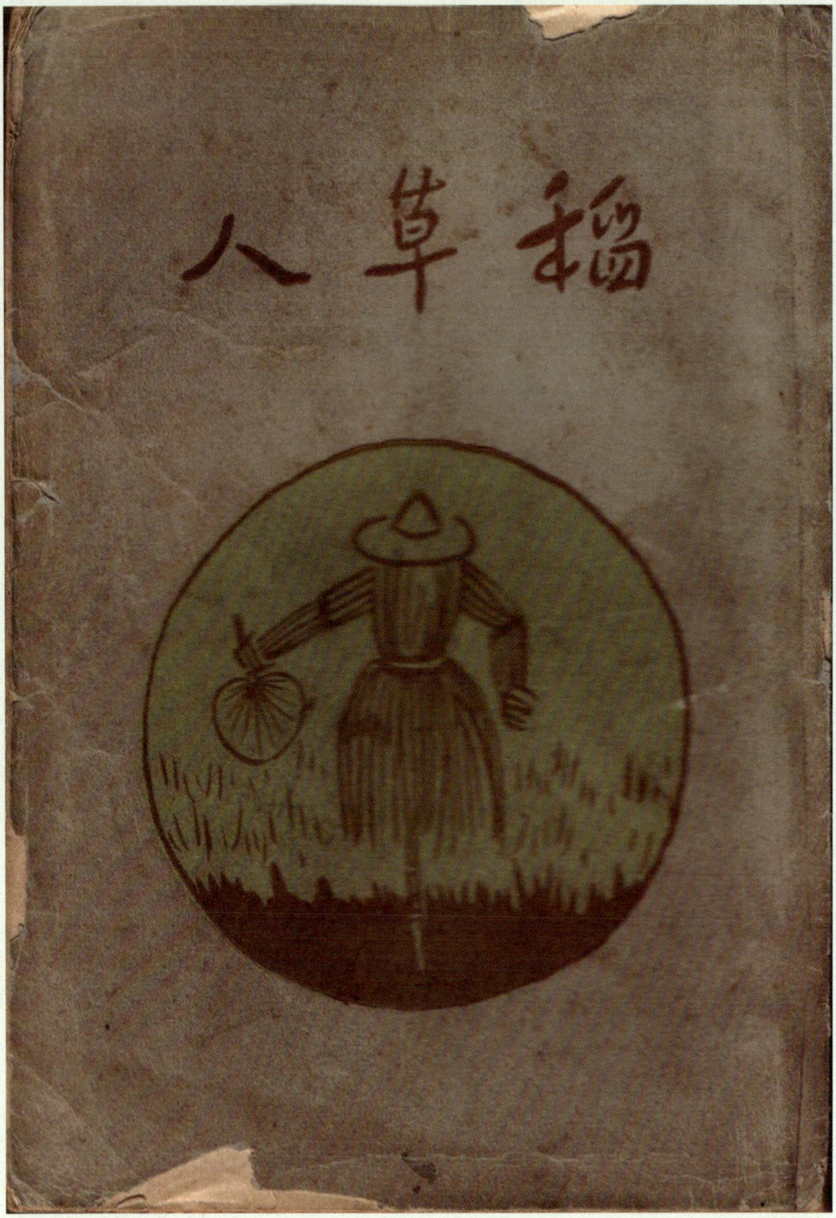

13.4 cm×19.2 cm

学生的语文教育都绕不开叶圣陶,《多收了三五斗》、《苏州园林》等名篇成为我们学文的启蒙。

叶圣陶是20世纪20年代第一位写童话的作者。他的作品《稻草人》等是青少年极受欢迎的读物,叶圣陶的学生丁玲称赞叶圣陶的童话启迪了人们对社会作更多的思考。

作为我国现代文学的巨擘，叶老为我们留下了许多宝贵的精神财富。他的主要代表作有《隔膜》、《线下》、《倪焕之》、《脚步集》、《西川集》、《稻草人》等。

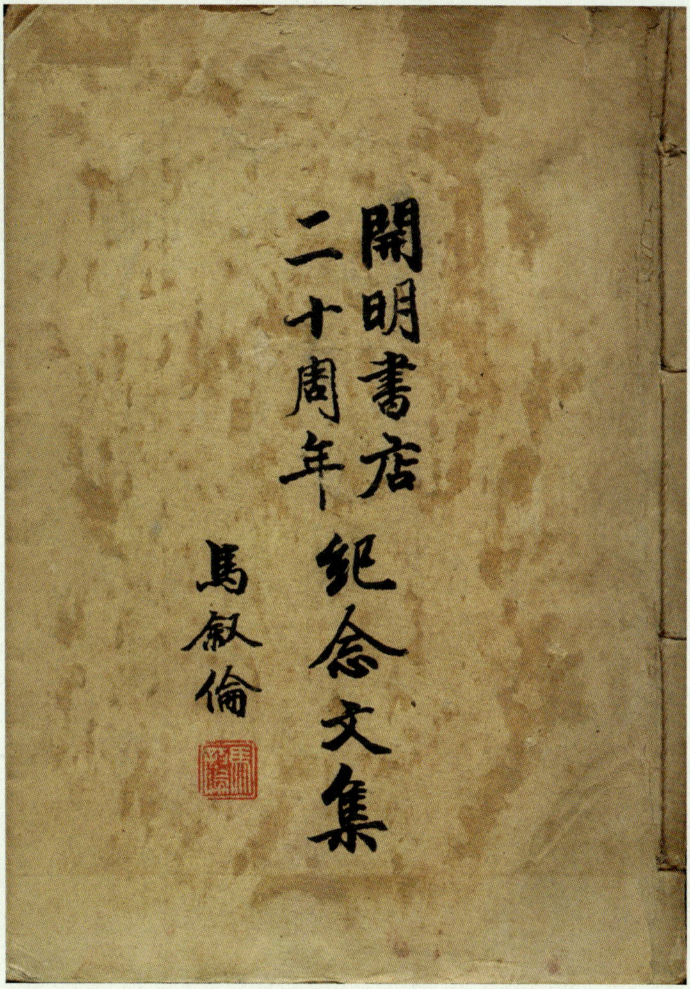

15.0 cm×21.0 cm

笔者藏有叶老民国时的大部分初版本：《隔膜》、《稻草人》、《荀子》、《礼记》、《苏辛词》、《文章例话》、《周姜词》、《倪焕之》、《中学生》、《开明国语课本》、《中学生文艺》、《文心》、《未厌居习作》、《叶绍钧选集》、《文章例话》、《阅读与写作》、《精读指导举隅》、《略读指导举隅》、《国文教学》、《绍钧代表作》、《绍钧杰作集》、《开明书店二十周年纪念文集》、《叶圣陶文集》、《叶圣陶选集》二十四种。

《倪焕之》为开明书局民国三十五年（1946）五月十版，初版为民国十九年（1930）九月。《稻草人》为上海开明书店民国二十一年（1932）八月初版。

此外，作者还藏有叶圣陶编的《开明书店二十周年纪念文集》。民国三十六年（1947）开明书店出版，马叙伦题签，收郭沫若、钱钟书、翦伯赞、吕叔湘等多人论文。带勒口。

《孤　坟》

许志行是第一个在小说中描写毛泽东形象的人。这部小说叫《孤坟》。

许志行是哪里人？齐鲁书社2005年2月第1版《藏书家》第十辑中，载有《许志行的传奇和他的小说》一文，作者倪墨炎。文中说“许志行是浙江海宁人”。

华程网上的介绍是：

许志行原名潘祖生，浙江海宁人。据许志行的同乡友人王凡西回忆：“许志行本来不姓许，也不是浙江海宁人。他姓潘，出生于台风里边的洞庭山。父亲在浙江海宁袁花镇上一家许姓开设的小店里打工。因为妻子死了，孩子没人照顾，把许志行带到袁花来。孩子聪明，店主想把他招赘入婿，因而志行改姓了许。

1994年版的《吴县志》第1176页“当代人物”中记载：

许志行（1901—1983），原姓潘，吴县东山北望村人。十一岁时，因家道中落出嗣许家。早年曾于上海、长沙等地当学徒。于汉口结识毛泽东，毛给予安慰和鼓励。嗣后，毛泽东将他接到长沙“成人失学”补习班就读，并负担其费用。民国十一年（1922），由毛泽东介绍参加社会主义青年团。不久考入浙江省立第一师范学校，毛泽东仍多接济。（民国）二十三年前后，在《小说月报》发表小说，后结集为《孤坟》，得到茅盾和俞平伯好评。“五卅惨案”后，加入中国共产党，在沪参加工运工作。翌年春，应毛泽东之邀请去广州，同年10月，随毛泽东到武汉，后在学校、书店任职。民国二十五年加入中国文艺家协会。建国后，加入中国作家协会和作协上海分会。1956年参加中国民主同盟。同时起，先后在上海外国语学院、上海师范学院等校任教。1964年因中风退休。1983年在沪病逝。

《孤坟》由上海亚东图书馆出版发行，初版于民国十八年（1929）三月，笔者藏本是民国三十年（1941）亚东图书馆第八版。全书二百三十六页，收许志行的小说七篇。

其中《别长沙的一天》一篇，写的是他1922年7月离开长沙回浙江投考师范学校的事。小说用的是第三人称，其中有辞别“M先生”情节，“M先生”就是毛泽东。作品中除毛泽东用“M”代替外，毛泽民、毛泽覃、谢觉哉用了真名。作品其实是一篇纪实散文，用的是小说笔法来叙述和描写。

13.0 cm×18.4 cm

书中有一篇《一个青年》，曾发表于1928年10月号的《小说月报》上，是严格意义上的小说。

书中第一篇小说《孤坟》是爱情小说，发表在1924年3月的《小说月报》上，也是作者的第一篇长说。

小说集《孤坟》的地位不容忽视。著名的亚东图书馆20世纪20年代出版的新文学的小说出版仅数十种，如戴万叶的长篇《前夜》、蒋光赤的《鸭绿江上》、汪敬熙的短篇集《雪夜》等。笔者认为，《孤坟》作为反映我国第一次国内革命"五四"运动后，20世纪20年代初毛泽东等一批革命家的革命活动历程的作品，对于研究毛泽东青年时期的革命生涯有着重要的史料价值，应列为"红色善本"。正如俞平伯在序中所言："而且这集中所示犹不仅个人的身世，更有大的时代。"

她们曾诗意地栖居于苏州的大地上，20 世纪 40 年代，苏州的东吴大学有十余位才女作家，她们年轻漂亮而又摩登，被称为“苏州东吴才女作家群”、“小姐作家”、“东吴系美女作家”。

她们不同于张爱玲，也不同于左翼作家，她们的作品是文坛的另类风景，另一种文学追求。长期以来，她们青春激扬的文字却长久被人忽略，没有被正统文学史所记载。

1944 年 5 月的《春秋》杂志刊登的东吴大学毕业的女作家陶岚影的《闲话“小姐作家”》一文中提到的共有十余位。她们的名字是：汤雪华、施济美、俞昭明、程育真、郑家瑗、邢禾丽、练元秀、杨依芙。此外还有周瘦鹃的女儿周伶，话剧演员作家李宗善、江泓、马笑侬等。

民国时期较有名的苏州才女作家还有毕业于苏州女子中学师范科的罗洪，钱钟书的夫人、毕业于东吴大学的杨绛等。

汤雪华的《朦胧》

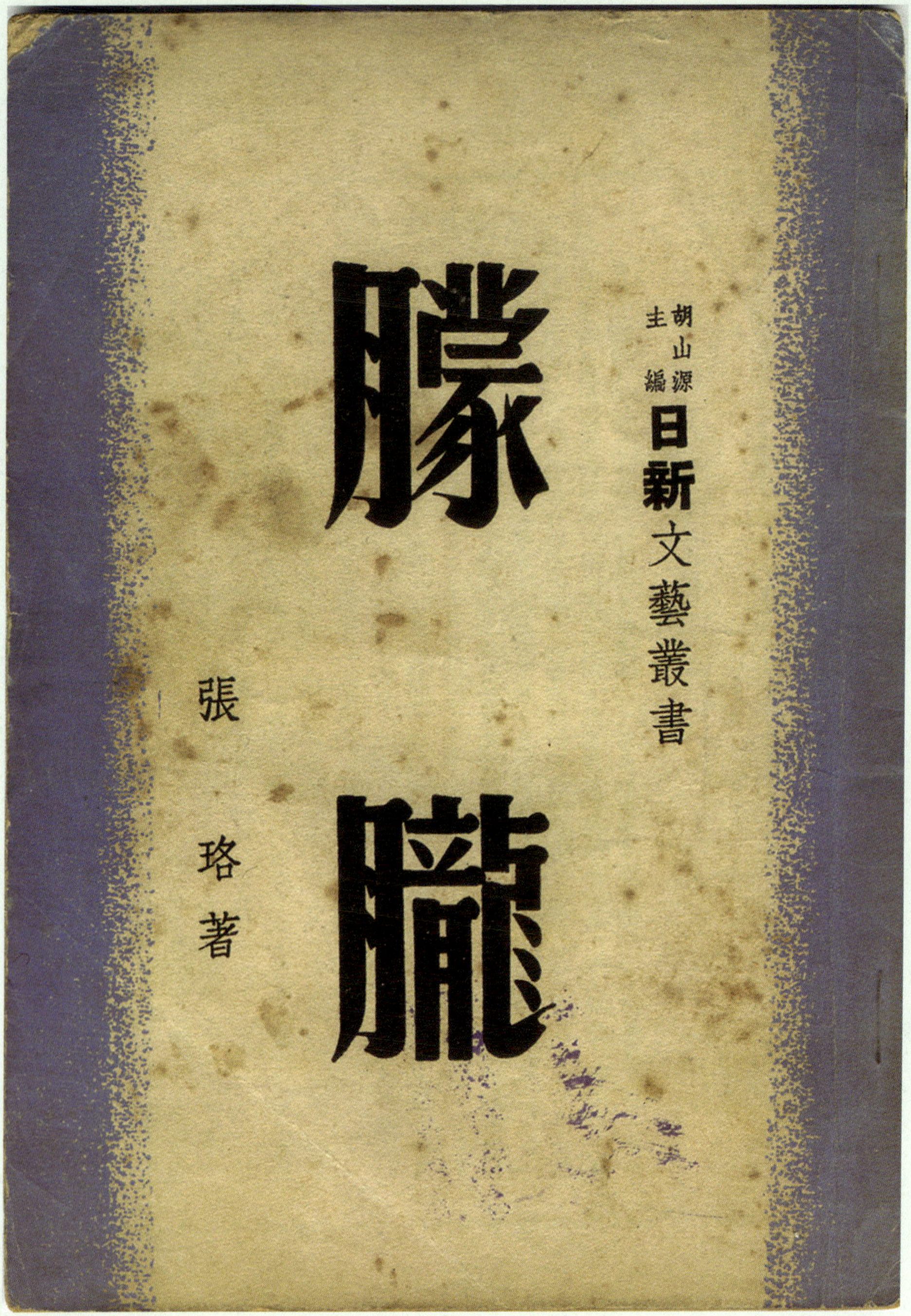

12.7 cm × 18.2 cm

20世纪40年代,苏州的东吴大学有八位才女作家活跃在上海文坛。她们年轻漂亮而又摩登,被称为“苏州东吴才女作家群”、“小姐作家”、“东吴系美女作家”。

她们不同于张爱玲,也不同于左翼作家,她们的作品是文坛的另类风景,另一种文学追求。长期以来,她们曾激扬文字的青春却长久被人忽略。

历史还是比较公正的,让我们默默地记住她们的名字:汤雪华、施济美、俞昭明、程育真、郑家瑷、邢禾丽、练元秀、杨依芙。

汤雪华(1915—1992),本名计中原,曾用笔名汤仙华、汤中原、张珞、小珞、东方珞等,浙江嘉善县西塘镇人。幼年先后失去父母和唯一的姐姐,幸得姐姐在松江景贤女中的任课老师胡山源帮助,被一位汤姓牧师认为养女,得以读书成材,并认胡山源为干爹。1935年因肺病复发,肄业于湖州湖郡女中。病中在胡山源的鼓励下开始创作,处女作《在医院中》经由胡山源推荐,于1940年发表在上海《健康家庭》杂志上,从此开始了将近十年的文字生涯。其作品不断发表于《万象》、《春秋》、《小说月报》、《紫罗兰》、《大众》、《茶话》、《申春·春秋》、《中央日报·文综》等知名刊物,在文坛引起了相当大的反响。短篇小说《山乡》曾入选1944年12月谭正璧编选的《当代女作家小说选》,被评为“作品特别多,而且好的也多,取材又广普,笔调也老练,有些文章,竟然不像是一个年轻女作家写的”。代表作有《郭老太爷的烦闷》、《死灰》、《红烧猪头和小蹄髈》、《烦恼丝》、《墙门里的一天》以及长篇小说《亚当的子孙》等。

1946年,汤雪华到沪参加胡山源的寿诞聚会,结识“托派”领袖彭述之的助手籍云龙。两人于1948年初结婚,次年生下独子,汤雪华就此告别文坛。

1952年12月,籍云龙被捕并判处无期徒刑。汤雪华在一家私营棉织小厂做工,生计艰难。1958年为避免作为“反属”遣送山区,她忍痛和丈夫离婚,从此两相隔绝。“大跃进”浪潮中,她随厂内迁江西九江,多次被评为九江市一级劳动模范。“文革”开始后,时在苏州工艺美专读书的儿子赴苏北插队。经过艰苦努力,1973年,她退休回到苏州。儿子也重伴左右,并成为一名建筑设计师。

1992年7月25日,晚年苦尽甘来的汤雪华因病去世。

笔者收藏的汤雪华小说集《朦胧》,署名张珞,1947年2月由上海日新出版社出版发行,平装,共一百六十页。为日新文艺丛书之一,书中附录《慈母心》、《三脚香炉》、《朦胧》等八篇小说。

施济美的《凤仪园》

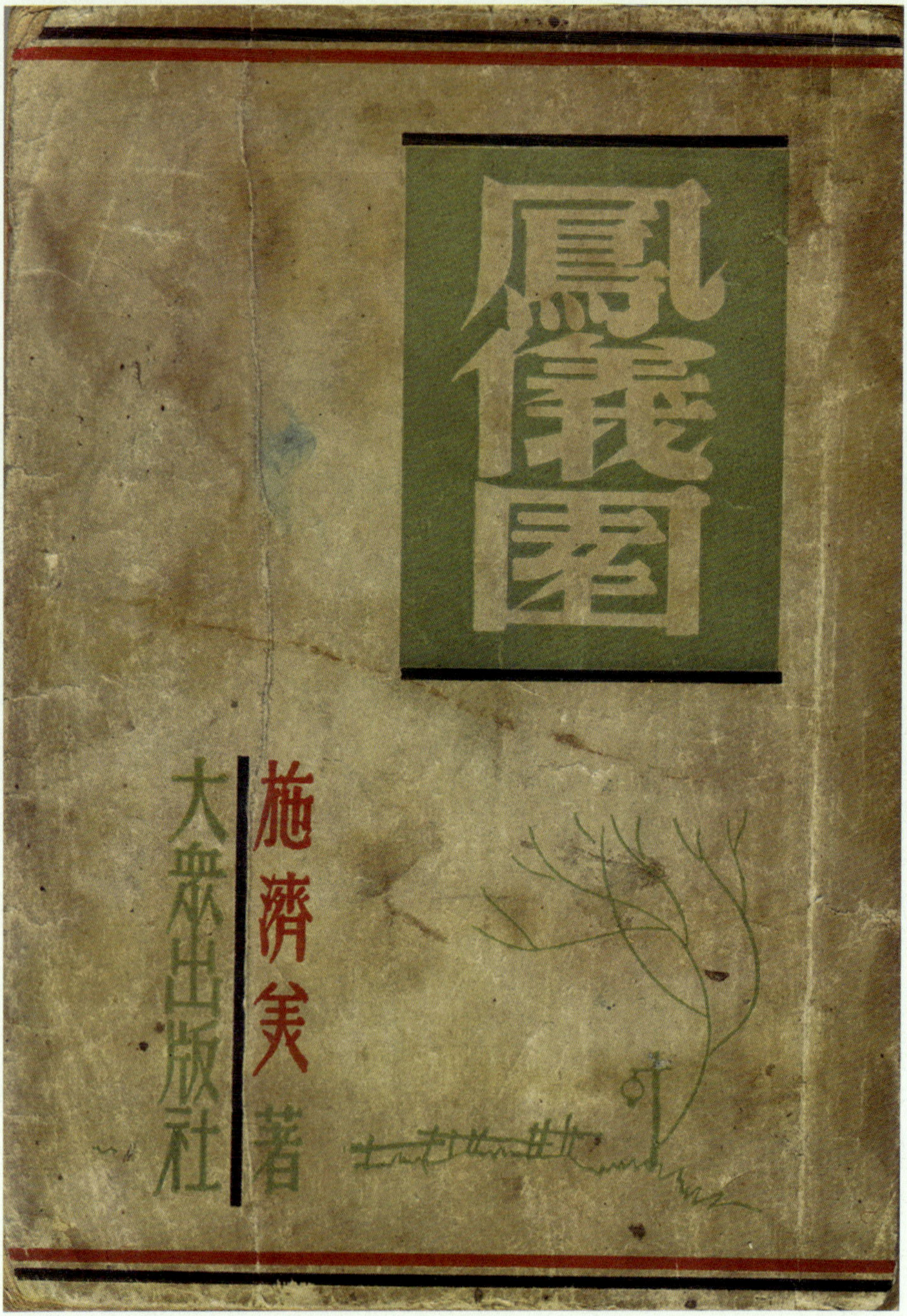

12.8 cm×18.3 cm

施济美(1920—1968),笔名梅子、方洋、梅寄诗、薛采蘩,祖籍浙江绍兴,生长于北京。其父施肇夔供职于北洋政府外交部,是顾维钧的得力助手。1927 年国民政府南迁后,全家随父亲搬到南京。1935 年,施济美考入上海培明女中就读,与同窗俞昭明结为好友,由此结识时为上海浦东高中学生的俞昭明之弟俞允明,逐渐发展为知心的恋人。

1937 年夏天,三人一同考入东吴大学经济系。"八一三事变"后,俞允明改入武汉大学就读,随校西迁四川乐山。而南京沦陷后,施、俞两家在施济美的机智指挥下,共同逃往上海。不幸的是,1939 年 8 月 19 日,俞允明在惨无人道的轰炸中遇难。施济美强忍悲痛,模仿俞允明的笔迹继续为俞家二老写家书,之后终身未嫁。

1942 年大学毕业时,"孤岛"全面沦陷,远在巴黎驻法大使馆任职的父亲对家中的接济完全中断。即便如此,她仍然拒绝去待遇优厚却有日资背景的保险公司任职,宁可做收入微薄的教师,甚至更因朋友中有地下党员而一度受到日本人搜捕,被迫到苏州俞昭明的住所暂避。

施济美是"东吴系美女作家"的领军人物,也是上海上世纪 40 年代在文学声誉上仅次于张爱玲、苏青的著名女作家。从 1938 年 6 月 18 日在《青年周报》上发表《死的滋味》开始,她的作品不断见于《万象》、《小说月报》、《紫罗兰》、《春秋》、《万岁》、《第二代》、《潮流》等刊物,《蓝色之恋》、《紫色的罂粟花》等以自身爱情悲剧为情感依托的言情小说受到广大青年读者的欢迎,短篇小说《小不点儿》曾入选 1944 年 12 月谭正璧编选的《当代女作家小说选》。抗战胜利后,《凤仪园》、《群莺乱飞》、《圣琼娜的黄昏》、《井里的故事》、《鬼月》等高质量的作品相继问世,标志着她的文学道路的巨大拓展,长篇小说《莫愁巷》更代表了她创作的高峰。

新中国成立后,施济美淡出文坛,献身教育,一直在上海七一中学执教,是语文组的骨干教师。笔墨人生泪自尽,"文革"中,她受到残酷迫害,于 1968 年 5 月 8 日深夜,在家中和同住的上海育才中学教师林丽珍一同悬梁自尽。

笔者所藏的小说集《凤仪园》为 1947 年 5 月版,由上海大地出版社出版,平装发行两千册,共二百五十页。《凤仪园》中收录了《小二的惆怅》、《爱的胜利》、《凤仪园》等十三篇。经考证,此书一年之内曾印三版,可见当时其书的热销。

俞昭明的《三朵姑娘》

俞昭明(1920—1989)，笔名凯蓝、俞协寰，祖籍江苏淮安，幼年随父亲住在北京，几近成年才迁居南京、苏州。1935 年到上海培明女中就读，与同窗施济美结为好友，并一同考入东吴大学经济系。毕业后在苏州黄埭老家教书，1946 年回到上海，主编带有“三青团”背景的杂志《今日妇女》。在此期间加入“三青团”，还曾在 1946 年的庐山会议上作为该组织的代表向蒋介石献旗。之后进入施济美父亲任职的上海输入输出管理委员会签证室做公务员。

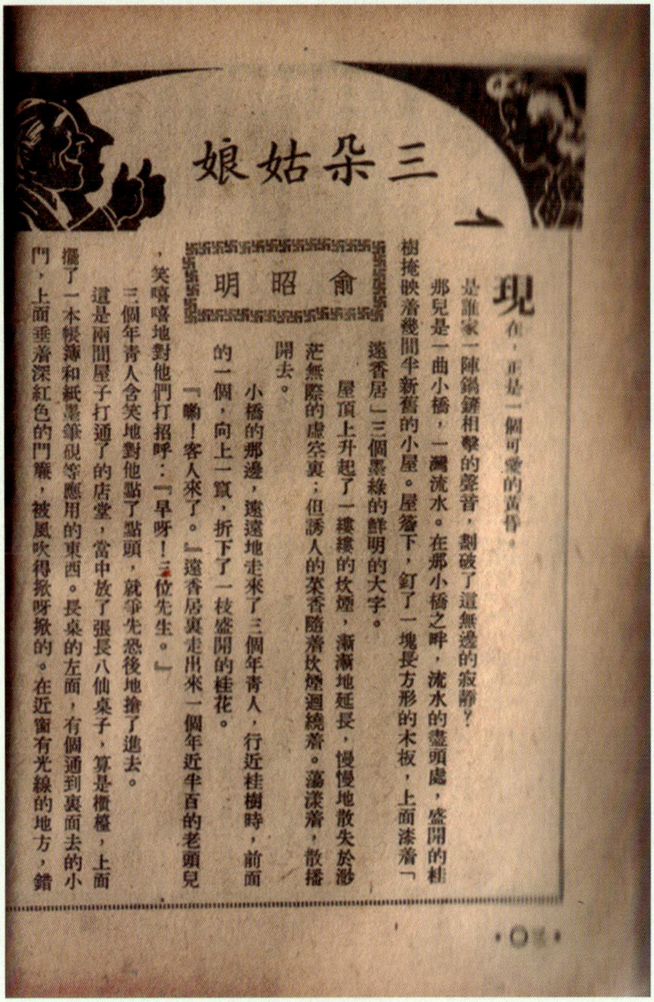

三朵姑娘

俞昭明

現在，正是一個可愛的黃昏。

是誰家一陣鍋鏟相擊的聲音，劃破了這無邊的寂靜？那兒是一曲小橋，一灣流水。在那小橋之畔，流水的盡頭處，盛開的桂樹掩映着幾間半新舊的小屋。屋簷下，釘了一塊長方形的木板，上面漆着「遠香居」三個墨綠的鮮明的大字。

屋頂上升起了一縷縷的炊煙，漸漸地延長，慢慢地散失於渺茫無際的虛空裏；但誘人的菜香隨着炊煙迴繞着。蕩漾着，散播開去。

小橋的那邊，遠遠地走來了三個年青人，行近桂樹時，前面的一個，向上一竄，折下了一枝盛開的桂花。

『喲！客人來了。』遠香居裏走出來一個年近半百的老頭兒，笑嘻嘻地對他們打招呼：『早呀！三位先生。』

三個年青人含笑地對他點了點頭，就爭先恐後地擠了進去。

這是兩間屋子打通了的店堂，當中放了張長八仙桌子，算是櫃檯，上面擺了一本帳簿和紙墨筆硯等應用的東西。長桌的左面，有個通到裏面去的小門，上面垂着深紅色的門簾，被風吹得掀呀掀的。在近窗有光線的地方，錯

12.2 cm × 16.8 cm

1950年，俞昭明与同事步启颢结婚，先后调到外贸系统几所学校做语文老师。“文革”期间，一个学生在试卷上引用了林彪的“毛泽东思想是马列主义的顶峰”这句话。她并不知道这句话的来源，只是觉得毛泽东思想应该不断地向前发展马列主义，而不应到此为止，于是在“顶峰”旁边打了一个问号，由此受到迫害。

1974年，她从上海财政金融学校退休。1989年12月因病去世。

俞昭明的创作虽然不多，却以其鲜明的“京味儿”特色在“东吴系女作家”乃至四十年代上海女作家中独树一帜。《小茉莉》、《落花流水》、《梅家酒店》、《黑芍药》等一系列以老北京市井生活为题材的作品，极大地丰富了海派文学的风格样式，在沟通京沪文学方面具有不可低估的作用。短篇小说《玄武湖之梦》曾入选1944年12月谭正璧编选的《当代女作家小说选》。

寓中藏本民国三十三年（1944）元月出版的《紫罗兰》第十四期刊发的俞昭明的短篇小说《三朵姑娘》，文笔清丽，别有风味。主编周瘦鹃在《写在紫罗兰前》一文中重点介绍了俞昭明的《三朵姑娘》。他在文中说：“俞昭明女士与施济美女士，在女作家中有一时瑜亮之目，她已离开了上海，执教鞭于内地，因此，上海的刊物中，久已读不到她的作品了。最近却由胡山原兄交下她的一篇《三朵姑娘》，真的不胜快慰之甚！篇中写了一个饭店里的姑娘，和三个大学生似恋非恋若即若离的一段故事，又甜又酸，正如结尾由那女人的未婚夫给三个大学生吃的一尾醋溜（熘）鱼。”

郑家瑷的《霏微园的来宾》

郑家瑷，浙江湖州人，出身于湖州名门望族，幼年在家中接受私塾教育，曾就读于湖郡女中，与汤雪华是校友。抗战爆发后转入上海就学，先后就读于东吴大学国文系、英文系和圣约翰大学教育系。毕业后一直任教，曾担任《学生日报》副刊《初苗》主编。

她是"东吴系女作家"中出道较迟的一位，不过她的《号角声里》一经在1943年9月15日《春秋》上发表，便显示出了才气。《紫罗兰》、《宇宙》、《第二代》、《少女》、《今日妇女》、《幸福》等刊物上都留下了她的墨迹，《逝去的晴天》、《她和她的学生们》、《霏微园的来宾》、《阴暗之窗》等略带感伤气息的言情小说都是她的代表作。另外，1946年到1947年，她还成为《申报·出版界》的固定作者，贡献了关于骆宾基的《北望园的春天》、世界名著《约翰·克里斯朵夫》、《凯旋门》等文学作品的书评，显示出智性的一面。

笔者藏本民国三十五年(1946)十二月十日出版的第一卷第五期《幸福》杂志刊有郑家瑷的短篇小说《霏微园的来宾》。《幸福》杂志三十六年(1947)八月十五日出版的第一卷第十期还刊有《她和她的学生们》。

《幸福》第一卷第五期编辑后记中说：郑家瑷女士的《霏微园的来宾》，爱看故事的读者在这里找不到故事，但这里有一种人生哲理，值得读后深思，思后再读。

后记还说出了《幸福》的悲哀："我们采取精编制。除主要的作品外，其他文字尽量减少篇幅，因为战云密布，大家心里乱得很，最适宜看短文章。《幸福》很不幸，它出版到现在，内战打到现在，我们刊登'为了和平的缘故，我歌唱！'谁爱战争？谁愿战争？血腥把好战者熏得更疯狂了。"

《幸福》第一卷第十期的"编余小谈"道出了《幸福》的困境：《幸福》出版到第十期，不是件容易事，可以说完全是硬干出来的，现在市上所出版的几件刊物，有几家是靠广告收入，有几家因历史悠久，有基本客户，我们《幸福》完全是靠现销，但唯成本浩大，只够一个维持，《幸福》的出版者每月连自己的薪水也贴补在内，可是新出一期，在心里就增加了一分喜悦，说一句流行的电台报告话："完全为读者服务。"上期征求读者意见，都说定价太贵，假若你能来鄙公司看看，账簿每期结

12.8 cm×18.1 cm

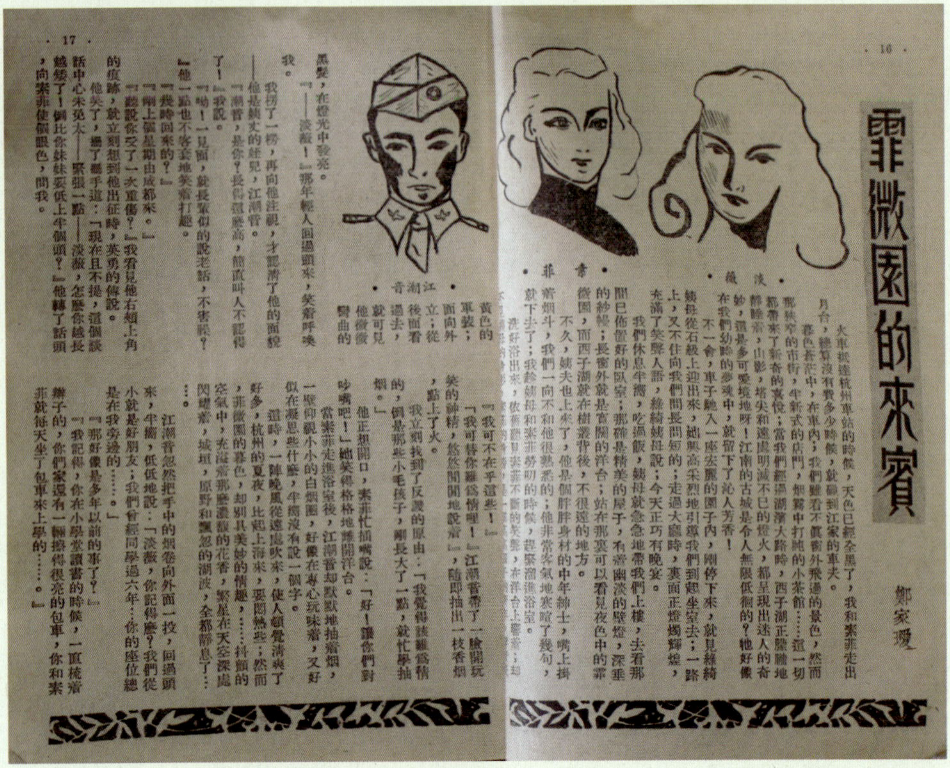

· 16 ·

霏微園的來賓

鄭家瑷

火車抵達杭州車站的時候，天色已經全黑了，我和素菲走出月台，總算沒有費多少時候，就碰到江家的車夫。

暮色蒼茫中，在車內，我們雖看不真窗外飛過的景色，然而那狹窄的市街，半新式的店門，烟霧中打盹的小茶館……這一切都帶來了新奇的喜悅；當我們經過湖濱大路時，西子湖正朦朧地靜睡着，山影，塔尖和遠處明滅不已的燈火，都呈現出迷人的奇妙，這是多可愛境地呀！江南的古城是令人無限低徊的？牠好像在我們幼齡的夢魂中，就留下了沁人芳香！

·淡薇·

不一會，車子駛入一座宏麗的園子內，剛停下來，就見綠綺姨母從石級上迎出來，她興高采烈地引導我們到起坐室去；一路上，又不住向我們問長問短的；走過大廳時，裏面正燈燭輝煌，充滿了笑聲人語，綠綺姨母說；今天正巧有晚宴。

我們休息半晌，吃過飯，姨母就急急地帶我們上樓，去看那間已佈置好的臥室；那確是精美的屋子，有着幽淡的壁燈，深垂的紗幔；長窗外就是寬闊的洋台；站在那裏可以看見夜色中的霏微園，而西子湖就在樹叢背後，不很遠的地方。

·素菲·

不久，姨夫也上來了，他是個胖胖身材的中年紳士，嘴上掛着烟斗，我們一向不和他很熟悉的；他非常客氣地寒暄了幾句，就下去了；我趁姨母和素菲嘮叨的時候，趕緊溜進浴室。

洗好浴出來，依舊聽見素菲不斷的笑聲，在洋台上響着；却 [illegible]

· 17 ·

·江湖音·

黃色的軍裝；面向外立；從後面看過去，就可見他微微彎曲的黑髮，在燈光中發亮。

『——淡薇！』那年輕人回過頭來，笑着呼喚我。

我楞了一楞，再向他注視，才認清了他的面貌——他是姨丈的姪兒，江湖音。

『湖音，是你？長得這麼高，簡直叫人不認得了！』我說。

『呦！一見面，就長輩似的說老話，不害臊？』他一點也不客套地笑着打趣。

『幾時回來的？』

『剛上個星期由成都來。』

『聽說你受了一次重傷？』我看見他右頰上角的痕跡，就立刻想到他出征時，英勇的傳說。

他笑了，攤了攤手道：『現在且不提，這個談話中心未免太——緊張一點——淡薇，怎麼你越長越矮了！倒比你妹妹要低上半個頭？』他轉了話頭，向素菲使個眼色，問我。

『我可不在乎這些！』

『我可替你難爲情哩！』江湖音帶了一臉開玩笑的神情，悠然閒閒地說着」，隨即抽出一枝香烟，點上了火。

我立刻找到了反駁的原由：『我覺得該難爲情的，倒是那些小毛孩子，剛長大了一點，就忙學抽烟。』

他正想開口，素菲忙插嘴說：『好！讓你們對吵嘴吧！』她笑得格格地離開洋台。

當素菲走進浴室後，江湖音却默默地抽着烟，一壁仰視小小的白烟圈，好像在專心玩味着，又好似在凝思些什麼，半晌沒有說一個字。

這時，一陣晚風從遠處吹來，使人頓覺清爽了好多，杭州的夏夜，比起上海來，要悶熱些；然而，霏微園的暮色，却別具美妙的情趣，……抖顫的空氣中，充溢着那些濃馥的花香，繁星在天空深處閃耀着，城垣，原野和飄忽的湖波，全都靜息了……。

江湖音忽然把手中的烟卷向外面一投，回過頭來，半晌，低低地說：『淡薇，你記得麼？我們從小就是好朋友；我們曾經同學過六年…你的座位總是在我旁邊的……。』

『那好像是多年以前的事了？』

『我記得，你在小學堂讀書的時候，一直梳着辮子的，你們家還有一輛擦得很亮的包車，你和素菲就每天坐了包車來上學的……。』

算只赚十九万五千元时，你就能了解苦衷了。

读者一致意见：施济美女士是最受读者欢迎的作者。她为《幸福》写稿，也完全为了喜悦，这实在是一种为人的喜悦。《群莺乱飞》本拟在三期刊毕，至今未完，应该原谅人家的忙碌……曾庆嘉女士的“小说”是最好的小说，郑家瑷女士“她与她的学生们”更见精彩了。

“编余小谈”中“每期结算只赚十九万五千元”。恐现代人不详，其价值笔者以资料为佐证：1948 年 8 月 19 日国民政府发布《财政经济紧急处分会》，宣布发行金圆券；规定以法币三百万元兑一元为比例。后来，金圆券至新中国成立前夕，一粒米的价值为一百三十元，等同废纸。可以肯定，“编余小谈”中所指币种应是法币。

《幸福》编辑人汪波，发行人冯葆善、罗斌，创刊于 1946 年 4 月 25 日，停刊于 1949 年 3 月 25 日，共出二十六期。

练元秀的《神秘的王先生》

练元秀，祖籍苏州，生于上海，出生当日适逢元宵节，所以起名“元秀”，小名园园。其父时任省立上海中学教导主任。

练元秀年仅三岁母亲即去世，兄弟姐妹也陆续夭折。此后父亲续娶的二继母，进门未满一年也匆匆过世，于是她又有了一位三继母，生有三子一女。

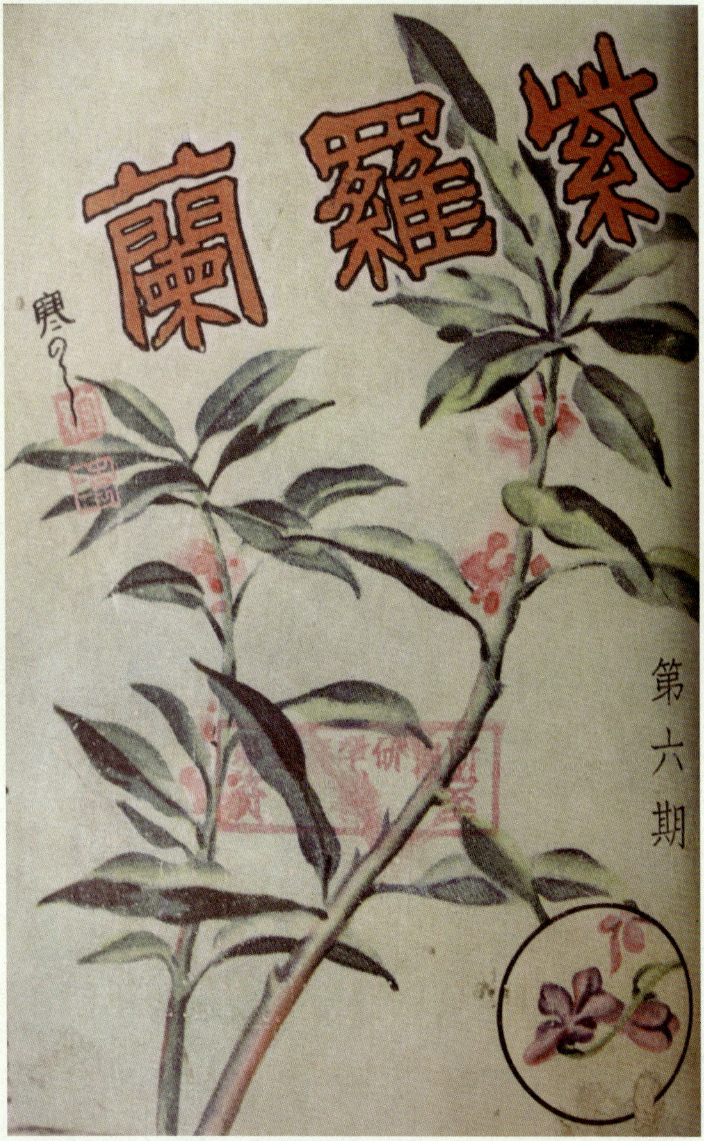

12.2 cm×16.8 cm

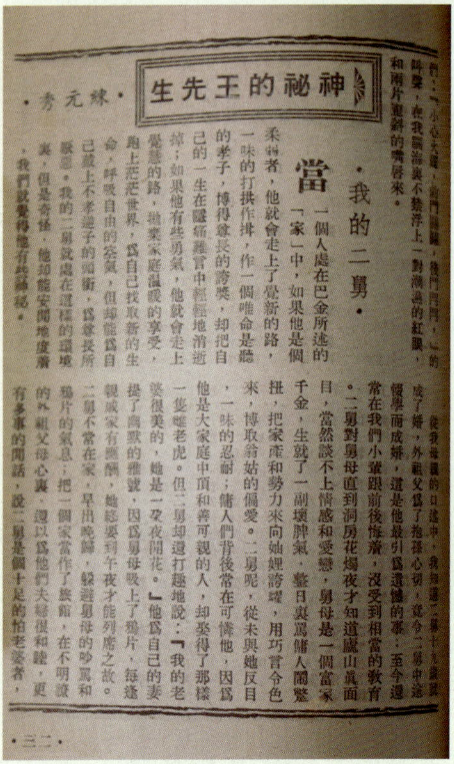
們：「小心大[illegible]，我們[illegible]，我們[illegible]，」的[illegible]，在我腦海裏不禁浮上一對滿濕的紅眼，和兩片顫斜的嘴唇來。

神秘的王先生

・練元秀・

・我的二舅・

當一個人處在巴金所述的「家」中，如果他是個柔弱者，他就會走上了覺新的路，一味的打拱作揖，作一個唯命是聽的孝子，博得尊長的誇奬，卻把自己的一生在[illegible]難言中輕輕地消逝掉；如果他有些勇氣，他就會走上覺慧的路，拋棄家庭溫暖的享受，跑上茫茫世界，爲自己找取新的生命，呼吸自由的空氣，但卻能爲自己蒙上不孝逆子的頭銜，爲尊長所厭惡。我的二舅就處在這樣的環境裏，但是奇怪，他卻能安閒地度着，我們就覺得他有些神秘。

從我母親的口述中，我知道[illegible]成了婚，外祖父爲了抱孫心切，就令二舅中途輟學而成婚，這是他最引爲遺憾的事，至今還常在我們小輩跟前後悔着，沒受到相當的教育。二舅對舅母直到洞房花燭夜才知道廬山眞面目，當然談不上情感和愛戀，舅母是一個富家千金，生就了一副壞脾氣，整日裏罵傭人鬧彆扭，把家產和勢力來向妯娌誇耀，用巧言令色來，博取翁姑的偏愛。二舅呢，從未與她反目，一味的忍耐；傭人們背後常在可憐他，因爲他是大家庭中頂和善可親的人，卻娶得了那樣一隻雌老虎。但二舅卻還打趣地說：「我的老婆很美的，她是一朵夜開花。」他爲自己的妻提了幽默的雅號，因爲舅母吸上了鴉片，每逢親戚家有應酬，她總要到午夜才能列席之故。二舅不常在家，早出晚歸，躲避舅母的吵罵和鴉片的氣息；把一個家當作了旅館，在不明瞭的外祖父母心裏，還以爲他們夫婦很和睦，更有多事的閒話，說二舅是個十足的怕老婆者，

・三二・

1937 年日寇入侵上海后，上海中学迁入租界，父亲带着几个弟妹同往苏州光福三继母的娘家避难。十六岁的练元秀便由六姨母收留继续求学，于 1940 年考入上海大同大学化工系。入校不到三个月，因一次实验事故，不得不休学静养，期间开始文学创作。

1941 年练元秀重回学校，改入商学院工商管理系就读，直到 1944 年毕业。在这短暂的大学时代里，她一共发表了七八篇小说，分别刊登在《紫罗兰》、《西风》、《飚》、《新世纪》等杂志上。由于主编《紫罗兰》的周瘦鹃是练元秀六姨夫张珍侯的好友，因此，练元秀受这位亲切的"周家伯伯"鼓励，先后为《紫罗兰》写了《决斗》、《神秘的王先生——我的二舅》、《情盲》、《奇遇》和《紫》等数篇作品。

1945 年 9 月 4 日，练元秀和相恋四年的大学同学钱继武结婚，从此告别文坛。新中国成立后，她一直在上海市合成纤维研究所工作，直至退休。目前居住在上海。

练元秀的《神秘的王先生》发表在民国三十二年（1943）九月十日出版的《紫罗兰》第六期上，笔调清新，情感真挚。

仰望高山，艳羡历史。苏州名家辈出，代有大师，在明清两代，苏州曾独领中国文坛六百多年。书香望族、吴门画派、吴门书派、金石篆刻及吴门经学大家为苏州创下了辉煌，评弹、昆曲雅韵迷倒江南听众两百来年。苏州文化艺术博大精深。这些所藏的版本，只是岁月中的一些斑斑碎影，显然不足以勾勒一定历史时期的整体脉络，仅是苏州灿烂辉煌的历史中的一些信息，但可从一些踪影中悠然心会，体味出远比书影本身更具辉煌的东西来。

蒋吟秋的《吴中藏书先哲考略》与《沧浪》

有人说，苏州小巷就是一座藏书楼；也有人说，苏州藏书家很刻薄，直到断气的时候还在书页上钤印，告诫儿孙："慎之，宝之。借书不孝。"藏书创造了苏州一代又一代神话，没有人能考证得出其中的靡费损害与人财物力。

清乾隆年间，常熟古里小镇有个叫瞿绍基的读书人，用毕生精力藏书，藏书楼初名恬裕斋，后改为淳裕斋。后因该楼藏有铁琴铜剑各一，又改名为铁琴铜剑楼。

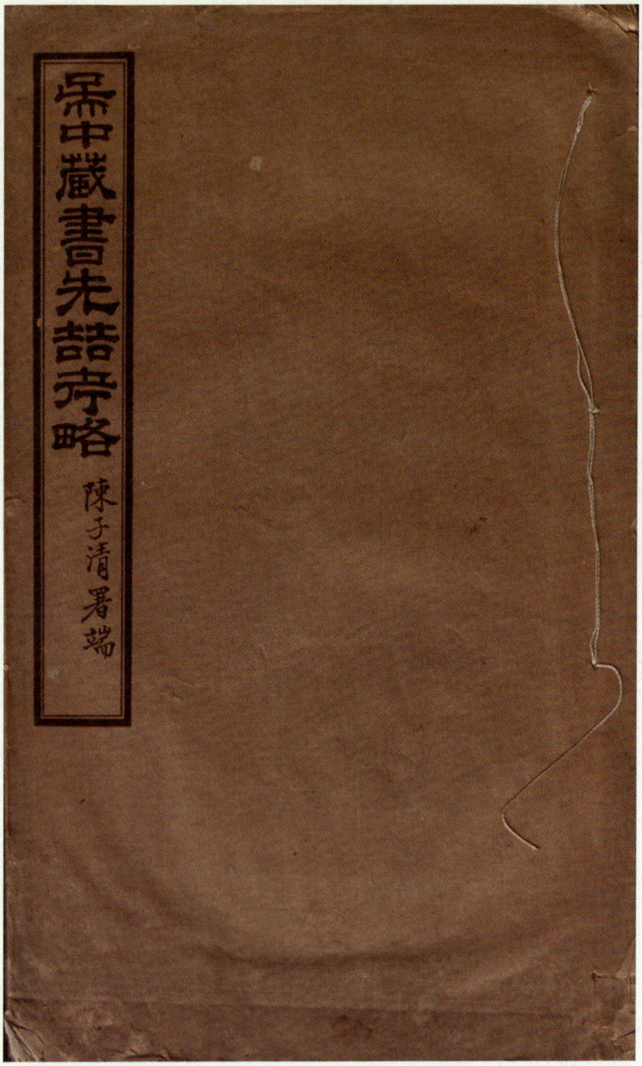

16.6 cm×26.7 cm

现存楼一幢二进，名为铁琴铜剑楼纪念馆。乾隆皇帝几次下江南，都要到瞿家看书。瞿氏藏书历传五代，所藏旧抄善本达十余万卷。这可是背靠大树好乘凉的机会，如果送几包珍奇孤本献给皇上，乾隆这位出了名的热血型君主，很有可能来个赏封。但是瞿家并不买账。光绪也喜好古籍，多次派人到瞿家借书，有一本书光绪很想要，以封三品官、给银三十万两为交换条件，但瞿家以不便出卖为由谢绝了。瞿家给人留下了一张令皇帝尴尬的面皮，也让瞿家声名远播。

苏州古城的铁瓶巷是条幽幽的深巷，但在十几年前的旧城改造中消失了。巷内有一座楼叫“过云楼”，藏画妇孺皆知，但主人顾氏对家藏善本书却秘而不宣，并作为家规。楼中专门有一个密室放古籍善本。2005 年春季嘉德古籍拍卖会上，过云楼原所藏的五百册流传有序、保存完好的珍贵古籍，包括四十册流传近八百年的孤本宋刻《锦绣万花谷》，以两千三百一十万元被一神秘买家整体买下，苏州图书馆也曾设想使这批古籍重返苏州，可惜由于经费难以筹集，只好作罢。

双林古巷居幽人，闲房春草时闭门。苏州双林巷 30 号的春草闲房，共有三进院落，现保存完整。两百多年前这里出了个“抄书家”。《静志居诗话》载：“先生平生好录异书，靡间寒暑，仲子侃亦陶继之。矮屋数椽，藏书满椟，皆父子手抄书也。”文中的“侃“指的就是金侃。金侃工书画，能诗，是名噪一时的文化大家。金侃曾在一本书后的跋语中说，抄完了书，发现蜡梅花开得正好，在午后阳光下显得更为幽香。我们穿过两百多年前的时光，想象这一景况，也许会对这位老夫子的行为能琢磨出点感悟。金侃的抄本现在都是善本，流散何处？无从知晓。

苏州还有一个蒲林巷，吴梅故居现赫然入目。吴梅喜好明刻本，曾发愿搜罗百余部明代嘉靖刻本，为此将书楼命名为“百嘉室”。

寻常巷陌，有多少爱书人？成就了多少藏书家？封存了多少藏书楼？

蒋吟秋在民国十九年(1930)夏编《吴中藏书先哲考略》。考略列宋、元、明、清一百二十人，所列之人有：

宋朝：

朱长文、章甫、叶梦得、卫湜、俞琰

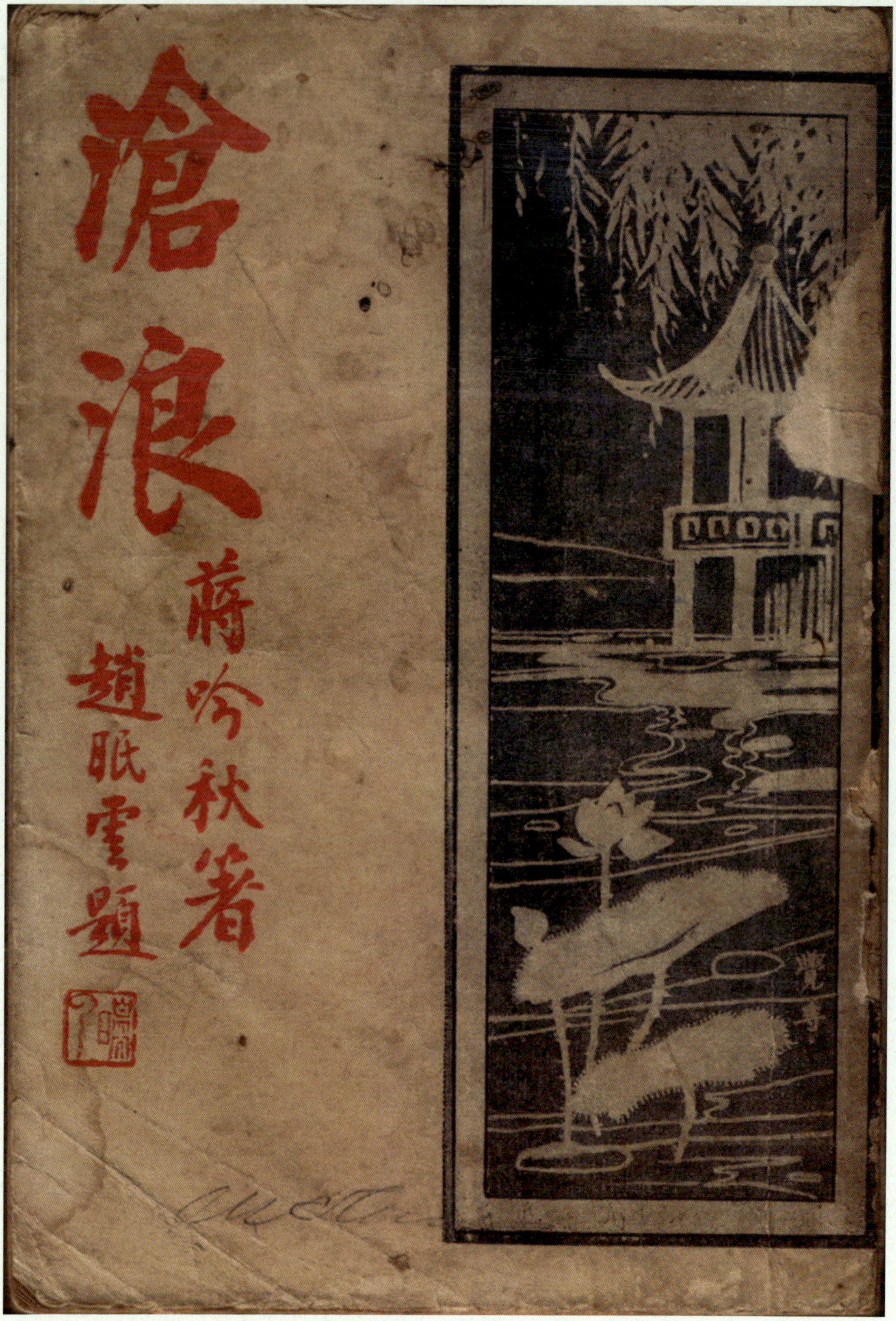

13.0 cm×18.8 cm

元朝：

袁易、陆友、沈景春、张雯、虞堪

明朝：

徐达左、邹亮、陈暹、杜琼、沈周、伊侃、朱存理、朱凯、刘昌、史经、钱绅、陆完、吴宽、邢量、杨循吉、王鏊、徐缙、徐源、都穆、王献臣、阎起山、唐寅、文徵明、王宠、彭年、柳佥、俞弁、顾道隆、钱同爱、顾璘、张寰、顾仁效、顾元庆、黄鲁会、史臣纪、袁翼、朱良育、袁褧、徐霖、顾德育、钱縠、陆师道、陈道复、吴岫、沈与文、张应文、陆经、许元溥、赵宧光、金俊明、许心扆、顾苹

清朝：

叶树廉、叶奕、张拱端、史兆斗、彭行先、朱之赤、顾苓、惠周惕、孙潜、何焯、陆漻、翁澍、顾嗣立、蒋杲、王闻远、张位、吴铨、顾若霖、金檀、余萧客、朱邦衡、周锡瓒、顾阶升、蒋恭棐、钱近仁、吴翊凤、黄丕烈、袁廷梼、贝墉、顾之逵、程世铨、张思孝、张绍仁、陈墫、朱继玮、汪士钟、顾沅、韩崇、潘祖荫、蒋凤藻、吴大澂、王仁俊、叶昌炽、江标

寓公：

贺铸、陈景元、周天球、姚觐元、钱听默、胡珽、杨文荪、李鸿裔、吴云、莫友芝、俞樾、汪鸣銮、费念慈、郑文焯、叶德辉

《考略》对每个藏书家的生平和藏书业绩均作了概括，作为工具书扎实全面。为后人深入研究苏州文化和苏州藏书历史提供了源头。书后版权页标明：吴县吟秋蒋镜寰辑，省立苏州图书馆印，每册定价大洋六角。

《沧浪》1927 年版，序者有赵眠云、范烟桥、程瞻庐、郑逸梅等七人，体裁有散文、小说、笔记，主要内容为苏州风俗、风景、风情、奇闻趣事等。

蒋吟秋（1897—1981），吴县人，与周瘦鹃、范烟桥、程小青并称于吴中文化界。著作有《学书述要》、《沧浪亭新志》等。1935 年任江苏省苏州图书馆馆长。值得一提的是，1937 年日本侵略者铁蹄到达苏州之后，蒋吟秋动员职工将馆内藏书一千五百四十八部一万九千八百七十四册共九十七箱，分几批转运至东山杨湾鉴塘小学密室、西山梅益村包山坞包山寺满月阁复壁内及少数农家。他的民族心使苏州图书馆古籍得到了完整保护。为此，蒋吟秋赋诗一首："东夷进犯逼三吴，秘笈

迁藏入太湖。艰苦倍尝经八载,永留传话完书图。”

蒋吟秋对国学诗词、书画与金石深有造诣,篆隶尤精。“耽书习字兴天穷,健笔一枝长不老。”蒋吟秋留下的宝贵遗产,后人当予珍惜。

值得一提的还有书名题署者陈子清。陈子清出生于书香门第,苏州人,与叶圣陶、吴湖帆为同学,曾任江苏省苏州图书馆典藏主任。抗战前,他遵馆长蒋吟秋之嘱,具体负责转移馆藏善本书,将其密装木箱,星夜运到包山寺内,密藏在方丈密室内,并筑一坚固围墙以伪装,自己隐在寺内寸步不离。抗战胜利,书运回苏州,未少一册。他于1946年积劳成疾去世。他保护国家古籍的良苦用心当为后人永记。还应记住的是包山寺主持和尚闻达上人。他明是非,通文理,是子清的书画老友。他和子清一起共守古籍,功不可没。

说到密藏在东山杨湾鉴塘小学密室的古籍,校长周知辛亦当值得载记。面对多次到东山追查古籍的日寇,他临危不惧。东山百姓也表现出民族大义,面对日寇的威逼利诱,守口如瓶。后来,在周知辛校长组织下,大家又把古籍分散到各家各户保存,还有的百姓把古籍藏到了坟地棺木之中。为保护这批古籍,平民百姓中涌现出了许多感人故事。

由蒋吟秋组织的保护古籍行动最终取得了全面胜利,凡运至东山和西山的古籍未丢失一册。蒋吟秋在保护古籍珍本图书,抵制日本侵略者妄图掠夺古籍珍本图书的斗争中立下功劳,名垂史册。近有诗赞:“前贤馆长蒋吟秋,画印诗书第一流。卅年耕作功劳大,百年寿辰文脉留。爱国精神歌日月,文化才艺写春秋。喜闻遗集赠后彦,赢得诗文同气求。”

徐徵的《卓观斋脞录》

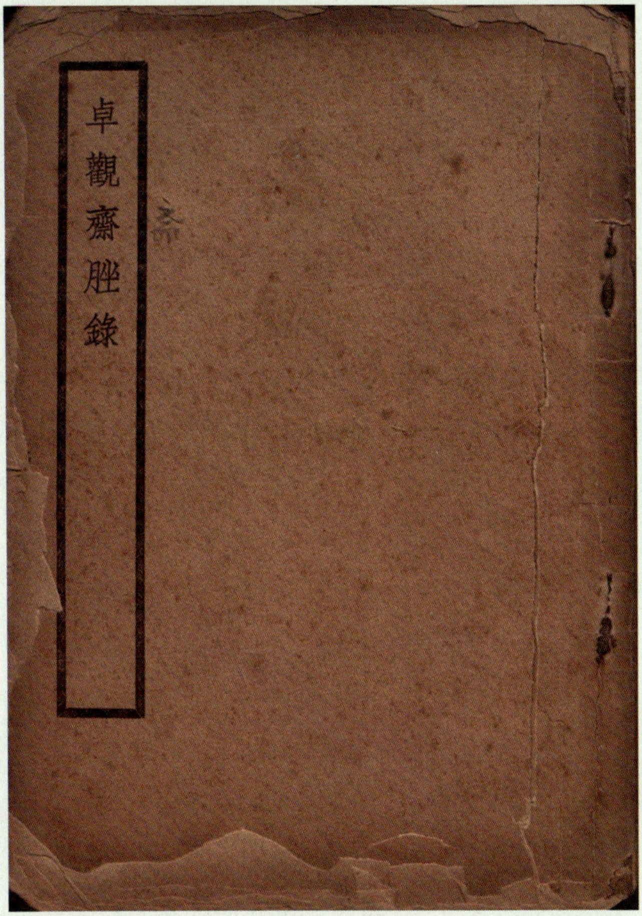

13.2 cm×18.7 cm

《卓观斋脞录》记载的是苏州历代一百多名书画家的故事。令笔者疑惑的是版权页上仅有“卓观斋脞录一册售国币叁角,中华民国二十八年一月付印,代印者苏州利苏印书社”字样。书中不但无序言、编后和目录,版权页上应有的编者、出版、经销也均无记载。仅在开篇标题右下角印有“云秋徐徵著”字样。

从资料上获知:

徐云秋(1908—1976),初名福元,又名徐徵,字云秋,书斋名为卓观斋,苏州人,居养育巷。早年毕业于晏成中学。才气横溢,聪明过人。喜诗文美术,为陈石遗、邓邦述所赏识。故邓邦述吸收其为门人。1937年前曾任中学国文和美术教员。积极参加苏州国学会学术活动，是国学会理事，掌管艺术部，撰写文章和创作国画。创办秋声书画、文学学习班，历时三年，先后招生两百余人，海上吴朴安、吴门顾彦平等都应邀授课，曾在乐群社（今宫巷耶稣堂）举办师生书画展览三次，较有影响。在这期间，广事收集、整理苏州历代书画家艺术小传，共得1220人之多。刊印《吴门画史》一书。由章太炎题字，陈石遗、邓邦述、吴诗初作序。1937年抗日战争时，接任蒋吟秋所辞去的江苏省立苏州图书馆馆长之职，并兼任伪苏州地方自治会秘书，组织出版《江苏文献》杂志。1942年10月参加江苏美术协会于沧浪亭，被选为监理事，负责学术部，出版《美术月刊》。抗战胜利后，在苏开设"苏州画苑"，惨淡经营，维持生计，新中国成立国后改画店名为"苏斋书画店"。他热心地方事业，主动捐献书画，支援抗美援朝。1950年秋季，被人民政府聘任为苏州文物保管委员会委员，与同事吴雨窗、周穗成等一起征集、研究文献史料、书画碑帖。(20世纪)60年代后调任江苏省博物馆为鉴定编目员，直至故世。

徐云秋通诗文，精鉴定，又擅书画，创作国画有《天平秋艳》、《高山流水》、《邓尉归隐》、《东斋荷香》、《双清图》等等。画风初宗王烟客、王原祁，后追明季沈周、文徵明。落笔淡雅清脱，疏秀简逸。偶作花卉，仅以文墨自娱，很少面世。又因雅好文辞、书法，每逢得意之作，常常以诗文长题。章太炎评其文采具山水之妙。陈石遗称其"能诗工画，诗有画意，画有诗意"。著作除《吴门画史》外，尚有《卓观斋脞录》、《王烟客年谱》、《娄东太原王氏画系表》等。

由此并细究本书，可作出合乎实际的判断：徐云秋从收集、整理的苏州一千两百二十人历代书画家艺术小传中，筛选了一百多名，以自己书斋名"卓观斋"题书名《卓观斋脞录》（"脞"即细小而繁多琐细之意）。苏州利苏印书社是苏州正规的印书社，民国时苏州许多书籍由该书社印刷，一般都以"承印"注明，而此书却注"代印"。笔者认为这不外乎两种可能，一是此书本不属于该书社印刷，二是作者自印。

此书虽是汪伪时期的出版物，但书中无任何汪伪时期痕迹，甚是可贵。应该指出的是，书中所录的一百多名苏州书画家中有些人物及史料，特别是关于他们的故事及故事中的细节为此书所独有，这些史料当值得珍视。

不足的是，此书总体设计排版未从读者角度多予考虑，人物次序排列零乱，排版也过于简单。如果此书以不同年代来划分人物，那就有头绪了。

《陆廉夫山水人物花鸟鱼虫画册》

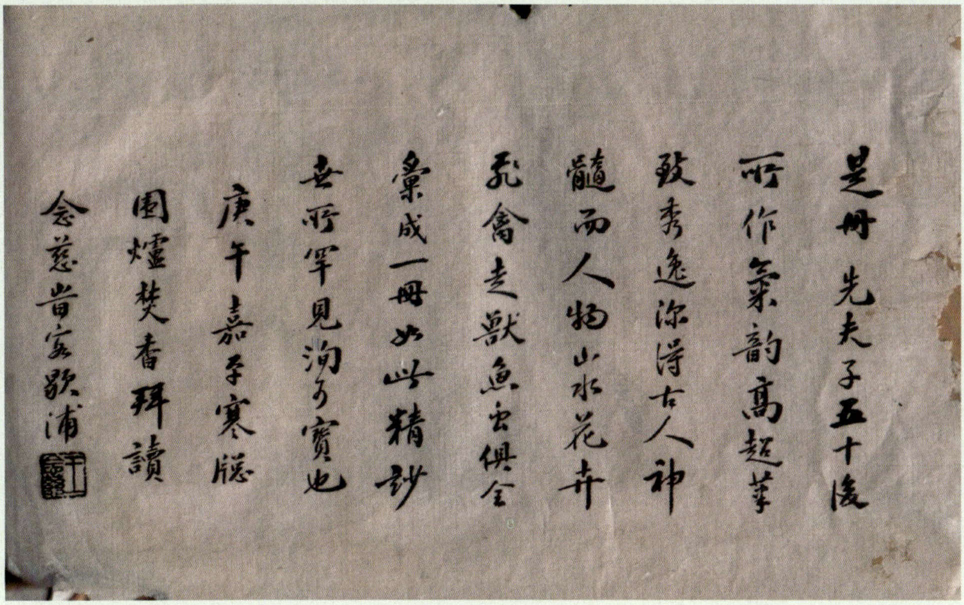

22.5 cm×33.5 cm

陆廉夫乃苏州大家，一代大师吴湖帆幼时曾师从陆廉夫。据 1995 年 1 月 1 版《苏州市志》介绍：陆廉夫（1851—1920），原名友恢、友奎，字廉夫，号狷庵、狷叟、廉道人，别署破佛庵主人、话雨楼主、客膝轩主人、寡癖居士等。吴江同里镇人，清末定居苏州河沿街。

廉夫年少时，从同邑画家刘德六习翎毛花鸟，从陶焘（诒荪）学山水画。刘、陶皆为名家。一次偶游僧寺，见十八应真像，叹为观止，遂一一临摹，反复研究，悟得人物画开相、衣褶线条等画法。其书法初习颜真卿、柳公权，后专注汉隶。

廉夫至苏州后，广收门徒，从学者数十人。沈塘、宗覆谷、顾墨畦、樊少云、陈摩、黄裳吉等六人为“陆门六大弟子”。他后入湖南巡抚吴大澂幕，得观吴大澂所藏历代名人字画、三代铜器、秦汉钤印及碑文法帖等，大开眼界；继而又游三湘、辽东名胜。曾作《衡山记游》八幅，自诩为平生杰作。光绪二十一年（1895）参加由吴大澂发起的“怡园画集”，加入者均为吴门画家名流。翌年张之洞任两江总督，集海内名画家补绘，工元恽所进承华事略，委托陆廉大总管具事。事毕返苏，潜心

绘事。后去上海，于光绪二十六年(1900)参加上海书画研究会。

陆廉夫工书善画。书法汉隶，古朴雄健，老辣苍润；画则山水、人物、花鸟、果品无不精妙，苍秀典雅。又能鉴定古代书画，判别真伪。他考证金石文字三十年，作书画不下数千种，出版有《陆廉夫画册精品》等十余种。

笔者藏《陆廉夫山水人物花鸟鱼虫画册》，版权页印有“珂罗版印陆廉夫画册真迹全一册。中华民国二十一年二版。绘画者吴下陆廉夫。珍藏者上海桐城书屋。出版者上海碧悟山庄总发行所、上海新闻路裕里求古斋帖局”。

全册共十二幅，扉页有吴昌硕题签，另有一页原件影印，亦作说明。

是册先夫子五十后所作，气韵高超，华致秀逸，洊得古人神髓，而人物、山水、花卉、飞禽、走兽、鱼虫俱全，汇成一册如此精妙，世所罕见，洵可宝也。

《张善子大千兄弟合作山君真相》

张善子的名头似乎不如兄弟张大千。其实张善子也是著名国画家，民国时以画虎而著称，别号虎痴。惜于抗战爆发第三年（1939）去世，年仅五十九岁。善子仅及中寿，大千年小善子十岁倒长寿，活到了1983年，终年九十三岁。

1949年张大千辗转于港台之间，流连于印度一隅，终移居巴西共十七载。1969年迁居美国，1978年返回台湾。晚年忆及故乡苏州，欷歔不已。乃自书一联曰“独自成千古；悠然寄一丘”，以寄其惆怅之情。

24.2 cm×38.2 cm

张家先世广东番禺，清初迁蜀，卜居内江，1932年举家迁居苏州，住网师园。

关于张善子张大千兄弟二人豢虎之事，苏州知道的人颇多。在兄弟俩看来，临绘之道，临摹是基本功，遂以虎为模特儿，置画桌于平台上为虎写生。此事有不少当年到过张家见过此景的画友曾著文详述。关于虎的故事，《苏州市志》1995年版第五十四卷“杂记类”专有记述，辟有《张善子与“虎儿”》一文。

著名画家张善子擅画虎。民国二十一年（1932）郝梦麟将军在贵州深山中遇到乳虎两只，郝命卫士捕捉，结果一死一伤。郝将受伤的一只赠送给张善子，辗转运至苏州，驯养在网师园殿春簃庭中，虎笼常开，不加锁甲，与猫犬无异。后来虎渐大，有客至常常呜呜作声，客人有受惊而退走者，善子害怕虎伤人，想把虎关入笼内，但又怕虎因此而更加性暴难制。有人建议将虎送报国寺印光法师座前受戒，善子从之。印光诵佛号，手摩虎顶，虎甚驯服。不料虎为寺之高门槛擦伤，自此患病，猛气尽消，不久病死。善子为之造墓殿春簃西侧，亲题"虎儿之墓"碑。"文化大革命"中，碑墓俱毁。张大千闻之，特于1982年亲书"先仲兄豢虎儿之墓"碑，自台湾经香港送至苏州，经刻制上石，置于殿春簃内以志其事。

又叶誉虎居网师园时，曾与善子携虎儿留影，题曰：三虎图，盖善子有"虎痴"之号。华侨巨子胡文虎来苏拜访善子时，见到郎静山所拍红衣女郎程丹娜抱着"虎儿"的一幅照片，遂索去用作永安堂虎标万金油的标志。张善子则以虎为"模特"，写尽虎的千姿百态，画家蓄虎之目的在此。

虎儿之死，《苏州市志》中记载的是由于善子带虎到印光法师处受戒时为高门槛擦伤。但古吴轩出版社2004年11月出版，桂秉权所著的《此情未已》一书中《折胫虎受戒报国寺》一文却是另一种说法。作者在文中说：

我曾听著名金石篆刻家张寒月老人言及其亲身经历，事情是这样的。那年张善子做寿，贺客除了叶恭绰、金松岑、李根源诸名流外，还有不少知名人士，摄影家徐家之也在座，他开过柳村照相馆，很有名，专为张氏拍摄新旧画件。酒筵在苏州网师园殿春簃外间厅屋，灯火通明。善子昆仲一时兴起，将虎牵了出来。不料那只虎见了锃亮的灯，众多的人，忽然一声咆哮，吻张爪舞，众人惊恐。张善子急了，连忙抓起他的手杖照着虎腿就是一棍；善子是有武功的，这一棍落手不轻，虎儿胫折，顿时趴了下来。善子兄弟也有些心疼，事后虽替它敷药医治，但虎伤多日未愈。叶恭绰提议，带它到印光法师座前受戒，或者能降伏其野性。

张善子兄弟觉得这建议也有点道理，于是择日用车子载了虎儿，由叶恭绰、张寒月（都是佛门弟子）陪同，到穿心街报国寺拜见了印光法师。虎儿驯服地伏在地上，印光法师对它作了"开示"（佛教语，点化、开导之意），大意说，须知人生难得，佛法难闻，尔今在畜道，有缘得来佛地，赐尔法名"格心"，从今以后当常闻佛音，改尔野性，仰仗佛力，或可超脱。印光开示毕，善子兄弟等礼拜而别。虎儿回网师园后，仍终日僵卧，不饮不食，不久死去。善子感伤，悔其一棍之失。虎埋于

殿春簃旁，张大千旅居海外后，曾题虎碑，刻石嵌于墙。

文学家、教育家汪东（旭初）《寄庵随笔》中《印光座前虎受戒》一文，对此有所记述。

还有一说，《苏州文史》总第十七辑《吴中情思》中有《青灯梦影——缅怀先师张大千先生》一文，作者曹大铁乃张大千弟子。文中说：

及至1936年年初，三进网师园，舅舅介绍我拜大千先生为师，行叩拜大礼。大千老师是我毕生中第三个磕头的人。从此我学写杨云史老伯的长篇歌诗，学于先生的草书（于为于右任——笔者注），学大千先生的人物画。记得杨老伯生于光绪元年，于先生生于光绪五年，大千老师生于光绪廿五年。杨、张年龄相差很大，却彼此钦佩。

凡是进"大风堂"拜师行礼的，对两位老师不分彼此，都要叩拜。善子老师行二，称他"二老师"，大千老师行八，称他"八老师"（以下概称"二师""八师"）。拜师礼节十分庄重，要备好大蜡烛、"寿"字香，在网师园殿春簃外大课堂中摆设一只供桌，两把大交椅上盖着红呢椅披。我行礼拜师开始，两位老师都向外立着，不肯就坐，迦舅力推才坐下。我行跪拜三叩首后，接着又见过各位师兄。令人惊奇的是还要同"虎弟"行见面礼。它是二师豢养的一只中老虎，取名"虎儿"，二师扶着它的两只前脚，向我拱拱，吓得我寒毛凛凛，这可说是旷古未有的见面礼了……

提到"虎儿"，报刊上也有不少记载，它在大风堂上的动作比家犬还要驯良。曹逸如、张心亮、张葱玉等人都同它合过影。逸如还拖着它到医师处看病。唯有一次，名摄影家郎静山要替它摄影时，虎儿不知怎的动了一动，就把郎氏惊倒在地，把一只上好的进口照相机跌坏了。

"虎儿"在抗战前夕猝然而死。谈到它的死，外界传说不一。事实经过是这样的：记得"八一三"前半个月，八师已去上海转北平，二师收拾行装准备回四川，由于"虎儿"正病中，就订制了一只铁笼，把它纳入笼中，笼顶堆了不少行李，不意行李太重，铁笼不坚，被压坏，"虎儿"又是久病，不能挣扎，就此压死。二师对它哀悼非常，匆匆上道，把它埋在殿春簃墙处。二师在十分紧张中，手题"虎儿之墓，蜀人张善孖大千立"。品三立即请人刻了一块青石小碑，抗战中这块碑被人偷走了。至于二师替"虎儿"皈依印光法师，确有其事。

相对而言，笔者认为曹大铁的记述较为接近真实，但对于“虎儿”病因并未提及。是印光法师那儿门槛擦伤所因？还是善子棍伤足而致？

笔者藏《张善子大千兄弟合作山君真相》原版画册，共23幅，每幅画都盖有张善子、张大千名章各一枚，及手书题词题诗，画的主题有“皆大欢喜、风雨之龙”等，在落款中两人分工也很清。有的大千画景补松，善子画虎；有的同画。画虎画皮难画骨，今赏两大家所画之虎，出神入化，恐至今无人能及，这当是共识。画册极为珍贵，为吾所藏，甚幸。

依据笔者所藏画册纸质，乃原作民国时无疑，2005年11月版《苏州民国艺文志》关于张

大千介绍中载有“《张善孖大千兄弟合作山君真相》,美术生活社 1936 年版,上海图书馆存”的记载,不知这册与笔者藏册是否为同本?另原版上张善子的“子”字,《艺文志》中写成“孖”字,虽张多署“善孖”,但作为工具类书,还当与原作记录不差分毫。

值得说明的是,此画册封底仅有墨水瓶盖大圆形银色标记,除封面画册名外,无任何文字说明,如果是同本,不知《民国艺文志》中美术生活社 1936 年版出处从何来?在明清及民国时的版本中本无原始记载的甚多,主要是当时作纪念、赠人、收藏之用,由于不流通,更为珍贵。对于版权页上无记载的,作为工具书,应作考证佐证之类说明或注解。

《娑罗画刊》创刊号

说到创刊号，有人赞曰“珍爱最是第一声”。创刊号是刊物的藏中精品。刊林如海，1949年前有目录可查的就达三万多种，1949年以后有人统计达八千多种。藏书家中有靠创刊号立名的，如北京的谢其章先生。他的专著《创刊号风景》、《创刊号剪影》、《封面秀》还上了席殊书屋排行榜。据说新华书店经常脱销，卖得相当好。

虽为收藏，谢氏实是牵着创刊号的鼻子来研究当时社会生活内容、时代气息和文化价值观念，提升读者对历史的认识价值的。一本创刊号的书影夹一篇文，就像“一枝碧螺夹枝桃”，一派春意盎然，别有风光和情趣。是书评，也是散文，读来轻松神怡，令人神往。上海收藏协会副会长冯建中，收藏创刊号一万八千册，其中民国老期刊创刊号两千余，堪称中华创刊号收藏第一家。他于2001年应邀赴台湾展览，广受欢迎；2002年在北京鲁迅博物馆展示，社会评价颇高。

如今民国期刊难觅，被称珍品的创刊号拍卖价格在千元至万元之间。有人为投资，有人为研究，有人因喜好，各取所需。

《娑罗画刊》作为苏州地方一个民间团体刊物，共四页。虽公开发行，也大多是业内读者，因此发行量较少，创刊号保存至今近八十年，就更珍贵了，这乃笔者收藏之幸事。在这里，有必要把《娑罗画刊》的来龙去脉讲清楚。

1931年冬，苏州著名画家吴似兰（绿野）购得娑罗树一株，植于西百花巷宅第（现旧址仍在）。娑罗树又称菩提树，原产印度，为佛教吉祥之树，但在我国则不易培植，故极为珍稀。次年春夏之交，娑罗树开花，色作雪青，形如莲座，叶盛花茂，枝脉婆娑，观者无不称奇。一时三吴名流纷至吴宅，对花挥毫，诗唱词酬，极一时之雅兴。后吴子深（吴似兰兄）提议，为效怡园旧主顾西泽当年创“怡园画社”之举，发起成立娑罗花社，命名吴似兰画室为“娑罗花馆”。由于吴氏一门风雅，昆仲妙绘丹青，早已誉满三吴，所以志趣相投者纷纷入社。

有资料记录的入社者共有四十八名。老中青三代画家，少长咸聚，济济一堂。刘临川、颜纯生、蒋宜安三人与吴昌硕、陆恢同辈，入社时均已是古稀之年，属于老辈。他们德高望重，被尊称为“福禄寿”三星。中年一辈有顾墨畦、吴待秋、陈迦

娑羅畫社集錦潤例

立幅每張七元七角

扇面每頁三元三角

本年度第八期第九期第十期第十一期四期作品業已定完

廿二年度畫件請速預定

總收件處西百花巷三十八號

發行者 娑羅畫社 蘇州西百花巷卅八號

編輯者 吳似蘭 汪漱玉 張星階

娑羅畫刊

摺扇號

民傭

製版者 吳縣製版社 蘇州東中市

攝影者 吉星攝影公司 蘇州觀前大街

印刷者 文新印刷公司 蘇州西中市

民國廿一年十月卅日出版

發刊辭

記者

娑羅畫社者。因同人每集合於娑羅花館而有此名稱焉。娑羅花館者。因吳君似蘭向清河氏購得娑羅樹。其高八九尺。春夏之交。花開甚異。因名其百花里新居之書室。自畫社成立以來。作者數十人，已集會揮毫者七次。今徵得作者同意。爲本社書畫以留紀念者。攝影鑄版。以贈同好之人。第此爲創刊。祇限摺扇一類。本社開始迄今。不過蟾魄三圓。而人事牽掣。每每不能如約聚首。光陰迅速。時不再來。用特將社友作品。集爲專刊，以寄一時之興趣云爾。民國二十一年十月三十日作於娑羅花館

顏純生畫人物

蔣宜安畫仕女

顧墨畦畫山水

張仲仁書

27.0 cm × 39.4 cm

庵、樊少云、吴子深，入社时年龄均在四五十岁。第三个年龄层次即为一大批朝气勃勃的青年画家，他们是柳君然、朱竹云、朱守一、王季迁、蔡振渊、张辛稼、范子明、王子振、叶焕文、吴秉彝、吴振声、吴似兰，还有女画家陈昭新、陈克明、姚明梅以及美专学生于中和等。他们精力充沛，好学上进，是画社的骨干力量。画社中除了众多名画家外，还有名重一时的文学家、书法家、金石家，他们是张仲仁、吴梅、朱梁任、余觉、王韵九、蒋吟秋、蒋企范等人。

正因为娑罗画社集中了各界名士，作品熔诗书画印"四绝"于一炉，格调高雅，提高了画社的知名度，很快受到社会好评。1932 年 8 月 22 日《苏州明报》载文说："我苏国画界所组织之娑罗画社成立以来，已举行三次画会，每次作品均达六十件之谱，但仍供不应求，亦见该社作品之受人欢迎矣。"

画社还经常邀请全国著名学者来社讲学。1932 年 9 月 14 日，正值中秋节。当时尚在杭州居住的国学大师章太炎先生在老友李根源、朱梁任陪同下莅临娑罗花馆，同来者还有章氏门生金松岑、祝心渊、潘博山等。诸君既至，共赏庭中娑罗树及书画佳作。太炎先生兴致勃勃，欣然于洒金笺上题"娑罗花馆"横额。宴饮既终，香茗侍奉。太炎先生独坐娑罗树下，同席诸君旁立，由张辛稼为之摄影。随后先生至画厅就坐讲学。夫子燃烟一支，侃侃而谈，引经据典，畅叙古今。当时苏州有近百名学子聆听，实为文坛之盛事。

1932 年 10 月，画社由吴似兰任主编，王漱玉、张辛稼任编辑的《娑罗画刊》向社会公开发行，八开四页。发刊词说："自画社成立以来，作者数十人，已集挥毫七次，今征得作者同意，为本社书画以留纪念者，摄影铸版，以赠同好之人，第此为创刊，只限折扇一类，特将社友之作品集为专刊，以寄一时之兴趣耳。"创刊号收录颜纯生等画家扇面二十八幅，张仲仁、朱梁任、王韵九书法扇面三幅。1935 年《娑罗画集》丛刊问世，第一册画集为三十二开本小册，精印娑罗第十六届画集全部作品，并附各书画家艺术简介及书画润例。另外，在画社成立两周年之际，还精铸直径为八十三毫米的铜质会牌，阳面是娑罗花浮雕，阴面为社员名单，社员各执一枚，以资纪念。

抗战期间，狼烟四起，画社开始萎缩，特别是刘临川、朱梁任、颜纯生、吴梅、张仲仁等领袖人物相继谢世，大型活动基本停止。抗战胜利，本应重整河山，却内战又起。时局不稳,民不聊生,迨至1948年,苏州已是经济凋敝,百业萧条,曾轰轰烈烈的娑罗画社不可挽回地走向了它的终点。

时代风云,沧桑巨变。1990年6月18日,值娑罗画社成立五十八周年之际,苏州尚健在的老社友陈昭新、朱守一、张辛稼、姚明梅、王子振五人聚会听枫园,欣然提笔,再度合作,画《松柏长春图》以资纪念。张辛稼提议,两年后,即1992年6月18日,画社成立六十周年时,邀请在美国的老社友王季迁回苏共庆。不料三个月后,张辛稼即患病住了医院,不及半年,谢世人间。综观娑罗画社这样一个民间团体,联络了苏沪许多书画名家,活动达十七年,而社中三代画家的影响,波及苏州画坛百余年,实在是苏州绘画史上难得的事。真是:世间难得娑罗花,零落成泥百年芳。

《沉醉东风》黄异庵

谱成宫徵入三弦，旧地重逢已四年。

记得控江楼上月，相邀正在菊花天。

——《沉醉东风》中题黄异庵词稿一首

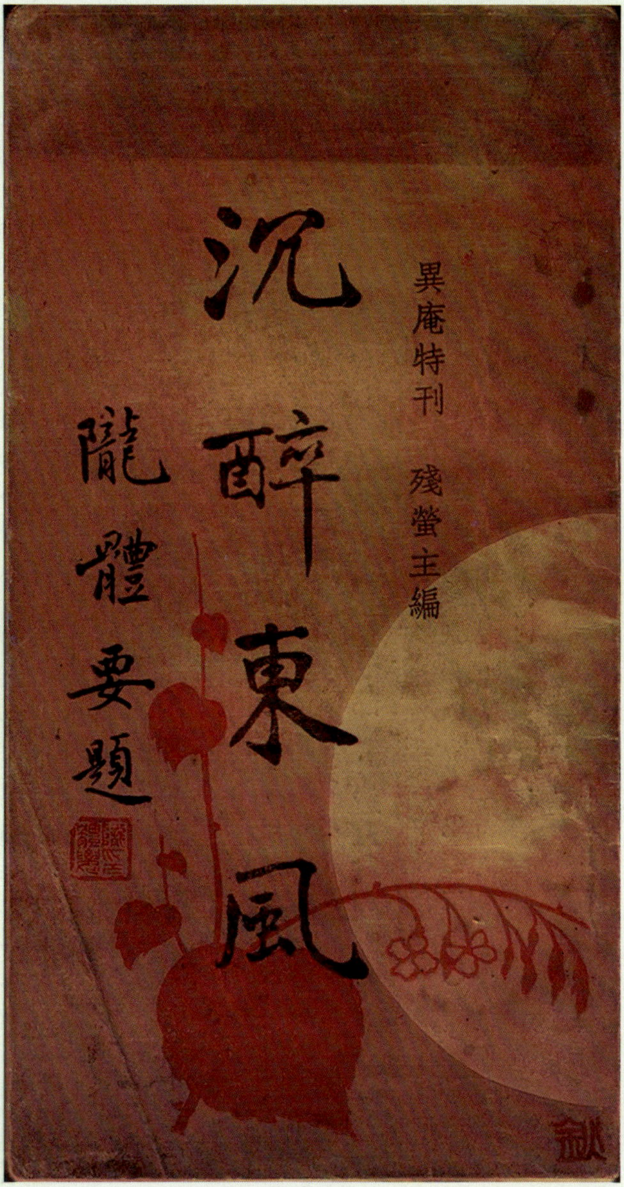

9.4 cm×17.4 cm

弦索叮咚，迷倒江南听众。听弹词也会有瘾，听上了耳，便非听不可。虽然曲谱简单，不满十句，但弦索一声，听者就悠然神往。弹词的趣味，全在静的环境中发出优美的音乐。先抚慰了人的情感，再来评述故事，以调整人的理性。弹词之责任重大，并不逊于一切社会教育工作，其深入民间之力量，更非一般艺术形式所及。

苏州有个评弹名家叫黄异庵，民国时就誉满江南。1937年初，无锡梁溪控江楼因黄异庵的再次到来而轰动了无锡城。于是，萍水相逢者藉志以留念，知音者藉结文字缘，永生书店以特刊形式结集出版，县长陇体要亲题书名并钤印，也就有了这本《沉醉东风》。

确实，在众多的苏州评弹艺术家中，像黄异庵那样富文学、工书法、擅音律的评弹艺术家十分鲜见。

2009年，笔者在网上获知有位本市藏者转让黄异庵的《沉醉东风》，开价一千两百元，少了一分不让。据说以前曾有相关部门及个人找过他，均未曾松手。

沉醉于封面上的鲜艳红花摇曳着的诱惑，我感到就凭这等春风雅致的封面设计，对任何爱书者来说，喜爱之心都会油然而生。

书正文印上页码的仅十四页，封面、封底、目录、小传、编余照片及广告等占了二十八页。书虽薄，但史料价值和版本价值无疑是很高的。

书的主要内容有：各名人题诗题字，编者陶残萤写的《写在卷头》和《异庵小传》。艺评有署名锡麟的《天造地设之韵事》，署名沙仲虎的《异庵之才艺》，署名胡绪清的《不同凡响之弹词家》，署名风的《我们期望黄君》。开篇有黄异庵的《前后西厢记》和《赛金花》，此外是黄异庵近影、异庵墨迹、编者小影及编余。

编者陶残萤在《写在卷头》中说：

匆匆忙忙底赶了好多天，到今天总算破锣鼓敲像了。能乘着春到人间的第一番风信，与读者诸君握手，这是我们感觉到非常快慰欣幸的一件事情！不过这是"急火饭"，尚多缺憾；同时闹得满城风雨，到今天才出版，好似"千呼万唤始出来"；而内容仅仅如此，或许要使读者诸君失望！

本刊的产生，目的无非"留志鸿爪，以示不忘"之意。所以内容方面，除黄君最近得意之作外，并采取各方正确底评论，完全一洗以往那些移花接木，杂凑成篇，藉为自己捧场的一类恶习。但对于本刊还竭诚盼望海内同文有以指教！此次因时间匆促，尚有许多惠赐的评论等未及刊入，仅向作者与读者致歉！

黄异庵原名易安，籍太仓，工吟咏，书有别趣，擅三弦，少年就名噪一时，因《西厢记》旧本改曲为词而一鸣惊人。

在《天造地设之韵事》一文中是这样介绍的：

今日之名弹词家，多好过江之鲫，然非油腔滑曲，即江湖气重，其作用仅供妇女俗子之一笑而已，但黄君之艺则不然，虽其名不若其他弹词家之盛，而其艺之有书卷气，则已深为识者所赏识。

黄君读书甚富,胸有养气,工书法,弦无俗音,口无俗语,深得个中三昧。聆其词,入饮甘露,有回味无穷之情,如游仙境,有羽化欲仙之概。

黄君才子也,《西厢》才子书也,以才子而唱才子书,是天造地设之韵事。

通过《不同凡响之弹词家》一文可得知:黄异庵曾担任过《时事新报》编辑,因“世风不古,人心益非之际而隐于艺”。此刊是异庵再度到无锡时,残萤兄集其旧编新作约数十篇而出版的。

此刊应视为正规出版物,应与旧时商业演出前印制的广告图册相区别。此刊民国二十六年(1937)二月出版,编辑:陶残萤。发行:燕社。印刷:文新印刷所。经售:永生书店、茂记派报社。从版权页上知,永生书店是无锡特约代理生活书店、上海杂志公司、光明书局、中国图书公司的,对于此刊出版印刷发行也是很正规的,在版权页上还印有“本刊文字未经许可不准转载”字样。

对于黄异庵的才艺,在《异庵之才艺》一文中有“一指之动,喜怒哀乐书入其中,热闹处如怒涛之澎湃,万马之奔腾,静肃处,如古寺之钟声,深山之流泉”之比喻。异庵的书法也为人争相购藏。

南词北曲,由来已久,弹词一道,即从南词中脱化而出,始于唐宋,盛于明清,时至今日,可谓盛极。关于黄异庵的史料,《见证历史:二十世纪苏州评弹图像》一书(古吴轩出版社2006年6月1版)第90页、91页、173页也有记载,上有两幅说唱《西厢》剧照、他与刘美仙参加1978年苏州会书的剧照以及他的书法作品《出人出书走正路》。另有生卒说明(黄异庵,1931—1998)。可见,黄异庵在评弹史上确是一位不可忽视的人物。

吴梅的《中国戏曲概论》

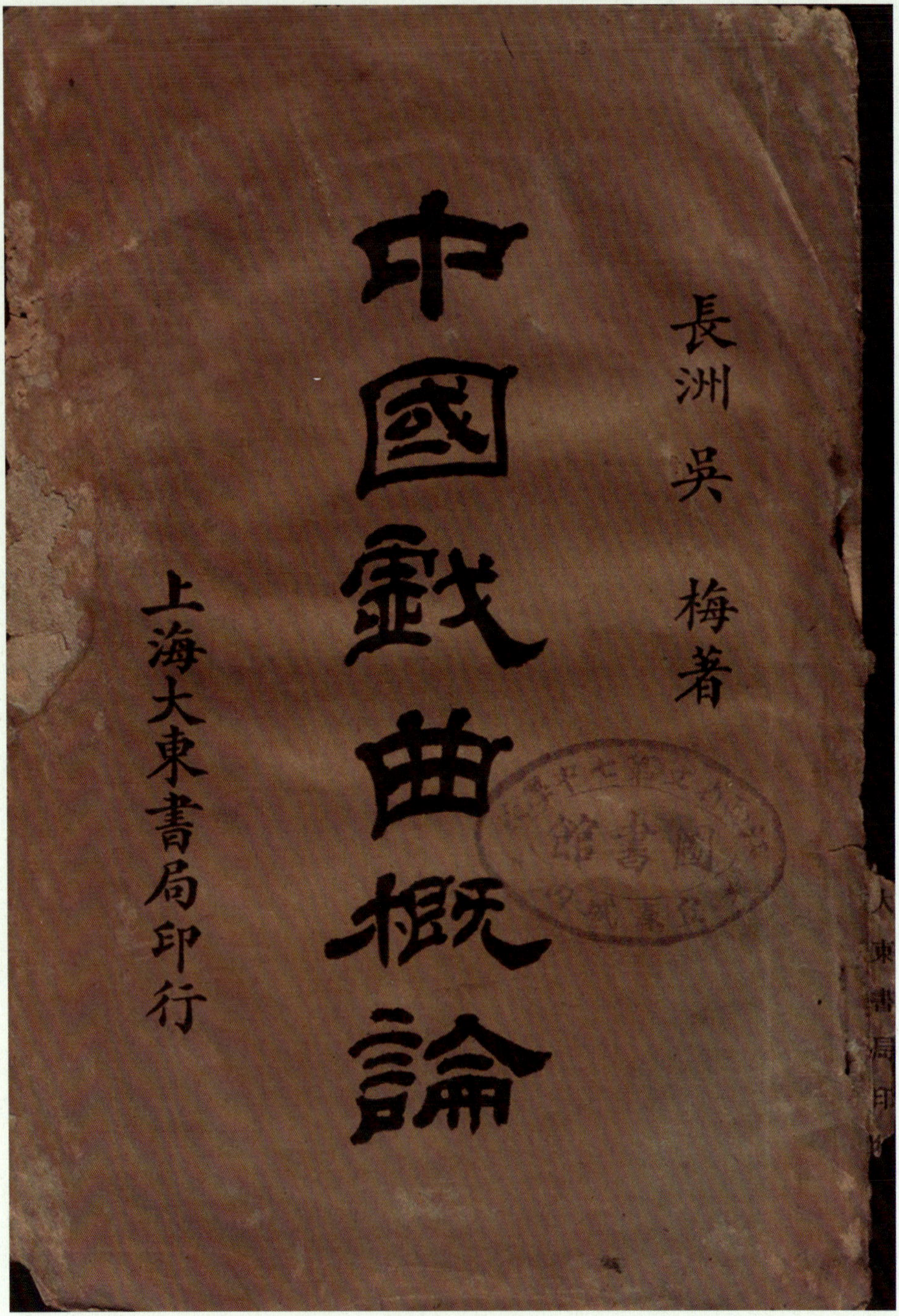

15.2 cm×22.5 cm

在近代戏曲界,吴梅是值得纪念的人物。他的弟子中既有名教授大作家,如朱自清、田汉、郑振铎、齐燕铭,又有梨园界的大师,如著名京剧表演艺术大师梅兰芳、俞振飞,20 世纪 80 年代的日本东京大学校长也是吴梅的弟子。1993 年,中国文联、中国戏剧家协会等在吴梅故里苏州召开了吴梅诞生一百周年学术讨论会,吸引了海内外许多专家学者竞相来苏。

吴梅(1884—1939),字瞿安,号霜厓,江苏长洲(今苏州)人。他在文学上有多方面成就,一生致力于戏曲及其他声律研究和教学。他不但是戏曲理论家和教育家,而且是诗词曲作家,被誉为近代"各色俱全"之曲学大师。传统戏曲本身就是一种综合艺术,吴梅具有文学、音乐、舞蹈、美术等多方面的较高修养。曲律研究方面,吴梅有《顾曲麈谈》、《曲学通论》、《南北词简谱》等专著,在前人研究成果和自己艺术实践的基础上,全面系统地论述了制、谱、唱、演的艺术规律。《元剧研究》和《曲海目疏证》对剧作家与作品的考证,有承前启后之功;《霜厓曲话》、《奢摩他室曲话》和《奢摩他室曲旨》等采取传统的曲话形式,广泛评述散曲、剧曲的形式与内容,既为作者的进一步研究打下了基础,也为后人的研究提供了可贵的参考材料。

吴梅诗、词、曲三体相互浸染,曲学上的造诣又深化了其对诗词的理解。我们从中可以悟出治学之道。吴梅词风豪放者近于诗,婉约者则近于曲。

吴梅的词,大都录入《霜厓词录》二卷。吴梅的诗,有《霜厓诗录》四卷,贵阳文通书局 1942 年版。所录诗作始于 1898 年,终于 1938 年,对于四十年间的重大历史事件,从戊戌变法、辛亥革命、洪宪复辟、军阀混战到日寇侵华都有反映,从中还可看出吴梅一生经历、过从交往以及思想、艺术的发展脉络。

吴梅先后在北京大学、光华大学、东南大学、中山大学等校任教。卒于云南大姚县。当时正值日寇侵华,在中央大学任教的吴梅举家内迁,从苏州经武汉到湘潭,从湘潭到桂林,从桂林到昆明,再到大姚县李旗屯。此地缺医少药,一代戏曲大师吴梅因喉病复发去世,年仅五十五岁。

笔者藏本《中国戏曲概论》由上海大东书局印行,中华民国十五年(1926)出版,为初版本。此书在曲史研究方面,是放眼全局的第一部中国戏曲通史。

祝嘉与《书学史》

在我国近现代书法界，在书法艺术创作中既能取众融宏、自立门派，又能在书学理论研究方面著述宏富者，稀如凤毛麟角，祝嘉就是其中一个。因此，他受到了于右任、吕凤子、林散之、沙孟海等大家的尊重。郑逸梅《艺林散叶》曾记："近代论书法之著作，以祝嘉最为宏富……书法与汪星伯、蒋吟秋齐名。"祝嘉不仅是一位近代书法理论家和兼擅篆、隶、楷、行、章草、今草的书法大家，还是一位在近代书法史上为复兴中国书学、倡导书法教育而受人尊敬的导师。

1941 年，祝嘉欲查阅中国书学史专著，搜遍目录，发现仅有翻译的日本人所著的《中国书道史》。感慨之余，发愤自己动手撰写《书学史》。全书二十五万余字。这本近代第一部由国人撰写的《书学史》填补了中国书学界的空白，赢得了民族尊严。

《书学史》1947 年 8 月由上海教育书店出版，于右任先生为之作序，吕凤子先生题签。《书学史》出版时有纸面平装和布面精装两种。笔者所藏为初版平装。

1948 年，《祝嘉书学论丛》、《愚庵书话碑话合刊》、《怎样写字》、《书法三要》等相继由上海教育书店以"中国书学研究丛书"名义出版。

新中国成立后，祝嘉撰写了《书概疏证》、《书学简史》、《临书丛谈》、《书学新论》、《书法格言疏论》、《艺舟双楫疏证》、《广艺舟双楫疏证》、《书学论集》、《书法罪言》、《逆耳集》、《书法管窥》等七十余种，约三百七十余万字，已出版者将近半数。

祝嘉尽毕生精力为复兴中国书学而努力。1994 年，他还担任苏州祝嘉书院名誉院长。八十五岁时在家中义务收徒两百，培养书法新人的事迹为苏州民众所熟知。

"文革"期间，他被加上"汉奸"罪名而剥夺了发表作品和文章的权利，缘由是民国时他曾与日本《学书大道》主编伊藤东海通过信。关于二人的交往过程，伊藤先生曾撰文《万里神交》以记其事。

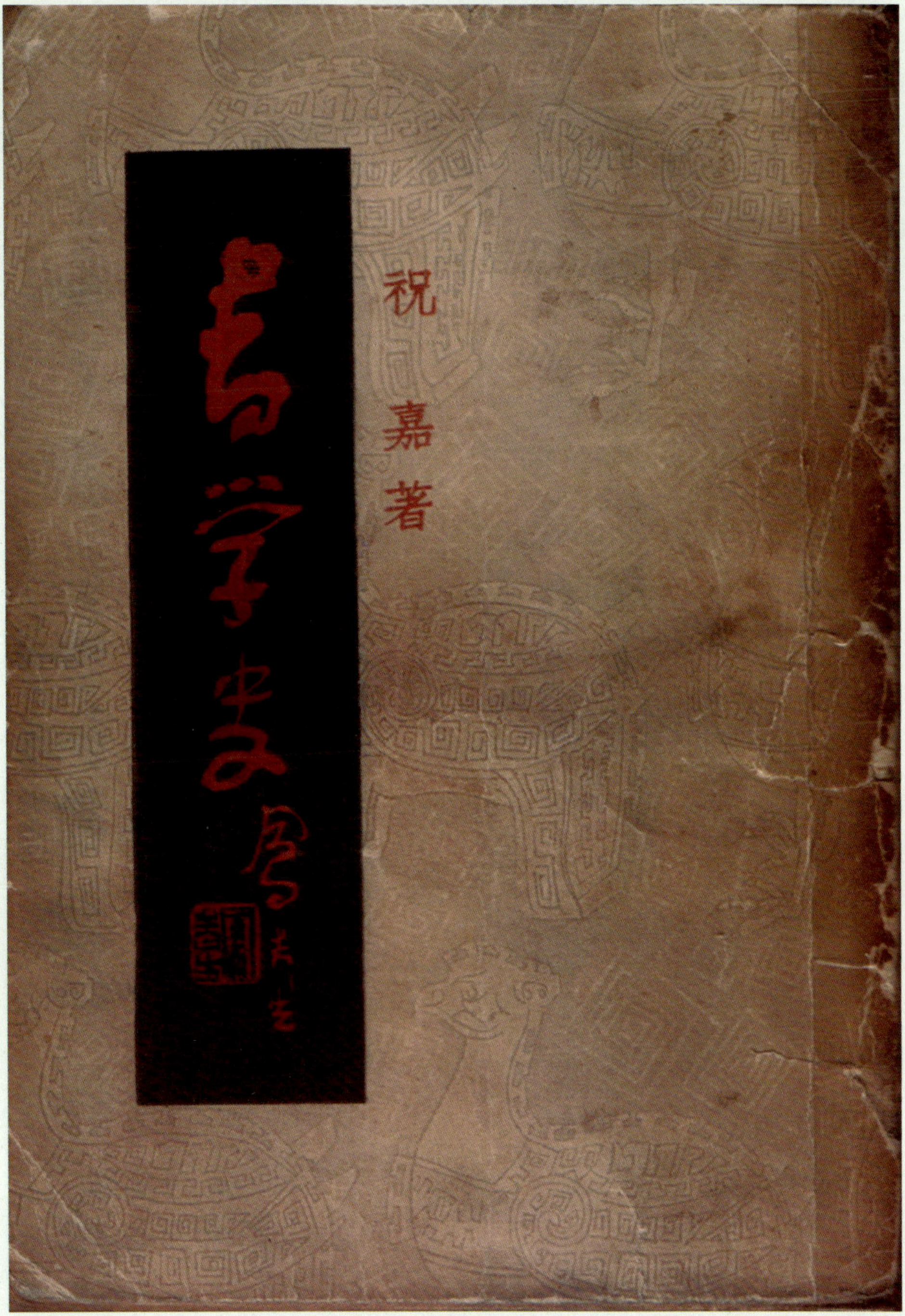

13.0 cm × 18.2 cm

祝嘉1899年出生在海南,1947年后一直定居苏州,他在这座城市里生活了近五十年。他把对苏州的热爱全部倾注在培养书学接班人上,直到去世前一个月,九十七岁高龄的他还在家中为部分学生上书法课,真是耗尽了毕生的心血。正如他晚年借康有为一上联自配下联云:“笔有千秋业;胸无一点尘。”祝老去世时,挽联满壁,真是“默守拙诚胸罗天地,潜究书艺笔写春秋”。

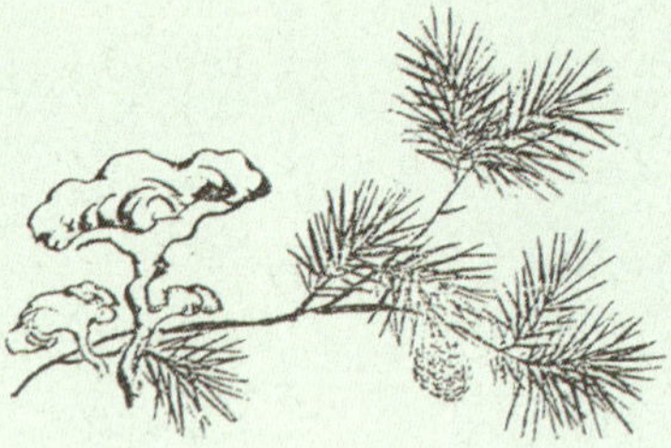

苏州自古出文人。但对于电影明星，人们可能只零星地知道某人是苏州人。其实，民国时期涌现出了一大批苏州籍的电影演员，有擅演反派角色的洪警铃，悲剧女演员王汉伦，我国影坛首批女明星之一的殷明珠，被称为“神州”头牌女明星的清丽朴素的丁子明，风韵绰约的韩云珍，主演中国第一部有声电影《歌场春色》的宣景琳，从影迷到影星的汤天绣，出演《一江春水向东流》的吴茵，影坛父女朱孤雁、朱秋痕，“袖珍小生”的顾也鲁，主演《小兵张嘎》、《烈火中永生》的张平，从梨园走上影坛的袁美云，闻名中外的“金嗓子”周璇，还有金山、黄晨、蒋天流、上官云珠、欧阳沙菲、叶琳琅、夏梦、金迪、高远、陶白莉等。这些苏州籍演员，以苏州特有的灵气和江南文化的情愫对我国电影事业作出的贡献是不可忽视的。寻觅他们的影踪，以感苏州与中国电影天然的维系和情缘。

周璇与日文版《南方演艺记》

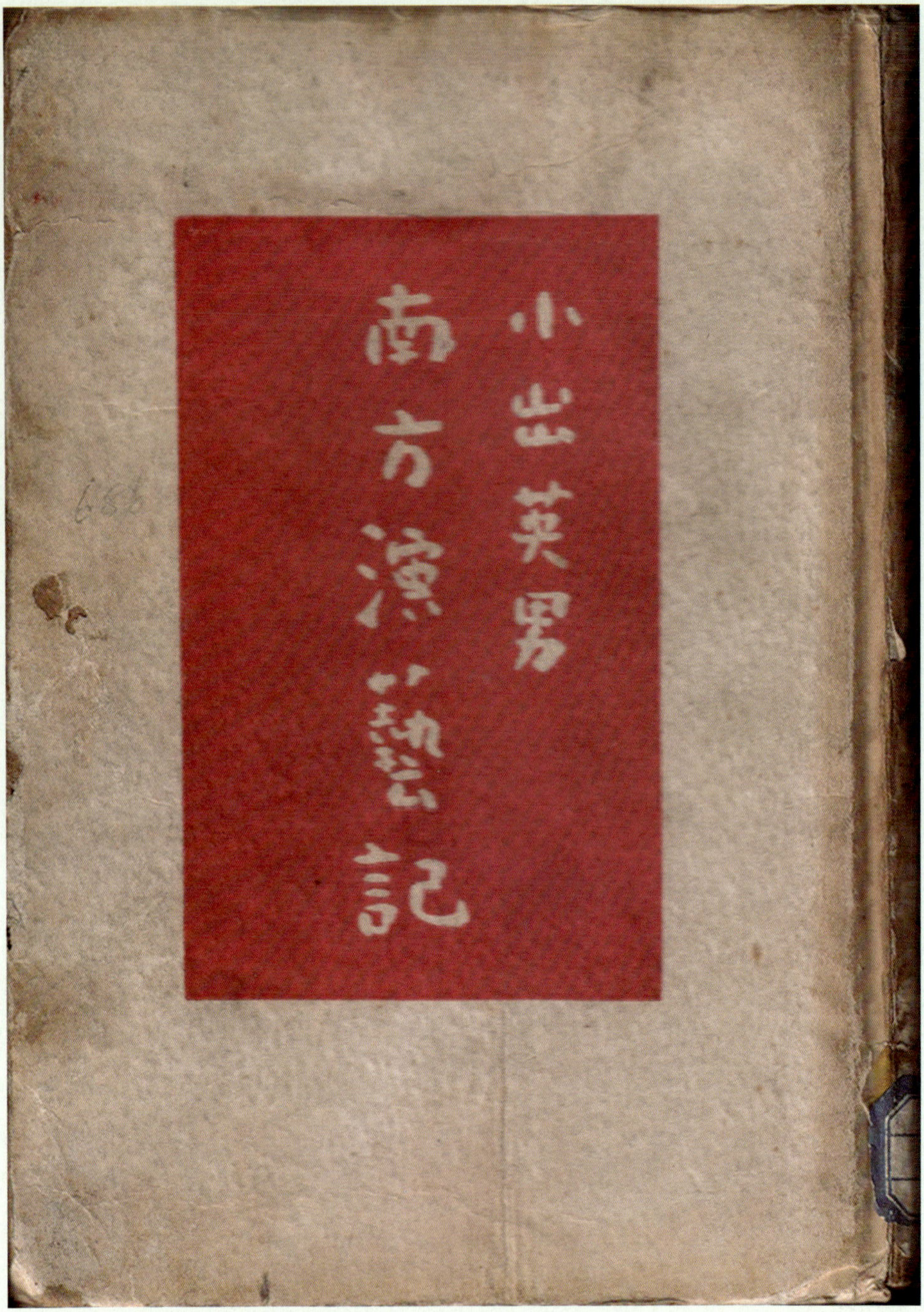

13.0 cm×18.8 cm

在20世纪40年代用江南的低吟浅唱和起承转合的一种旋律作表征，让天下众生一醉的，就是周璇。

1918年农历八月初一周璇出生在常熟东门外一座尼姑庵里。生母秦秀敏原是一所教会医院的护士。她被院长诱奸怀孕，痛不欲生，欲投河自尽，被救起后削发为尼。她在庵里产下周璇，本欲将其抛进河塘淹死，幸亏庵堂一个老师太慈悲为怀，征得秦同意，决定给人抱养。老师太带女婴到上海霞飞路（今淮海中路）尚贤坊亭子间，被周家女施主收养了下来。养父周留根是土生土长的上海人，在英租界当一名"洋泾浜"翻译，养母叶枫妹，原在戏班演小角色。周家境况很差，周璇十岁时欲卖给四马路妓院，老鸨因其人太瘦小，拒绝了。1930年经人介绍，进入明月歌舞团。其代表作有：《松花江上》、《渔光曲》、《四季相思》、《天涯歌女》等。

周璇1935年从影，加入艺华影业公司，拍摄的第一个角色是《花烛之夜》中的一个小姑娘。之后，她又为艺华影业公司和新华影业公司拍摄了《喜临门》、《百宝图》、《满园春色》、《三星伴月》、《狂欢之夜》等影片。周璇拍摄《马路天使》时还不满二十岁，在影片中她塑造了一个在旧社会受尽侮辱和损害，但有着美好理想的歌女小红的形象。周璇以自己的切身感受，申诉社会的不公，以饱满的感情和卓越的演技，唱出了"大姑娘窗下绣鸳鸯"的思念亲人之情，以及"突然一阵无情棒，打得鸳鸯各一方"、"家山呀，北望泪沾襟"的家仇国恨之情。这两首由田汉作词、贺绿汀作曲的歌曲，经周璇演唱后风靡了上个世纪。周璇领悟力和创造力很强，影片中有一段她设计的小红边唱歌边摆弄自己辫子的动作，赋予了角色更自然和谐、生活化的气息，至今仍为人称道。周璇的出色表演使这部影片以及其中的插曲成为中国电影史上的经典。

"八一三事变"后，周璇参加了大型话剧《保卫卢沟桥》的演出，还随上海剧艺社赴菲律宾宣传抗日救亡。

周璇从小在凌辱的环境中养成了温顺柔弱的性格，各影片公司纷纷将她看成摇钱树。他们沆瀣一气，对她剥削欺骗，让她日夜奔波于各片场间为公司拍片卖命。1938年起，周璇为国华影片公司拍摄主演了二十多部民间题材的影片，如《孟姜女》、《李三娘》、《董小宛》、《苏三艳史》等。在这些影片中，她扮演了烈女、闺秀、名旦等各种女性角色，且这些绝代佳人都有一段凄婉而令人肝肠寸断的悲惨遭遇。上海沦陷后，周璇又为中华电影联合制片公司拍摄了多部影片，如《渔家女》、《鸾凤和鸣》、《红楼梦》、《凤凰于飞》等。她曾对进步电影家贺绿汀表示过不想再拍这些“断命片子”，向往解放区的光明和自由，可惜由于种种原因始终未能如愿，而她的身体和精神在繁重的拍片压力下每况愈下了。

抗日战争胜利不久，周璇应邀至香港拍摄了《长相思》、《歌女之歌》等片。1947年回上海，主演了由田汉编剧、应卫云导演的《忆江南》和柯灵编剧、佐临导演的《夜店》。在《忆江南》中，周璇一人分饰两个性格迥然的角色：既是秉性善良的采茶女谢黛娥，又是贪图安逸的交际花黄玫瑰。她的表演出色到位，两种类型的人物都被塑造得十分成功。茅盾先生曾评论道：“周璇女士一身兼演此两个不同性格的角色，颇有分寸，说得上难能而可贵。”在《夜店》里，周璇扮演的石小妹，原本是个天真可爱的姑娘，却受尽了折磨，孤独无依，被逼入娼门，最后落得自戕的悲惨结局。周璇将剧中人物的感情变化和性格特点刻画得淋漓尽致。

周璇主演了许多历史古装片，最光彩夺目、令人记忆犹新的角色是她在1948年主演的《清宫秘史》中的珍妃形象。珍妃生活在分崩离析的清朝末年，虽美丽聪颖、才华出众，却受尽封建卫道士的凌辱压迫，富有个性的她，最终成为腐朽势力的牺牲品。周璇在表演中不但做到形似，更追求神似，一方面在言行举止上准确反映人物的社会地位，一方面把握人物内心的复杂感情，将这个悲剧传奇的女子演绎得真实细腻、形神兼备。她的演出已经跃出古装美女和时装歌女的樊笼，达到了炉火纯青的境界。

周璇在新中国成立后拍摄的唯一的也是最后一部影片是1951年的《和平鸽》。

周璇的同伴，出演《山河恋》的吕恩在1995年第2期《苏州杂志》上撰文回忆：

> 周璇的丈夫严华夫权思想严重，严比她大很多。对她控制很严，完全掌握了她的经济命脉，她赚的钱全部归严，每天去公司拍片，只发给她来回车钱，连想吃零嘴都不可能。这是和她共同拍片的女主角之一的赵慧琛告诉我的，还说周璇那时很瘦小，十分可怜，由于流产身体虚弱，又受虐待，周璇患上了神经衰竭症和初

周璇——支那・北京映畫の名女優

北京映畫「新茶花女」

右——鄭重
左——李麗華

期心脏病。

周璇后来离开了姓严的，获得了人身自由，经济独立。她拼命地拍戏、唱歌、赚钱、聚钱。她说，“我穷怕了，不能没有钱”。但是她在恋爱、婚姻上总没有什么佳音传出。她说她喜欢过人，也没有说还有男朋友。她节省开支，住在朋友蒋伯英先生家。

1949 年全国解放前夕，我和她说，我要回北京或上海，问她有何打算？她说：“我回去能做什么呢？我没有文化，演的多半是风花雪月的戏，共产党不会拍这种戏的，别的我又演不来。”她稍停一下又说：“我还有些钱，回去可以开个幼儿园，我一向喜欢孩子。”

过了没有多少天，她突然到太子道我的住处来，她从蒋先生家搬了出来，也住到太子道月光饭店里了。那是一家新开的高级宾馆，我奇怪地问她怎么舍得花钱了。她说替她经营的干弟弟从上海来了，住在那个宾馆里；她要和他结婚，已经去登记了。我被她说懵了。她干弟弟在上海早有妻室，她不是不知道，怎么突然要和这人在香港结婚？她对我嫣然一笑：“你知道我所有的积蓄都在他那里，他没有带来，他说都变成不动产了，我又成了穷光蛋。在香港和他结婚，虽然他有妻室，但受香港法律保护，我嫁给他明媒正娶，他的财产我可以分到一半。他是独子，他父亲在上海还有两爿绸缎庄……”我告诉她，我就要回去了。她说：“我暂时回不去了，我要拍片，我需要赚钱。办幼儿园的梦，完不成了。”

我回到祖国在北京定居，离开了电影界，和上海、香港都没有联系，周璇怎样了，我完全不知，但我很思念她。一位上海女友来北京告诉我，周璇和她干弟弟丈夫双双回到上海，周璇怀孕了。我说周璇喜欢孩子，也应该有个孩子了。女友叹了一口气，沉重地说：“她的丈夫不但早有妻室，现在还发现他另外还纳有一房小妾。他一回上海就被他父亲叫去禁止再见了。周璇怀着孩子，一个人孤零零地生活。”周璇呀！又一次遇人不淑。

周璇遭到人财两空的打击，神情恍惚，病倒了。不久生下一个男孩，由于生活不能自理，孩子由赵丹夫妇领养。周璇在朋友们的关怀下治病疗养，很快好转，可是依旧摆脱不掉空虚和寂寞。就在这样的孤寂中，她遇到一位自我推荐上门的 D 先生，愿意来陪伴她，辅导她学习政治和文化。单纯的周璇喜出望外，把自己仅有的一切，全部献给了对方，不久，她又怀孕了。有关单位知道此事后进行调查，发现D先生早和一个女人同居，而且是两人串通好来周家的，D和周璇的关系，那女人是默认的。周璇又生下一个男孩，起名周进，仍由赵丹夫妇领养。

苏州有句俗语:男怕入错行，女怕嫁错郎。期待真情的周璇屡次遭遇爱情骗子，身心受到严重摧残。20世纪50年代，周璇感染疾病，不久便离开了人世，年仅三十九岁。

周璇的一生似百灵鸟不断地歌唱，唱欢乐，唱悲哀……供世人欣赏、娱乐，她自己则是凄凉的一生、苦难的一生。她的出生并不是她的错，对于她的身世，许多文章只用“扑朔迷离”几个字。至今世人除了欣赏她的歌声，很少有人去纪念她。

“秋季到来荷花香，大姑娘夜夜梦家乡。醒来不见爹娘面，只见窗前明月光。”谁不想念自己的家乡，谁不想念自己的父母，周璇用滴血的心唱出的心声才有艺术感染力。她奉上经典，而自己连思念父母的权利都没有，她是一个没有家园的灵魂，连起码的人间常情都得不到。她从生到走，短短三十九年，留下众多经典金曲，还演过一百多部电影。如今，在许多人们心目中，她还只是个“歌女”形象，其实她不但是天才的歌唱家，而且还是著名的表演艺术家。

笔者收藏到一本由日本东京市神田区小川町新纪元社在昭和十八年(1943)六月发行的《南方演艺记》，精装，共三百一十四页，作者小出英男。此书是日军侵华时军中记者对当时中国、印度、泰国、英国等国文化影视的记录，周璇、李丽华、郁达夫作为中国文化影视的代表位列其中，并附有照片，具有一定的参考史料价值。

《影星·“健美号”》中的宣景琳

在中国电影史上,有一个一生曲折坎坷的电影明星,她就是宣景琳。她一生拍过四十多部电影。有资料说宣景琳是上海人,其实她是地地道道的苏州人。宣景琳的身世极为凄苦。她原姓田,1907年生,有四个姐妹和一个哥哥。在她四个月的时候,父亲就去世了。她在贫苦中度过童年,只念过几个月的书。宣景琳从小伶俐俊俏。邻居中有一家是京剧班的班主,闲时就教她唱京戏。宣景琳接受能力很强,许多戏文一学便会,而且唱得字正腔圆,手、眼、身、步也学得很传神。长期的耳濡目染,让宣景琳唱、念、做、打都有了些功夫。学会了几出戏的戏文后,她时常客串青衣行当。

宣景琳到上海后,文明戏、京戏和电影使她受到了新艺术的熏陶。

1925年,明星影片公司筹拍《最后之良心》(郑正秋编写),需要一个扮演活泼而又淘气的少女的演员。宣景琳曾陪她的女友到“明星”试过镜头,导演张石川请她演出,宣景琳于是进入明星公司。在这个影片中,宣景琳扮演一个专爱在父母和嫂子间搬弄是非的小姑。由于在生活上经受过艰难,有人生阅历,也由于小时候学过京戏,在表演上有一定基础,宣景琳把小姑这个人物尖刻、矫情的性格表现得充分而真实,由此受到评论界注意,也得到观众好评。宣景琳成为明星影片公司第一个签订长期合同的演员。宣景琳热爱银幕艺术,为了继续拍摄影片,她不顾家人反对,与“明星”签订了第二部影片合同并改换了姓名。

1925年,宣景琳主演了第二部影片《上海一妇人》(郑正秋编写,张石川导演),宣景琳扮演被骗卖到妓院的名妓。她的表演自然真切。同年,宣景琳拍摄第三部影片《盲孤女》(郑正秋编写,张石川导演)。因盲女的角色所限,在多数情况下宣景琳不能用眼睛观察环境,只能靠听觉和感觉进行体验,她准确地表现了角色的内心世界,影片上映后得到很高的评价,明星公司还特地为影片发行出了专号期刊。

1925年至1931年,宣景琳主演的影片有《小朋友》(郑正秋根据苏州作家包天笑原著《苦儿流浪记》改编)、《可怜的闺女》、《多情的女伶》、《好男儿》、《富人

宣景琳女士　吳蔚雲攝　鍾莘茹贈

19.3 cm×26.2 cm

之女》（包天笑编剧）、《窗上人影》（程小青编剧）、《早生贵子》、《少奶奶的扇子》（洪深编导）、《新人的家庭》、《无名英雄》、《梅花落》、《真假千金》、《浪漫女子》、《娼门贤母》、《生死夫妻》、《玉人永别》、《银幕艳史》等二十一部影片。

宣景琳在"明星"拍片时，正是中国无声片向有声片过渡的时期。她是那个时代屈指可数的女明星之一，工作认真，生活严肃，演技娴熟，深得明星影片公司老板的器重。

《歌场春色》是宣景琳主演的第一部有声影片，也是我国最早的两部片上发音的影片之一，由苏州作家姚苏凤（包天笑外侄孙）编剧。宣景琳为饰演好歌女李惠芳，日夜练习普通话，刻苦努力加上精湛的演技，宣景琳的表演很成功。《歌场春色》充分利用有声影片的优越性，并大量穿插歌舞场面，1931 年 10 月公映后相当轰动，南洋一带也争购发行权，天一影片公司因此片大赚了一笔。

宣景琳在天一影片公司拍有声影片《最后的爱》、《上海小姐韩绣雯》和《有夫之妇》后重返明星影片公司，参加拍摄《前程》（夏衍编剧）、《母与子》、《姐妹花》、《二对一》、《妇道》、《路柳墙花》、《女儿经》（夏衍、阿英等编剧）、《再生花》、《空谷兰》、《乡愁》等影片。

在《姐妹花》中，她饰演大宝、二宝的母亲，演活了一位在苦难生活中，竭尽全力爱护自己女儿的慈母形象。母亲角色的年龄跨度从二十多岁一直到五十多岁，宣景琳将这一形象塑造得真实可信，而且分寸把握得极好。从此以后，宣景琳多以老妇人形象出现在银幕上。由于她扮相十分逼真，时人称她为第一位演好老太婆的明星。

上海解放后，宣景琳在艺术上获得新生，在大同电影企业公司参加《自由天地》（1949）、《女儿春》（1950）的拍摄；1952 年进上海电影制片厂，先后参加拍摄了《家》（1956）、《三八河边》（1958）、《长虹号起义》（1958）、《地下航线》（1959）和《家庭问题》（1964）等五部影片。

宣景琳的婚姻颇具悲剧色彩，这也是她一生苦难的根本原因。她少女时因贫困而不得已卖身妓院，堕入火坑。过了几年卖笑生涯后，她梦想跳出深渊，把希望寄托在名绅之子王六公子身上。王公子虽对她一片痴情，然而父亲绝对不肯让儿子与妓女结婚。

宣景琳拍影戏不为出名，只想积蓄酬金为自己赎身，改变身份。不料她的秘密被人发现，积蓄被妓院没收。后来宣景琳获得了人身自由，又有了“电影明星”的身份，就与王公子名正言顺地成婚了。可是，王父仍以她出身低贱为由，婚后不许她进王家大门。婚后宣景琳不断拍片，然丈夫却受到来自家庭和社会的种种压力，更因电影圈内外对宣景琳的流言蜚语，使他们夫妻产生误会，以致失和分手。

多年接二连三的拍戏之后，宣景琳不再年轻，身体衰弱，终于病倒。后虽然病愈，但已是“人消瘦，姿色减”，备受冷落。人们都以“人老珠黄不值钱”为由，不再请她拍戏。她从此退出影坛，时年仅二十九岁。后来，宣景琳以过去电影明星的声誉作为她的嫁妆再嫁，可惜对方虽有家财，却浪荡成性，坐吃山空。

宣景琳十八岁进入影坛，一生参加四十多部影片的拍摄，塑造了许多妇女形象。有悲剧人物，也有喜剧人物；有骄奢淫逸的交际花，也有社会底层的受压迫者；有贵夫人，也有妓女，尤以扮演悲剧人物最为成功。宣景琳经历了数十年风云变幻，生活道路坎坷不平。新中国成立后，她曾应邀到北京参加“中国电影工作者联谊会”成立大会，受到毛主席等国家领导人的接见；又蒙周总理之邀，参加了紫光阁名演员的宴请。

1979 年，宣景琳作为特邀代表再次到北京，参加第四届全国文代会。宣景琳是中国农工民主党的成员，上海市政协委员。她于 1992 年 1 月 22 日去世，终年八十五岁。

陈嘉震是民国时期著名的摄影家，他的摄影作品构思独特，角度巧妙，风格清新，他策划的《中国电影女明星照相集》由著名的良友图书公司出版，第一辑照相集共收入八位女明星，每人一集，全套八册。他几乎给每一个电影明星都拍过照片，这八册摄影集是由他一人独立完成的。陈嘉震特别富有才华。他少年时父母早亡，一心扑在事业上，可惜英年早逝。1936 年 8 月 16 日，他因患肺病逝世，逝世前尚未成婚，他的后事都是由几个朋友帮忙办理的。陈嘉震为中国电影史留下了宝贵的真实史料。《影星》第二集“健美号”也是他策划拍摄的。

宣景琳作为当时中国电影的“名旦”,曾轰动一时,“健美号”中宣景琳沐浴中的美人姿态占了半个版面。

《电声》和《新华画报》上的袁美云

19.0 cm×26.3 cm

民国时的上海，有八位女明星基本上代表了中国当时影坛的最佳阵容。她们是：阮玲玉、胡蝶、王人美、袁美云、徐来、叶秋心、陈燕燕、黎明晖。其中袁美云来自苏州。

袁美云，原名侯桂凤，1917 生于浙江杭州。九岁时父亲去世，母亲以五百元的身价抵押给苏州人袁澍德做养女学戏，押期八年，改名袁美云。她在戏班苦练青衣，曾跟随义父两次到上海新舞台和天蟾舞台演出。她天赋聪颖，唱念做功皆不错，小小年纪便名扬江浙。

袁美云的戏曲舞台表演引起了天一公司的注意，公司老板亲自登门说服其义父让美云拍电影。袁美云主演的第一部影片是拍摄于 1932 年的《小女伶》。影片描写一个被拐卖的孤苦女孩子在备受折磨后终于学戏成名、苦尽甘来，和年迈的祖父、凄苦的母亲重叙天伦之乐。由于与剧中人身世相近，袁美云的表演真实到位，公映后一炮打响。人们将“小女伶”的雅号与她的名字联在一起。此后，她又主演了《飞絮》、《生机》等影片。

1933 年，袁美云为艺华影片公司主演由阳翰笙编剧的《中国海的怒潮》，她饰演女主角渔家女阿菊。片中，她将一个备受欺凌的弱女子转变为坚强的反抗者的过程表演得很有层次，获得观众的一致好评。1935 年，袁美云主演《逃亡》，饰演一个塞北农村贫苦女孩小云，通过小云一家的悲惨遭遇，宣传只有团结一致、武装自卫才能拯救民族的道理。之后，袁美云又主演了《凯歌》、《人之初》、《暴风雨》等影片，成为当红影星。

《电声》杂志第四卷第十二期，袁美云与陈燕燕同上封面。此期民国廿四年（1935）三月二十七日出版。《电声》是中国电影期刊上出版期数最多的影刊，创刊于 1932 年 5 月 1 日，当时的名字叫《电声月报》，1934 年 1 月 12 日起报纸改成了 16 开周刊，刊期从三卷一期起计，正式定名为《电声》。1941 年 12 月，由于战争，《电声》出至十卷五期停刊。十年间，《电声》累计共出九百二十八期，每期达一万册左右。它对当时电影副刊和新闻报道类影刊的创办和发展产生过较大影响。它积累的较为系统的文献资料，对电影史研究也具有较大的研究价值。

新华影业公司出版的《新华画报》（封底）上的袁美云浅笑得恬静文雅，苏州姑娘的韵味跃然纸上。《新华画报》1936 年 6 月 5 日创刊，1940 年末停刊。

18.8 cm×26.0 cm

袁美云先后在“艺华”、“联华”、“华新”等影片公司主演《人间仙子》、《花烛之夜》、《化身姑娘》、《满园春色》、《茶花女》、《日出》、《少奶奶的扇子》、《碧玉雄心》、《西施》、《双珠凤》、《雁门关》、《小妇人》、《森林恩仇记》、《家》、《卓文君》、《恨不相逢未嫁时》、《慈母心》、《万世流芳》、《燕迎春》、《何日君再来》、《红楼梦》、《间谍忠魂》、《碧海红颜》、《国魂》等影片。

1937 年，袁美云不忘老本行，与京剧表演艺术家周信芳在“联华”合作拍摄了脍炙人口的戏曲片《斩经堂》，她的唱念做功，再次闪现出名伶的光芒。1944 年，袁美云在《红楼梦》中反串贾宝玉，与周璇演对手戏。其实，在 1936 年的《化身姑娘》中，袁美云已经尝试过扮装翩翩少年，这次更是驾轻就熟。此片成为《红楼梦》系列的经典之作。

1946 年，袁美云赴香港，先后在“大中华”、“永华”、“良友”等影片公司主演《欲望》、《国魂》、《蒙难夫人》等影片。1948 年，她为万方企业公司电影部主演《风月恩仇》，后因病息影，协助丈夫王引在香港经营电影产业。1986 年回上海定居。1999 年逝世。

袁美云为中国电影作出了相当重要的贡献。如今的苏州人只知道刘嘉玲、韩雪是苏州人，而对百年历程中究竟有多少苏州文化的血脉与中国电影相连，可能一无所知，这不能不说是文化的遗落。

除了上述书刊，还有不少与苏州有着千丝万缕联系的资料。无论是正面的还是反面的，令人喜悦的还是忧伤的，都无不闪烁着那个时代特有的光华。那些风月与笑声背后的历史，那些被历史定格的青春，那些青春与战火同在的苦难，那些苦难与坚强抒写的希望，都会随着那些脆黄书刊积尘的拂拭而带领我们回到从前，回到梦中。

扬情抗理的《联芳楼记》

笔者藏有一本《剪灯新话》、《剪灯余话》铅印线装合订本。《剪灯新话》作者为瞿佑，《剪灯余话》作者是李昌祺。版权页上载有“中华民国二十年六月初版，中华民国二十二年二月再版”字样。

《剪灯新话》是明朝初期第一部文言小说集。四卷共收二十一篇小说，其中描写情爱的有九篇。《联芳楼记》当属描写性爱尺度最大的一篇。

故事说的是苏州元末富家薛姓两个很有才气的女儿：兰英和蕙英。她们因仿效《西湖竹枝词》作了《苏台竹枝词》，受到诗人杨维桢（元末东南文坛领袖）的赞赏，声名鹊起。后来，薛父的好友昆山郑某遣子郑生至苏州做生意，兰、蕙看到郑生在船头洗澡，便用吊篮将郑生吊入闺房，一起云雨，彼此三人“喜极不能言，相携入寝”。东窗事发后，双方父母不是勃然大怒，而是极具所谓人性化，开明地成全三人，“问明纳彩，赘以为婿”。这桩缘起私会，最后二女一男成婚的喜剧不仅没有受到社会的半点责骂，反而得到了社会上的认同和尊重。

任何一部文艺作品，都有其创作目的，也就是提倡什么，反对什么。《联芳楼记》暗示人们，婚姻的幸福不在于恪守礼教的仪规，可以先满足性欲而后恋爱，甚至把爱情等同于性欲，所谓爱情就是床第之欢、肌肤之亲的肉欲结合。作为家庭与社会，应尊重人生来具有的本能，顺应这种本能。作者不但违背了爱情排他性本质的主体意识，而且把性欲凌驾于爱情之上，把人喻作动物，其创作思想背离了人类基本的道德准则。

更具危害的是小说渲染的抗拒法理的合理性。作者试图培植叛逆意识，通过唤醒人的主情意识而引发政治上的主体意识，以引起思想混乱和社会无序，其用心是极其险恶的。

为了达到上述目的，作者淋漓尽致进行了性的描写。小说还不惜篇幅描写二女一男交媾，极度张扬地突出了赤裸裸的肉欲。《联芳楼记》中多处描写了兰英、蕙英以诗大胆描写与郑生云雨的感受。蕙英的诗句直言男女床上之乐：“宝篆烟消烛影低，枕屏摇动镇帷犀。风流好似鱼游水，才过东来又向西。”兰英也极写欢爱酣畅情状：“罗袜生尘魂荡漾，瑶钗坠枕鬓鬖髿。”

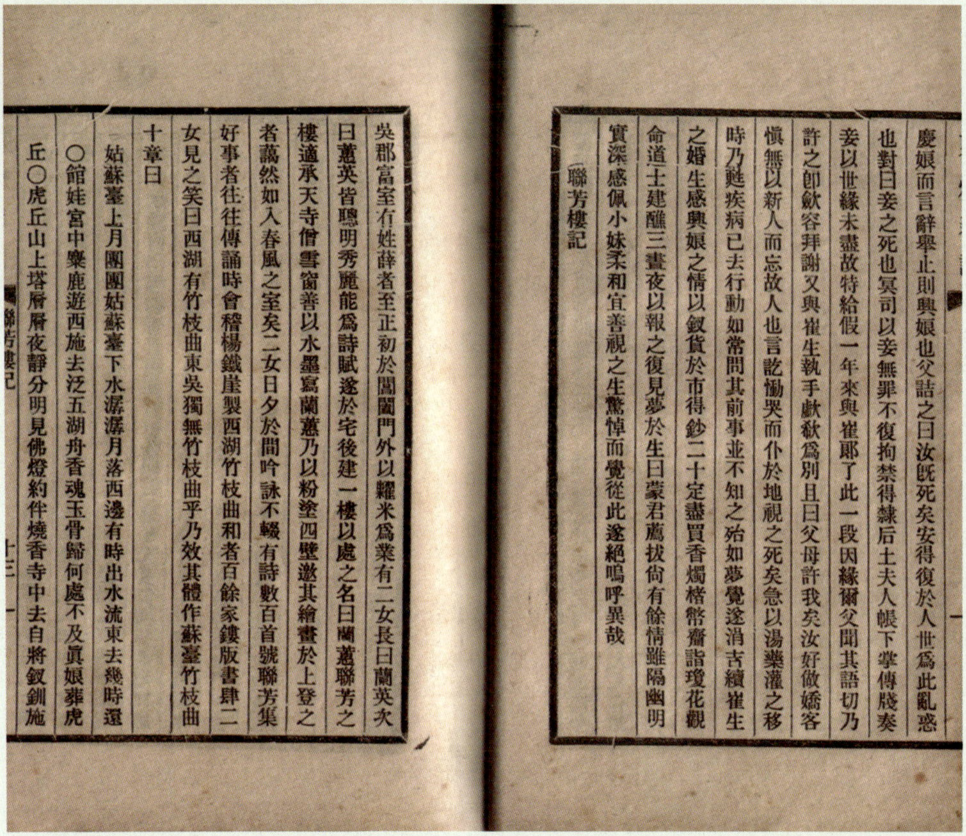

慶娘而言辭舉止則興娘也父詰之曰汝既死矣安得復於人世爲此亂惑也對曰妾之死也冥司以妾無罪不復拘禁得隸后土夫人帳下掌傳牋奏妾以世緣未盡故特給假一年來與崔郎了此一段因緣爾父聞其語切乃許之即斂容拜謝又與崔生執手歔欷爲別且曰父母許我矣汝好做嬌客愼無以新人而忘故人也言訖慟哭而仆於地視之死矣急以湯藥灌之移時乃甦疾病已去行動如常問其前事並不知之殆如夢覺遂涓吉續崔生之婚生感興娘之情以釵貨於市得鈔二十定盡買香燭楮幣齎詣瓊花觀命道士建醮三晝夜以報之復見夢於生曰蒙君薦拔尚有餘情雖隔幽明實深感佩小妹柔和宜善視之生驚悼而覺從此遂絕嗚呼異哉

聯芳樓記

吳郡富室有姓薛者至正初於閶闔門外以糶米爲業有二女長曰蘭英次曰蕙英皆聰明秀麗能爲詩賦遂於宅後建一樓以處之名曰蘭蕙聯芳之樓適承天寺僧雪窗善以水墨寫蘭蕙乃以粉塗四壁邀其繪畫於上登之者藹然如入春風之室矣二女日夕於間吟詠不輟有詩數百首號聯芳集好事者往往傳誦時會稽楊鐵崖製西湖竹枝曲和者百餘家鏤版書肆二女見之笑曰西湖有竹枝曲東吳獨無竹枝曲乎乃效其體作蘇臺竹枝曲十章曰

姑蘇臺上月團團姑蘇臺下水潺潺月落西邊有時出水流東去幾時還○館娃宮中麋鹿遊西施去泛五湖舟香魂玉骨歸何處不及眞娘葬虎丘○虎丘山上塔層層夜靜分明見佛燈約伴燒香寺中去自將釵釧施

13.4 cm × 19.7 cm

这些赤裸裸的描写使这部书比儒学经书更具诱惑力。当时，不仅老百姓争相诵读，就连正统官方教育的儒生也无法抵抗其吸引，社会上形成了“正学不讲，日夜记忆，以资谈论”的局面，可见毒害之深。

瞿佑死后八年，也就是1415年，任国字监祭酒的李时勉上奏皇帝，请求将《剪灯新话》列为禁书。顾炎武《日知录之余》卷四“禁小说”也有记载：“《实录》：正统七年二月辛未，国子监祭酒李时勉言：近有俗儒假托怪异之事，饰以无根之言，如《剪灯新话》之类。不惟市井轻浮之徒争相诵习，至于经生儒士，多舍正学不讲，日夜记忆，以资谈论；若不严禁，恐邪说异端，日新月盛，惑乱人心。乞敕礼部行文内外衙门，及调提为校佥事御史，并按察司官，巡历去处，凡遇此等书籍，即令焚毁，有印卖及藏习者，问罪如律，庶俾人知正道，不为邪妄所惑。从之。”此后，明永乐年间庐陵李昌祺仿拟的《剪灯余话》也因同理被禁。

《剪灯新话》是明代文人创作小说遭到朝廷禁毁的第一部，被列为禁书也自有道理。像《联芳楼记》这样有悖人理、宣扬自由地释放内心爱欲的作品，竟在当时被视为人性的光芒，天理在爱欲前显得是那样的苍白和无力。从作品的时代背景来看，元末正是战乱年代。可见，世道越动荡不安，百姓扬情的意识越是强烈。如果不加以禁绝，这种浓烈的扬情抗理意识将会让统治者感到一种潜在的危险和威胁。这种主情意识会唤醒社会对人欲和物质的钦慕和追求，使人们滋生渴望挣脱伦理纲常的道德枷锁的愿望，从而必将导致社会无序和思想混乱，威胁到政权的稳定。

引起笔者思索的是，《剪灯新话》、《剪灯余话》这两本被历朝严禁的小说，民国年间竟合在了一起一版再版。如果说，《剪灯新话》成书在洪武十一年(1378)是因明太祖忙于政权的建立，着重于农业经济的恢复，新政权无暇顾及重建理学的统治地位，那么，民国时堂而皇之的出版，是否可以推断当时国民党政府一心忙于内战，无意于精神文化层面，或未曾料想到这也是垮台的一个重要因素呢?

“非礼之欲不能任其所为。”追求自由、宣泄情感本没有错，但社会需要一个基本导向，一个人、一个单位、一个国家，起码要有一个基本的道德规范和道德底线。一个人只有具备了品德这个基础，才能获得做人的自信；一个民族，一个国家，只有具备了内在的品格和精神，才能保持从容和独立。回想改革开放初期，随着西方文化的涌入，当时仿佛是一池平静的湖水被吹皱，许多人本来紧闭的心灵之门被悄然开启，人们的思想观念、审美趣味也随之发生了重大变化，一些人在《跟着感觉走》、《潇洒走一回》的歌声中趋向世俗，释放人欲，最终迷失了自己。我们还应该看到，如今男女贞操观念的突破，出现纳妾、宿娼、纵情声色的现象，不能不说和一些不良文艺作品的潜移默化有着一定的关系。自古无规矩不成方圆，任何事都应有个度，有个分寸，过分强调人性自由，过分顺应人的自然本性，过分满足所谓人生来就具有的生理需求，其后果我们不可不察。

让我们永记传统道德的重要和可贵。在当前社会转型相对宽松自由的环境下，我们必须对那种打着民主、自由、变革、思想解放旗号，并以所谓崭新视角解读人生，对传统观念、价值标准提出全新评判的所谓思想者和作品保持警惕。

关于瞿佑，他生于1347年，卒于1433年，一生著述很多，但仅有《剪灯新话》、

《田园诗话》、《咏物诗》等存世。

《剪灯新话》，在洪武十一年就已编订成帙，以抄本流行。永乐十五年(1417)，瞿佑以七十五岁高龄，在流放地保安重新校订《剪灯新话》。据明高儒《百川书志》卷六记载，《剪灯新话》共四卷二十一段(即二十一篇)，与今天我们所见的《剪灯新话》卷数篇数相同。本书有成化丁亥(1467)刻本、明末刻本、清乾隆辛亥(1791)刻本、同治辛未(1871)本，均两卷。1917年董康据日本藏本翻刻，《剪灯新话》足本始重归我国。

那么，这荒唐的爱情，是故事？还是确有其人其事？笔者在上海辞书出版社1997年7月版《中国文学大辞典》第717页查实，确有其人其事。摘录如下：

薛兰英：元女诗人。苏州人。约元惠宗至正二十七年(1367)在世。年未二十，已有诗名。其父世居阊门，建“兰蕙联芳之楼”，使姐妹吟咏其上。时杨维桢作《西湖竹枝曲》，和者百余家。姐妹俩见之笑曰：“东吴独无竹枝曲乎?”遂效其体作《苏台竹枝》十首，风格清新。后自行择偶，同嫁昆山世家子郑生。姐妹俩著有《联芳集》。《元诗选》二集录其诗十首，生平事迹见明瞿佑《剪灯新话》卷一《联芳楼记》。

薛蕙英，元女诗人。约元惠宗至正二十八年(1368)在世，薛兰英妹。参见“薛兰英”条。

姐妹俩虽同事一夫，颇为荒唐，但开创苏州竹枝词先河，也是可圈可点。当时得知杭州西湖竹枝词盛事后，姐妹俩不甘落后，一气呵成《苏台竹枝词》十首，而成为苏州竹枝词史上的领军人物。其豪迈自信，毫无苏州女子忸怩之态。如：“百尺高楼倚碧天，阑干曲曲画屏连。侬家自有苏台曲，不去西湖唱采莲。”

姐妹俩的才情更让人欣赏，据《苏州杂志》2002年第5期《“兰蕙联芳”与苏州竹枝词》一文析：兰蕙姐妹以女儿之身抒女子胸臆，神情婉转，感人至深，一改诸家竹枝词假托女子之言叙男女之情，而以民间趣味和通俗元素，使之更具生命力：“杨柳青青杨柳黄，青黄变色过年光。妾似柳丝易憔悴，郎如柳絮太癫狂。”“一绢凤髻绿如云，八字牙梳白似银。斜倚朱门翘首立，往来多少断肠人?”全诗拟景摹情，丝丝入扣，几分妩媚与几多无奈，淡淡幽怨及轻轻惆怅尽在笔下。

两人对地方风物也是描写得风情万种，且看：“洞庭金柑三寸黄，笠泽银鱼一尺长。东南佳味人知少,玉食无由进尚方。”

今天我们诵读这些诗句,竟有齿唇留香之感。兰蕙姐妹家居吴中,其诗词中对吴中山水写景的有:“姑苏台上月团团,姑苏台下水潺潺。月落西边有时出,水流东去几时还。”“团团”、“潺潺”,叠字运用,增添了节奏感,写景、抒情、咏典巧妙结合,水到渠成。

作为历史上的苏州才女,兰蕙姐妹虽有荒唐事,笔者认为其才情学识和词诗艺术是值得我们学习和研究的。

从《秋香亭记》再看瞿佑

再说瞿佑，他本身就是一个情种。他年少时在苏州一段美好而感伤的爱情给他留下了深刻的烙印。据专家考证，《剪灯新话》中的《秋香亭记》所叙之事，当是瞿佑自身的经历。

小说叙述了一则有情人难成眷属的爱情悲剧。有资料称：瞿佑生于至正七年(1347)，其父携家居官苏州约在至正十六年(1356)，当时瞿佑十岁，不久即避兵南下。在苏州，瞿佑与“俱在童卯”的小表妹杨采采发生了一场如胶似漆的热恋，但不久即分离，杨家也避乱至金陵。到至正二十七年(1367)瞿佑在钱塘派老仆至金陵寻访采采，采采已于至正二十四年(1364)嫁人，且已生子。据瞿佑《剪灯新话》序尾所署时间，《剪》初版在洪武十一年(1378)，瞿佑当为三十二岁。《列朝诗集》乙集收瞿佑《过苏州》二首，原出瞿佑《东游诗》(共三首)，为宣德三年(1428)自京城南归，先至南京，次年东游吴地时所作。第二首云：“桂花老残岁月催，秋香无复旧亭台。伤心乌鹊桥头水，犹望阊门北岸来。”瞿佑当时已经八十三岁，仍旧作诗抒写对幼年与采采在中秋月订盟于秋香亭桂树下的往事的追忆，可见对采采思念之深。由此可见，这段刻骨铭心的初恋一直铭刻在瞿佑的心中，难以忘却。这段凄怨的爱情不仅刺痛了瞿佑，也直接影响了他的审美倾向，渴望而不可得的爱情成了作者情感深处的空白，他比一般人更渴望感情上的填充和满足，而战争是导致他感情失落的罪魁。《秋香亭记》描写杨采采在给商生(瞿佑)的信中为她另适他人之事作解释时说：“天不成全，事多间阻。盖自前朝失政，列郡受兵，大伤小亡，弱肉强食，存遭祸乱，十载于此，偶获生存，一身非故，东奔西窜，左右逃逋；祖母辞堂，先君捐馆。避终风之狂暴，虑行露之沾濡。”正是在这种艰难的生存环境中，她被迫“委身从人”，但心中却一直惦念着商生，最后发出“好姻缘是恶姻缘，只怨干戈不怨天”的控诉。因此，在瞿佑所热衷的“偎红倚翠”的作品中，战乱成了他心头挥之不去的阴霾。战争与爱情，形成强烈的对立和冲突：战争是粗糙的、刚硬的、冷漠的、无情的，处处隐藏阴谋和杀机；而爱情是精致的、细腻的、温馨的、柔美的，时时充满幸福和憧憬。当爱情遭遇战争并注定要破碎和毁灭时，这种特有的缺憾美不仅令人沉醉也使人扼腕，凄美的风格更能触动读者

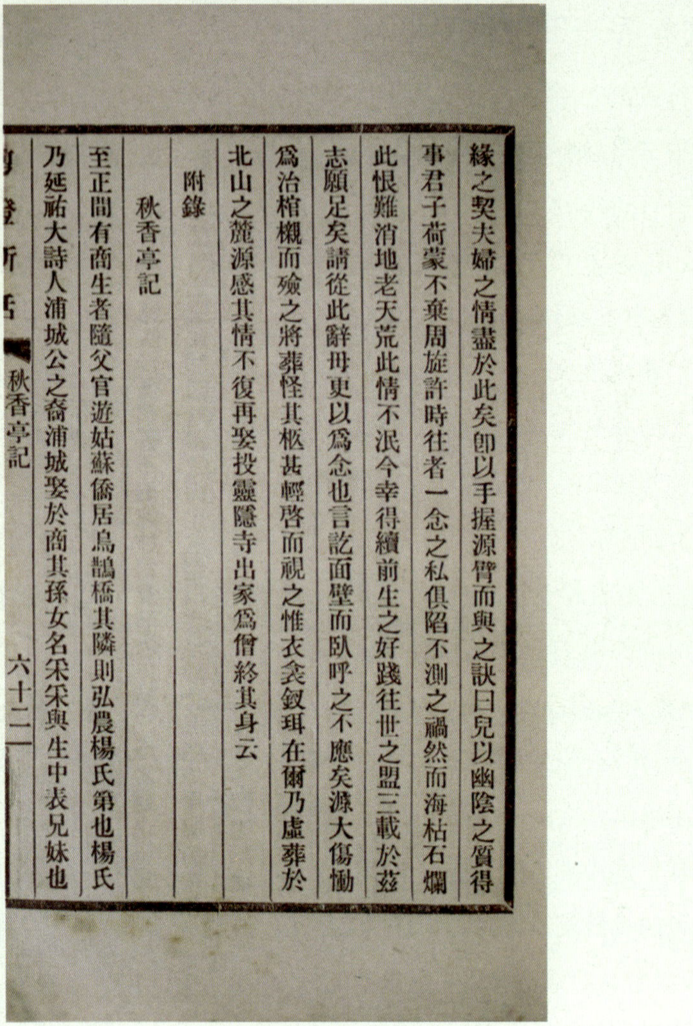
緣之契夫婦之情盡於此矣卽以手握源臂而與之訣曰兒以幽陰之質得事君子荷蒙不棄周旋許時往者一念之私俱陷不測之禍然而海枯石爛此恨難消地老天荒此情不泯今幸得續前生之好踐往世之盟三載於茲志願足矣請從此辭毋更以爲念也言訖面壁而臥呼之不應矣源大傷慟爲治棺櫬而殮之將葬怪其柩甚輕啓而視之惟衣衾釵珥在爾乃虛葬於北山之麓源感其情不復再娶投靈隱寺出家爲僧終其身云

附錄

秋香亭記

至正間有商生者隨父官遊姑蘇僑居烏鵲橋其隣則弘農楊氏第也楊氏乃延祐大詩人浦城公之裔浦城娶於商其孫女名采采與生中表兄妹也

剪燈新話 秋香亭記 六十二

13.4 cm × 19.7 cm

的心弦，从而引发祈愿和平、热爱生活、享受生命的追求。

继采采之后，瞿佑又经历过一场恋爱。《西湖游览志余》卷一六载：安荣坊倪氏女者，少姣好，瞿宗吉尝属意焉。及长，委身为小吏妻。一日，与宗吉邂逅于吴山下，凄然感旧，邀归其庐，置酒叙话，为赋《安荣美人行》……诗中云“相逢昔在十年前”，“相逢今在十年后”。十年恋情化作春梦，与采采之恋颇为相似。两次失败的爱情令重情的瞿佑始终笼罩在对美好爱情的渴望当中，对于阻隔爱情的不利因素，无论是战争还是教规礼义，在他的作品中都被痛斥或鄙弃。

苏州妓女逐个说

自古江南多才俊，秀水青山养红颜。苏州自古出状元，也出名妓。大名鼎鼎的李香君、董小宛、柳如是等都和苏州有着渊源；苏州本地的名妓也非常了得，陈圆圆、赛金花、卞玉京等，都是艳名大著。

古时苏州娼妓业相当发达，到了晚明清初，就全国而言，形成了南京、苏州及至后来的上海三大中心，苏州当是首屈一指的风月之地。而苏州山塘街最为盛名，这个自唐代以来一直是商品集散和南北商人聚集的地方，其繁华市井，就如《红楼梦》第一回中描写的那样“最是红尘中一二等富贵风流之地”。清人赵翼有诗传：“自开山塘路，水陆往来频。银鞍牵轿马，画船载丽人。”妓者如云，在那里状元虽有名头，但不如妓者重要，没官运和有才气的，有官运和没才气的，都在那里顾眉，他们要的就是一抹胭脂红。苏州妓女就是不一样，她们天生丽质。苏州城是水城，她们也像是水做的；还像是鸡头米糯软而有弹性，连嫖客喝茶的小碗也绣着金边，成为风尘里的别致。她们操一口嗲气的吴侬软语，扭着腰酬应周至，不像外地妓女只会床上应付，交流呆板。苏州的妓女床第之外有技能，偎抱之外能欢心。

在苏州，还有相当一部分妓女知识水准极高，她们琴棋书画，吟诗作文，轻歌曼舞，无所不能，不少甚至是有名的诗人、词人、画家。这等妓女可不是单纯靠一条舌头，真正的肉体交易反倒成了余兴节目。真是酒不醉人人自醉，色不迷人人自迷。现在讲起来，也可谓“妓女文化”。那么，在苏州历史上，有哪些妓女值得一提呢？

真娘身价艳千秋，多少新诗咏虎丘

唐朝最著名的妓女当属苏州的真娘。《青楼小名录》说：“真娘，吴国之佳人也，时人比于钱塘苏小小。”

真娘本名胡瑞珍，出身京都长安一书香门第。从小聪慧、娇丽，擅长歌舞，工于琴棋，精于书画。为了逃避安史之乱，随父母南逃，路上与家人失散，流落苏州，被诱骗到山塘街“乐云楼”妓院。真娘才貌双全，很快名噪一时，但她只卖艺，不

花玉碧女妓州蘇

13.0 cm×19.7 cm

卖身，守身如玉。其时，苏城有一富家子弟叫王荫祥，人品端正，还有几分才气，偏偏爱上青楼中的真娘，想娶她为妻。真娘因幼年已由父母做主，有了婚配，只得婉言拒绝。王荫祥还是不罢休，用重金买通老鸨，想留宿于真娘处。真娘觉得已难以违抗，为保贞洁，悬梁自尽。王荫祥得知后，懊丧不已，悲痛至极，斥资厚葬真娘于名胜虎丘，并刻碑纪念，栽花种树于墓上，人称“花冢”，并发誓永不再娶。传说茉莉花在真娘死前没有香味，死后其魂魄附于花上，从此茉莉花就带有了香味，所以茉莉花又称香魂茶。

真娘墓在苏州虎丘西。文人雅士敬重她，每过真娘墓，对绝代红颜不免怜香惜玉，纷纷题诗于墓上。唐李商隐有诗：“虎丘山下剑池边，长遗游人叹逝川。”唐白居易《真娘墓》诗：“真娘墓，虎丘道；不识真娘镜中面，唯见真娘墓头草。霜摧桃李风折莲，真娘死时犹少年。”作诗者还有刘禹锡、李绅、周叶秋等名士。真是“真娘身价艳千秋，多少新诗咏虎丘”。

红颜迟暮，素心问谁

被誉为明代十能才女的薛素素，工小诗，能作《黄庭》小楷。尤工兰竹，兼擅白描大士、花卉、草虫，各具意态，且工刺绣。又喜驰马铗弹，百不失一，自称女侠。

后为李征蛮所娶。所著诗集名《南游草》。

素素是苏州吴县人，今美国一家美术馆藏其《墨兰图》，北京故宫博物院藏其《兰竹松梅图》、《兰石图》、《溪桥独行图》、《兰竹图》，南京博物院藏其《吹箫仕女图》。其中《兰竹图》与《吹箫仕女图》最著名，《仕女图》题“玉箫堪弄处，人在凤凰楼。薛氏素君戏笔”，钤白文印“沈薛氏”。

蘇州妓女小老三

素素自负侠名，《列朝诗集小传》载其轶事：“素素吴人，能画兰竹，作小诗，善弹走马，以女侠自命，置弹于小婢额上，弹去而婢不知，广陵陆弼《观素素铗弹歌》云：‘酒酣请为铗弹戏，结束单衫聊一试。微缠红袖袒半韝，侧度云鬟掩双臂。侍儿拈丸著发端，回身中之丸并坠。言迟更疾却应手，欲发未停偏有致。’”《无声诗史》更云：“薛素素善驰马铗弹，能以两弹先后发，必使后弹击前弹，碎于空中。又置弹于地，以左手持弓向后，右手从背上反引其弓以击地下之弹，百不失一。绝技翩翩，亦青楼中少双者。”真神乎技矣！小说家闻此，大可演绎传奇一部。以侠妓呼之，当不过誉。

素素后来嫁给沈德符做了小妾。沈德符是有钱的世家子弟，也是有名的文学家，《云自在龛随笔》讲了他们的故事：（素素）南都院妓，姿性澹雅。工书，善画兰，时复挟弹走马，翩翩男儿俊态。后从金坛于褒甫玉嘉，有约矣，而未果。吾郡沈虎臣德徐竟纳为妾。合欢之夕，郡中沈少司马纯甫、李孝廉伯远偕诸名士送之。姚叔祥有诗云：“管领烟花只此身，尊前惊送得交新。生憎一老少当意，勿谢千金便许人。含泪且成名媛别，离肠不管沈郎嗔。相看自笑同秋叶，妒杀侬家并蒂春。"褒甫恨薛之爽约及沈之攘爱也。

这已经是三角恋爱了，而抢先一步娶了素素的沈德符，似乎也没高兴太久，两个人最后还是分手了。

沈德符曾在《敝帚斋余谈》里，大骂一个人无耻虚伪、生活作风败坏，这个人就是王稺登。王稺登把妓女作为社交手段，用以贿赂官员，这样的阴私沈德符都要揭发张扬，如此深仇大恨，当然事出有因。在他的另一著作《万历野获编》里，他也嘲笑了王稺登造假古董骗钱的勾当。沈德符如此态度之背后，很可能是因为薛素素。王稺登与薛素素交情不浅，而吃醋的男人总是小气的。

《明史》说王稺登是个才子，社会上他钻营得也不坏，是"青词宰相"袁元峰的门人。袁元峰很欣赏他，举荐他做官但没成功。后来徐阶掌权了，王稺登就断了仕途念想，一心写诗。作为当时最著名的诗人，王稺登得到过众多前辈的称许："尝及徵明门，遥接其风，主词翰之席者三十余年。嘉、隆、万历间，布衣、山人以诗名者十数，俞允文、王叔承、沈明臣辈尤为世所称，然声华烜赫，稺登为最。申时行以元老里居，特相推重。"

王稺登风流韵事也多，对花界之事烂熟于心，津津乐道，曾对冯梦龙讲过很多这方面的见闻，"嘉靖间，海宇清谧，金陵最称富饶，而平康亦极盛，诸妓著名者，前则刘、董、罗、葛、段、赵，后则何、蒋、王、杨、马、褚，青楼所称十二钗也"。十二金钗来历，大约最早出自于此。

王稺登是大诗人，薛素素、马湘兰是女诗人，大诗人遇见女诗人，自然亲近，而马湘兰最痴情。万历甲辰秋，当时王稺登都快年过七十了，"湘兰自金陵往，买酒为寿，燕饮累月，歌舞达旦，为金阊数十年盛事。归未几而病，然灯礼佛，沐浴更衣，端坐而逝"。

他曾送过薛素素、马湘兰每人一个砚台。不料若干年后，他送给薛素素的那方砚台，竟成了最著名的一桩悬案。

此砚就是著名的"脂砚"。

万历元年，苏州砚匠吴万有制作了一方端砚。王稺登看它小巧可爱，尤其是里面的一点胭脂晕特别娇媚，突然想起了一个人，就将这方小砚买下。吴万有问刻什么砚铭呢？王穉登即兴想了几句，关照他刻上："调研浮清影，咀毫玉露滋。芳心在一点，余润拂兰芝。"

砚台自然是要赠给薛素素的。诗暗写素素小字"润娘"，是画兰花的能手，这味道在已经三十九岁的王穉登来说，是香艳，而后面"素卿脂砚王穉登题"的铭文。王穉登懂得女人，知道光送银子还不够，礼物要高雅得体才称心。这砚台属端砚里的上品。后人描述，此砚小才盈握，砚质甚细，微有胭脂晕乃及鱼脑纹，宽一寸五分许，高一寸九分许。砚周边镌柳枝，旧脂犹存。这应该不是磨墨，而是调胭脂用的了。砚盒也精致，珊瑚红漆盒，盒上盖内刻细暗花纹薛素素像，凭栏立帏前，笔极纤雅；右上篆"红颜素心"四字。

此后，"脂砚"身世颇曲折离奇。据考证，康熙五十五年(1716)，广东人余之儒为求官，从曹寅的门人处打听到他有收藏古董的嗜好，便从薛素素后人手中以三间瓦房的代价，买下了脂砚送给曹寅。曹寅败，脂砚由曹寅之孙曹天佑秘藏，于砚侧刻"脂研斋所珍之研其永保"。曹雪芹写作《石头记》，曹天佑以"脂砚斋"之名做点评，薛素素的这方砚台从此越发传奇。

曹家彻底潦倒后，脂砚进了北京一家名"燕轩斋"的当铺，接着就到了收藏家端方手里。端方携带脂砚入蜀，于绵阳被乱箭射死，此砚流落到四川藏砚家方氏之手，从此一度销声匿迹。

1953年10月，重庆大学教授、金石家黄笑芸在重庆一旧货摊上再次发现了脂砚。按旧货摊老板出价，他花二十五元钱买下此砚，由好友戴吉亮带至北京请张伯驹先生鉴定。张伯驹时任吉林省博物馆馆长，考证此砚确实是薛素素的旧物，并以一千两百元(一说八百元)的高价买下，收藏于吉林博物馆。

1963年春节，张伯驹携此砚去天津，请周汝昌观赏品评。1963年夏，故宫举办"曹雪芹逝世两百周年纪念展览会"，脂砚尚在。

三年后，"文革"开始，脂砚由外地展出返京时，居然神秘失踪，至今下落不明。

砚台主人薛素素的下落，钱谦益《列朝诗集小传》有记："中年长斋礼佛，数嫁皆不终。晚归吴下富家，为房老以死。"所谓房老，指妾之年长色衰者。红颜迟暮，素心问谁。

唐伯虎与沈九娘

相思两地望迢迢，清泪临门落布袍。
杨柳晓烟情绪乱，梨花暮雨梦魂销。
云笼楚馆虚金屋，凤入巫山奏玉箫。
明日河桥重回首，月明千里故人遥。

这是唐寅思念沈九娘而作的诗。

沈九娘原是明朝弘治年间苏州的名妓，有关她的身世史载不多。唐寅被称为“吴中四才子”之一，十六岁考中秀才，二十五岁参加乡试中举人，因名列榜首，成为解元。此时他的书画已经驰名大江南北，就他的本意来说，他不想再在科举道上争夺仕途，但其妻何氏却热衷功名利禄，逼他参加“春闱大考”，争得状元以求光宗耀祖。1499年，唐伯虎决定赴京赶考，何氏在长亭为他饯行，前去送别的还有好友祝枝山。祝枝山潇洒倜傥，被贬官之后看破红尘，沉醉于诗文和书画自乐。这天他还带去钦慕唐伯虎大名的沈九娘和徐素两位花中魁首。祝枝山让徐素弹琵琶、沈九娘唱吴歌，为解元公一壮行色。这是唐伯虎第一次见到沈九娘，惊叹青楼之中竟有如此美丽而又有才华的女子。

不料唐伯虎到了京师会试时却出了问题。是时，明孝宗令侍读学士程敏政和李东阳主持会试。前来应试的举人徐经是程敏政的内侄，而唐伯虎又是徐经的挚友。巧的是他俩考前试作的文章题目与试题相符，便有人弹劾程敏政受贿泄露试题。明孝宗盛怒之下，将程敏政、徐经和唐伯虎逮捕下狱，后由李东阳负责主持审问，确定这是一场冤案后，才将他们释放。

唐伯虎科场致祸落魄而归，妻子何氏非但没有半句好言安慰，反倒收拾包裹回娘家去了，只留下了两句话：“若待夫妻重相聚，除非金榜题名时。”后来何氏果然与他离异，嫁给一位显官做了续弦夫人。

亲友劝唐伯虎再娶妻室，但他心中唯有沈九娘。中秋之后，他去看望九娘，见九娘手持一把团扇，就在上面题诗：“秋来执扇合收藏，何事佳人重感伤？请把世情详细看，大都谁不逐炎凉？”九娘明白伯虎的心思，她对伯虎也有爱意，但又自卑，怕配不上唐伯虎。事实上，唐伯虎也受到了巨大的压力，一些朋友鄙视他眷恋妓女，连他的胞弟也因此和他断绝了来往。还是沈九娘给了他安慰和鼓励，使他潜心书画，终有大成。1505年，在祝枝山的安排下，由即将离任的苏州知府王鏊主持了唐伯虎与沈九娘的婚礼。

蘇州妓女牡丹花

唐伯虎原住苏州阊门内皋桥西首吴趋坊，娶沈九娘后移居桃花庵。桃花庵在桃花坞。唐伯虎曾写《桃花庵歌》，遂使苏州的桃花坞这一地名不胫而走。唐伯虎晚年和沈九娘住在这里时，用卖画得来的钱建了些亭阁，栽种了一片桃树。

如今唐伯虎故居仅有几座民居旧房和苏州市文物局立的一块“唐寅故居遗址”石碑，可以让人观今思古。

状元夫人赛金花

苏州晚清时期，还出了一个赛金花。赛金花（1872—1936），本姓赵，名彩云，原籍安徽，生于苏州。赛金花幼年被卖到花船为妓。1887年，前科状元洪钧回乡守孝，恰逢彩云，一见倾心，遂纳为妾，彩云年仅十五岁，洪时年四十八岁。1894年洪病死，彩云在送洪氏棺柩南返苏州途中，潜逃至上海为妓，改名“曹梦兰”。后至天津，又改名“赛金花”。1900年八国联军攻陷北京，居北京石头胡同为妓。1903年在北京因涉嫌虐待幼妓致死而入狱，出狱解返苏州后再至上海。晚年生活穷困潦倒，1936 年病死于北京。如今在安徽宏村搞了一个赛金花故居，自然是为旅游而设。真正的人和故事的初发地点当在苏州。值得一看的是苏州悬桥巷的洪钧故居。

悬桥巷位于平江历史街区，西连临顿路，东接平江路，全长约五百米。走进悬桥巷，就能感觉到浓重的书香和文化气息。从西进入悬桥巷，就能看见晚清状元洪钧的故居。洪钧，同治七年（1868）考中状元，授翰林院修撰，光绪十三年（1887）开始出使俄国、德国、奥地利、荷兰等欧洲四国。夫人王氏不愿去异域洋邦，赛金花作为洪钧之妾便代她而去。由于赛金花年轻美貌，长于辞令，遂闻名欧洲上流社会。德国皇帝和皇后召见了她。赛金花身姿绰约，娇嫩雪白的肌肤和水灵灵的一双妙目传达无限情意，细瓷般的气韵震住了德国皇帝和皇后，让他们真正见识到了东方美女的风采。在欧洲三年，赛金花凭她的聪明伶俐，居然学得了一口流利的德语。

蘇州妓女李雙珠

真正促使赛金花成名的是庚子事变。1900 年，列强进攻北京，慈禧逃往陕西。八国联军奸、杀、掠、抢无恶不作。赛金花因为通德语，找到在德国认识的八国联军总司令瓦德西，两人旧情复燃。她为慈禧求情，劝瓦德西整肃军纪，勿侵扰百姓。第二天瓦德西便下了禁令。

关于赔款一事，赛金花劳苦功高。德国开价太高，当时李鸿章卧病在床。赛金花动之以情，晓之以理，说服了瓦德西。瓦德西最后同意议和。京城百姓对她多有感激，称她

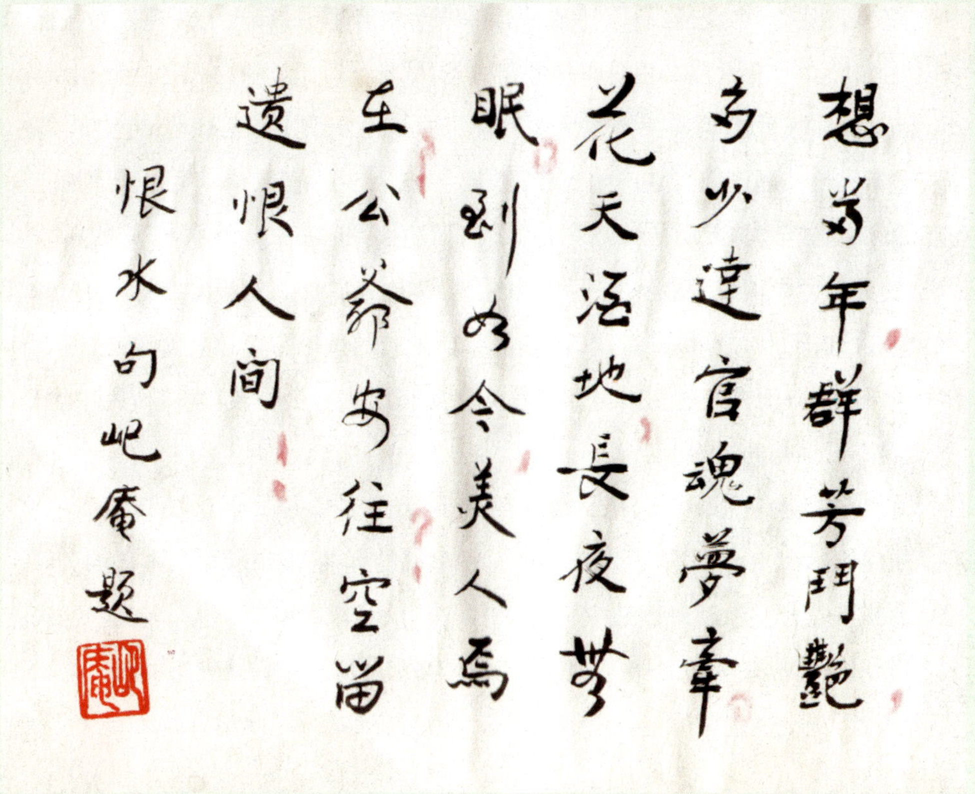

为“护国娘娘”。

赛金花出入豪门，沦落风尘，无儿女，终年六十七岁，葬在北京陶然亭公园。画家张大千为她作肖像画，齐白石为她题写墓碑。赛金花亲笔题写的“国家是人人的国家，救国是人人的本分”至今犹存博物馆中。赛金花虽是妓女，但那爱国心，比起当时的汉奸卖国贼，犹胜千万倍。“自古风尘出侠女”，这是对赛金花一生的真实写照。

如今在清末著名文学家、朴学大师俞樾的故居——苏州曲园的春在堂里还陈列着一架古老的钢琴，据说这是江南名妓赛金花的遗物。

苏州自古出名妓。北宋名妓甄金莲，后嫁给范仲淹为如夫人。沈周一生为闲散人，爱好自然，自命文雅，但也免不了与青楼名妓交好。就连袁世凯的大姨太太沈氏也是苏州名妓，她在袁世凯落魄的时候，资助他猎取功名。

值得探究的是进入民国时期后，鲜见名妓。是战乱？还是商业化色彩的进一步加深，导致妓女的素质和生活方式随之畸变？

笔者收藏的《名花倩影》京津沪宁苏锡妓女相册集中,有八十一幅妓女玉照,其中苏州妓女共有六幅。相册印制考究精美,可见当时娼妓业之发达。此相册无年月记载,推测可能是某大妓院所制作。扉页有后人题词,无日期,并盖有“屹庵”印章一枚。题词内容是:“想当年,群芳斗艳,多少达官魂梦牵。花天酒地,长夜无眠。到如今,美人焉在? 公爷安往? 空留遗恨人间! ——恨水句,屺庵题。”

题词作者无从查考,题词中标点为红色,是近人所加。从当时无标点的句式及词意来分析,有一点可以肯定,作者是那个时代的过来人。从妓女照片的服饰及座椅来判断,清末及民初的可能性较大。此相册史料价值较高,对研究中国娼妓史是不可多得的材料。

妓女是社会丑恶现象的化身,我们不能因历史上极少数才子与佳人,先锋文人与前卫妓女曾一时五彩缤纷,就认同这种丑恶的存在,混淆现象与本质的关系。据《苏州市志》记载,新中国成立后,苏州共收容教养妓女三百零八人,这些妓女大部分出身劳苦人民家庭,饱受老鸨、流氓压榨和凌辱。她们既有害社会,本身又是受害者。根据“教育改造,医治疾病,就业安置”的方针,政府让她们走上了光明的道路。

谨记:一个低俗文化泛滥、享乐思想盛行的民族是极其危险的。

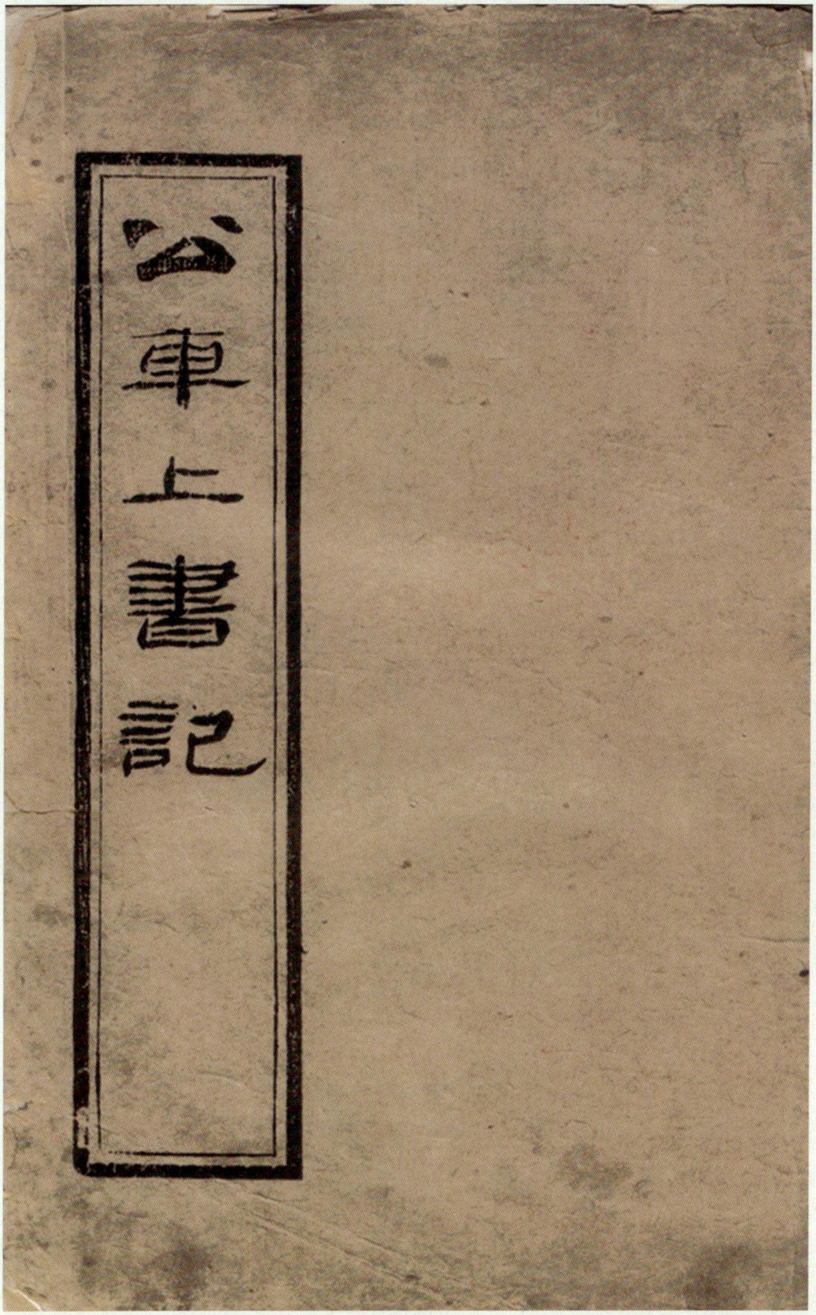

12.7 cm×19.7 cm

2009年，笔者曾用两千两百元在山东一书商手中购得一本“光绪乙未(1895)上海石印书局代印”的《公车上书记》，书距今已逾一百一十五年。

书的扉页题“公车上书记”五个大字，左旁题“光绪乙未徐骐署”七个较小楷体字；背面标楷书“光绪乙未上海石印书局代印”。

称公车，是因为汉代以公家车马递送应征的人，后遂以“公车”为举人应试的代称。所谓“公车上书”，即光绪廿一年(1895)三月下旬至四月下旬(公历4月下旬至5月下旬)，在北京参加会试的各省举人，“集众千三百余人，痛陈时弊，冀挽回和局之失”而联名上书清廷，反对以李鸿章代表清廷，与日本签订丧权辱国的《马关条约》。《马关条约》共十一款，包括割让台湾、赔偿日本军费二万万两等。当时举国上下群情激愤。当时适逢乡试，参加会试的举人都在京城，分别在各省、府会馆讨论国事，商议上书，反对签订《马关条约》。

在公车上书中，苏州的汪曾武(太仓人)是江苏举人联络者。他的同乡唐文治已在户部供职，自告奋勇拟出《上都察院呈》，概述江苏举人的公论，对《马关条约》条款提出批驳。江苏的“公车上书”由汪曾武领衔，江苏四十七举人具名写定该呈。

今据《公车上书记》末“公车上书题名”进行复核，题名者所属省份和题名人数实为：吉林一人、直隶三十七人、江苏四十七人、安徽八人、山西十人、陕西五十五人、甘肃六十一人、福建八人、江西二人、湖北四人、湖南四人、四川七十一人、广东八十七人、广西九十九人、云南十五人、贵州九十五人，共计十六省六百零四人，若加上开头的具呈举人康祖诒等领衔的康氏，则署名人数实为六百零五人。

公车上书中以唐文治代拟的江苏稿、梁启超拟的广东湖南稿、陈衍拟的福建稿最为突出，可称鼎足而三。

当时在京的苏州举人大都参与了上书，共十二人(应包括唐文治)，让我们默念他们的名字：

陈世垣　　号季藩　　苏州府元和县人

冯诚求　　号保如　　太仓州嘉定县人

秦曾潞　　号杏渠　　太仓州嘉定县人

胡同颎　　号膺甫　　苏州府昭文县人

钱树声　　号君实　　苏州府昭文县人

沈恩孚　　号信卿　　苏州府吴县人

王凤璘　　号份如　　太仓州镇阳县人

汪曾武　　号仲虎　　太仓州镇阳县人

曹元忠　　　　　　　苏州府吴县人

张继良　　号双南　　苏州府常熟县人

胡祥荣　　号劭介　　苏州府元和县人

说明四点：

一、《公车上书记》从印刷至事件发生仅一个月时间，作为最早版本，权可作校勘之用。

二、公车上书力言目前战守之方，陈述他日自强之道，是四年后戊戌变法的先期纲领性文献。

三、要研究中国近代史，必须研究甲午战争和戊戌变法，而要了解这两大历史事件，必须研究公车上书。

四、《走向共和》电视片中的李鸿章被“戏说”为忧国忧民、忍辱负重的政治家，与历史史实不符。

公车上书是中国知识分子民族心的生动体现，历史应该记上他们这一笔。

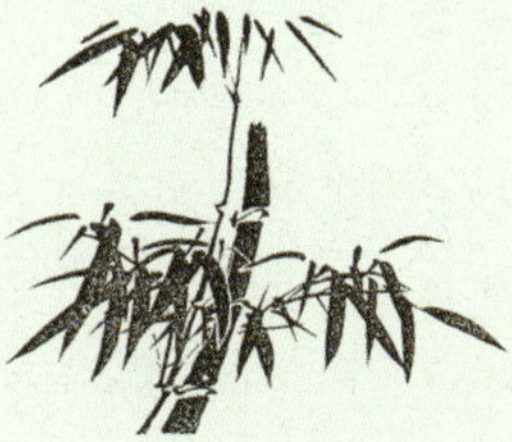

《大阪每日新闻》上的日军苏州入城仪式

苏州落入魔掌，古城血腥弥漫。

照片上，一支日军刀枪林立，趾高气扬，正在举行入城仪式；另一支队伍的铁蹄正践踏着护龙街（今人民路）。这份昭和十二年（1937）十一月二十三日在日本出版发行的《大阪每日新闻》，把攻陷苏州称之为凯歌大战果。此时的日本国内正彻夜狂欢“胜利”，而苏州百姓正遭到大规模的杀戮。

让我们永远记住1937年11月19日上午九时。

日本侵略军第九师团富士井部队由平门入城。下午，日军第十军海劳原部队由娄门入城。

从这一天、这一刻起，苏州人成了亡国奴，从此过上了长达八年的刺刀下水深火热的生活。

据《苏州市志》记载：日军侵占苏州后，进行了疯狂的血腥屠杀，入城后大肆抢劫、纵火，苏城内外处处血泊火海，瓦砾尸堆。据民国二十八年三月伪吴县知事公署《事变损害统计表》载，全县十三个乡镇被烧毁、破坏的房屋七千九百二十七间，其中城区四千七百三十九间，阊门石路一带被日机投掷燃烧弹烧毁，被毁地区东自石佛寺、小菜场路一线以北，西至小鸭蛋桥河以东，南自老石路北侧的耶稣堂以西至惠中旅社以东一线，北至饭店弄南侧，面积达几万平方米。大火燃烧三天三夜，石路一带遂成焦土。全县死亡六千七百七十四人，其中城区三千七百三十八人。

除此之外，日军屠杀的数以千计的外地难民及被俘士兵还不在其数。仅1937年中秋节一天，日机炸毁难民列车十余节，炸死炸伤难民四五百人；日军侵占苏州前夕，日机先后一百三十余架次对苏州轰炸，死伤无数，仅在浒墅和北桥之间的河内就炸毁难民船四艘，死三百余人。

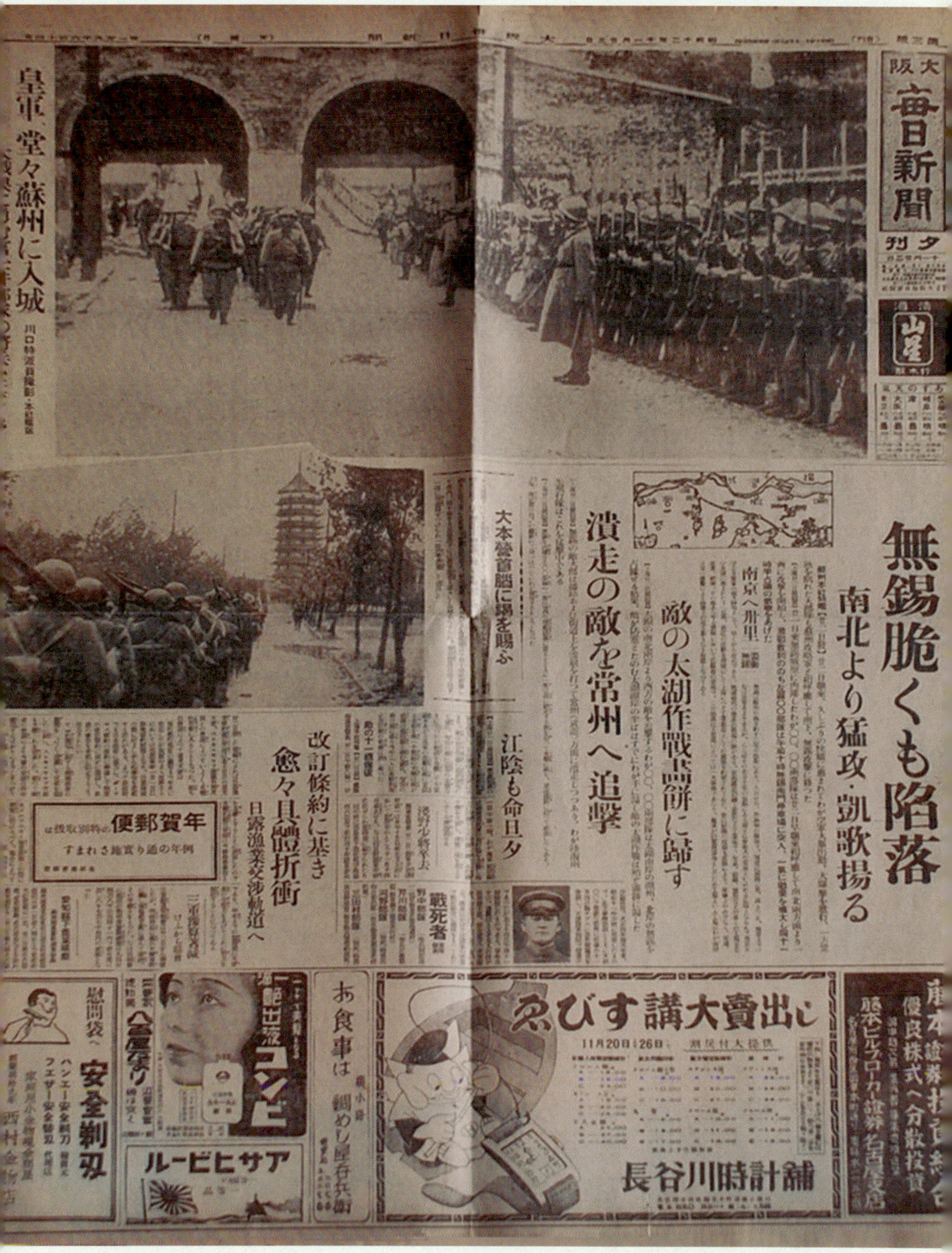
大阪毎日新聞 夕刊

皇軍 堂々蘇州に入城

川口特派員撮影

無錫脆くも陥落

南北より猛攻・凱歌揚る

南京へ卅里

敵の太湖作戦畫餅に歸す

潰走の敵を常州へ追撃

大本營首腦に祿を賜ふ

江陰も命旦夕

戰死者

改訂條約に基き 愈々具體折衝

日露漁業交渉軌道へ

年賀郵便 特別取扱は 例年通り實施されます

41.0 cm × 55.0 cm

据资料记载，从8月中旬至11月15日的三个月内，日军在苏州城区共投弹四千两百余颗，死伤人民数千，破坏的街道、房屋、医院、工厂、学校无法计数。平门火车站被炸次数最多，房子几乎全被炸光，有一次就炸死三五百人。卫生列车和难民车也被炸毁。据亲历者回忆，大人的身躯被炸成小段，小孩的身体被炸成肉块，脑浆、鲜血连着衣片、毛发飞溅在墙上。

日军侵占苏州后，在齐门洋泾角村外一次就用机枪射杀一百余人。据1937年11月21日日本出版的《朝日新闻》晚报载，日军入城所俘中国士兵两千余人，全部被杀。

据目击者回忆，日军杀害我同胞的手段极其残忍，令人发指，有刀劈斩首的，有斩断手足的，有用刺刀戳胸的，有用枪击的，有用火烧的，有用水溺的；还有将人装进麻袋当场摔死的，有唆使狼犬撕咬致死的。日军把人推到刚化开的石灰坑里，投入开水锅里，活活烫死，将前者称为“面拖蟹”；或绑住村民大拇指吊起来荡在空中，然后用木棍将其活活打死，名曰“飞机吊”；或将村民先活埋在泥坑里，接着把坑边的土夯实，然后用刺刀往其头顶上一捅，让其鲜血上涌两米多高，称作“放火花”。

日军在血腥残杀的同时，还肆意摧残蹂躏妇女，其中年龄最小的年仅十五岁。不少妇女被强奸或轮奸致死，有的则被先奸后杀，暴尸荒野。据1938年国民政府军事委员会《日寇暴行录》记载，日军攻占苏州后，曾抓来两百多名妇女，关在庙里，整天不许穿上衣裤，任凭日军集体奸淫。最后这些妇女一起被杀害在虎丘山旁。

据《苏州市志》记载：日军侵占苏州后数月间，屠杀百姓及被俘士兵逾万人。这个数据应该还是不完全的统计，还不包括苏州下辖的吴江、昆山、太仓、张家港、常熟。就常熟沦陷当日，日军就屠杀百姓一千五百余人，纵火长达半月，沦陷前后数月死亡达七千三百七十九人，逃离家乡、无家可归的难民达六十三万八千余人。其余各县也同遭肆无忌惮的烧、杀、抢、淫，其暴行骇人听闻。

伴随屠杀与纵火而来的是抢劫。首批进入苏州城的日军，用利斧劈开商店、学校、居民住宅的大门，翻箱倒柜，将财物洗劫一空。苏州观前街的各家商场在沦陷之初即遭日军抢劫。据吴县商会事后不完全的统计，四百八十五个行业五百三十户被抢劫，损失共达六百零四万七千三百六十一元（1937年时币值）。日军特别重视劫掠苏州的珍贵图书文物。例如明代五人墓历史事件的主要人物周顺昌的墨迹手卷及其遗像与《上朝图》原件均被劫去。

日寇在苏州犯下的累累罪行，罄竹难书。上述所述，仅是日军侵占苏州数月中罪行的一部分。作为苏州人，我们更应铭记苏州这段历史，勿忘国耻，以史为鉴，决不能让历史悲剧再度重演。面对这期出版于日本的《大阪每日新闻》，我不知我们苏州有多少人可曾记得或知道七十多年前我们苏州所遭受的苦难？

收录于此，我想也算提个醒。

《战区通信》中变为地狱的天堂苏州

12.8 cm×18.5 cm

这是一本战时出版社印行的《战时小丛刊》之八十六《战区通信》，无出版印行时间，应该是苏州沦陷后不长时间内国民政府所出版的。

全书共一百页，封面上印有“第一辑”、作者“朱民威”等字样。在目次上也印有“战区通信第一辑”字样(目次见影录)。

苏州列入第一编(第一、第二篇)中。对于当时苏州的惨象，无须多言，兹将原文摘录如下：

一、变了地狱的天堂——苏州

(原文载 *The China Waekly Review* Vol. 83 No. 11)郭镜秋译。经译为美国的《密勒氏评论报》83卷11期。此刊也叫《中国每周评论》，1917年6月9日在上海创刊，作者汤姆斯·密勒是美国《纽约先驱评论报》驻远东记者。

太平天国之乱后，苏州——中国的威尼斯——从未遭遇过像今日这样的战争惨祸。时日虽已去许久，政局虽经不少兴替，而苏州一向仍过着太平日子。不过提起“长毛贼”三字，当地老百姓犹觉谈虎色变，毛骨悚然。据说苏州所以能太平日久，是因为苏州人生性狡猾，每遇大变，辄以行贿，或央求手段去运动敌对的两方使免据城为质，互争胜负。他们之迷信的，更以为高塔耸然、庙宇林立的苏州，一定能邀菩萨庇佑。

可是苏州人尽管狡猾，菩萨尽管庇佑，却不能逃出这次中日战争的惨祸。表面上苏州的高塔仍然巍立，城墙依旧，石桥犹昨，实际上苏州的姿态，已异昔时了。苏州有数的工厂已全部炸毁，百业停歇，人口亦由三十万减至一万左右，结果：茶楼倒闭，名园失修，繁荣的街市则寂静荒凉，全城已呈现死的、无生命的状态了。现在呢，更可说是一个老人城，因为凡碰面的大都是上了年纪的人。少数年轻的也全都把胡子留起来，好像这些胡子具有魔力可以使他们生活在这新统治者的势力下消灾免祸的。

苏州美人见称于世，可是她们现在的命运又如何呢？大街上无论老妇少女都找不到半个踪影。所有的只是少数外来的娼妓专供“皇军”玩乐的。一位刚从苏州回来的朋友说，他住苏十日，只看见过一个女人，她是所谓“地方自治维持会”

某要员的女佣。又是一个五十多岁的老太婆,但她仍逃不了无纪律的日兵之骚扰。总而言之,城中女人无论老少,一在公共地方露脸,就脱不了被日兵捉住的危险。许多老妇少女被捉住后就在她们的父亲兄弟,或丈夫面前当面强奸。这些不幸的妇女,因不甘受辱,而去跳井投河的,不知多少了。这种惨绝人寰的暴行之全相,早晚必使世界周知,而这些可怖的事迹,更将使被害的苏州人的后代世世不忘。

苏州实实在在是一个空荒的城了。表面上,被炸毁的只有三十几幢房屋,其余的仍整行整列的挨排着。不过仔细看下去就知道情形不同了。每个房子都被不速之客来光顾过。他们把轻便和贵重的东西悉数搬走,就是笨重的家具也给他们砸得破碎无余,用以泄忿(愤)。不惟如是,这抢掠行为竟同时伸展到穷人住区内,即草棚茅舍,亦无幸免。富有之家有被洗劫至十次之多者,劫至无可再劫的时候,连玻璃窗和木门也被拆下来带走。老百姓们的损失可真不少,他们走的时候,因为中国军队从上海附近退得太快,迫得匆匆忙忙的连一点儿东西都来不及带。苏州比较富有的人家都爱收藏古董书画,要是他们想起他们历代祖先心血所积存下来的东西,都变作战争牺牲品时,真不知若何心痛呢。至于万贯家财,都化为乌有的,更不用说了。

苏州沦陷在日人手里快到三个月了,至今日仍是景象沉沉宛似一副枯骨,生气难以恢复。所谓“地方自治维持会”在无法无天的日兵之下是一个毫无权力的组织,那些日军就是他们的上级军官也无法统御。人们白天在大街上走路,一定要被检查和搜劫,要把身上贵重的东西全数放下才许通行。向以“地上天堂”著称的苏州如今实际上已变了个活地狱。在毫无法律毫无保障的情况之下,老百姓那敢回他们的家乡去经营各业,以符侵略者的愿望呢?苏州的家家户户都给抢光了,虽然都是些空房子,可是谁不希冀能回到自己的家里去?可是一息尚存,谁又肯自蹈万险,甘心受害呢?“皇军”屡会宣言保证他们不是敌对中国人民的,但是事实胜于雄辩,就拿苏州河及苏州附近所遭遇的凄惨情形来说,他们的保证哪能骗得过人?空洞的说话,虽下愚亦不能信服,因为他们身受残酷所告诉他们的事实比任何日本的宣传都来得切实。

没有人敢说苏州的灾劫将延长到什么时候,但最少可以断定如要使这名城恢复旧观，非经百数十年不可。经此大变，苏州人生活的方式，亦须重新改变，以迎合现势。有产阶级，再不能靠喝茶谈天过日，要用他们的心思来解决饭碗问题。富有阶级，亦不能坐靠田租过活，而要另寻生计。这就是说，苏州也再不是人间的“天堂”了。

二、天堂变地狱:沦陷后的苏州

苏民

人民已创剧痛深，敌犹令迫买公债。游击队密布四乡，必不难重见天日。

苏州陷落后，转瞬已四月有余。当时东吴大学美籍教员梅乃魁等友邦人士，看到无辜民众的遭遇可怜，仗义组织国际救济难民会，经日军当局同意，将光福、香山、东渚，划为难民区，设立难民收容所十数所，经费由乡居民负担。结果，光福有几处地方被侵入蹂躏，难民所里的同胞，也遭受污辱。

城内城外“奸淫掠夺”，到处都有精采(彩)的表现。全苏州的商店住宅差不多全遭到空前的大洗劫，翻箱倒柜，狼籍满地，钱财衣物，搜括一空。有的连门窗用具，都被掠去作烧火燃料，家家门窗洞开，大有“夜不闭户”之风。

敌机轰炸的成绩，以阊门外最惨烈，从石路口真光大戏院起，一条大马路对过，直烧到阿黛桥，背后至小菜场止。昔日的金阊繁荣，尽成一片大瓦砾场，从今将听不到卖花声，阿黛桥头的灯红酒绿，不知何年始可重见！巍峨大厦的火车站，只剩残壁断垣。内东白塔子巷、曹胡徐巷一带，戒严司令部、中央党部办事处等，一度移驻该处限近，故更为投弹目标，侥幸余剩房屋，仅及十分之三。苏州“南京路”的观前街，落炸弹二枚，国华银行和华达利钟表行，都遭了“祸从天上来”的赐予。

北局国货商场、县立图书馆，虽未炸及，亦已被焚毁。真光大戏院、新舞台，全部炸毁。青年会、苏州大戏院、大光明戏院，玻璃窗及器具，悉被捣毁。开明大戏院堆藏更新舞台的全部布景，因看守人未走，无损失。

百灵、久大、苏州三家无线电台，所有发音机、主要灯泡，悉被抢光。临顿路苏州电主人吴克明，平日交游广阔，苏沪社交界，颇有声望，此次率眷避难无锡荡口镇，因身穿军服，遭到残酷的杀害，先受三刺刀结果了命，再被白刃把手臂的肉，一块一块地割下来。他的祖母，闻到耗音，也一命呜呼。住宅炸毁，“家破人亡”，凄惨到极点！

……

田赋征收了多日，去完粮的人寥寥无几。各项苛税杂捐，亦将准备开征。“日本救国公债”，现由“自治会”拟订强迫推销办法，不日将施行。总之，现在留居在苏州的民众，是出于水深火热之中。

此二文均为纪实报道，虽平实浮浅，仅是一角，但已很能说明当时日军在苏暴行及罪孽。

作为血债史料，弥足珍贵，笔者寒心的是近几年名古籍拍卖场常爆出抗战资料拍卖天价，《镇江沦陷记》手稿竞拍从十二万起拍至一百多万成交，买了作研究的人自是值得赞扬；这卖的人，我终觉得不是滋味。血债、耻辱、民族恨、丧权辱国的国耻文物岂能和钱挂上钩？才过了半个多世纪，难道真如外国人所言“中国人是一个健忘的民族”吗？

日寇侵华，面临亡国灭种，我中华民族竟出了三百多万汉奸伪军，这个数据应该是正确的（据解放军文艺出版社 2008 年 1 月版《兵火》载：日本投降时，包括伪满州国和伪蒙古军四十万军警，所有伪军数量约在两百万人，加上抗战期间毙伤、俘虏、投诚的一百一十多万伪军，这人数几乎超过了日军在华投降时军队数量的两倍），这些汉奸伪军助倭杀同胞。这在世界侵略史上可为奇观，恐世界任何一个民族都未曾出现过如此众多的汉奸和伪军。这是值得我们民族反思的！

一叶落而知秋的《江东日报》号外

这是黎明前最为黑暗的时刻。

民国三十七年(1948)八月十九日《江东日报》晚九时,关于币制改革的一份号外,预示着国民党政权的垮台。

据《苏州市志》第990页记载:民国三十七年8月19日国民政府发布《财政经济紧急处分令》,宣布发行金圆券;原定票面为壹圆、伍圆、拾圆、伍拾圆、壹佰圆五种,规定以法币三百万元兑一元的比例,限期收回流通中的法币。国民政府声称,实行以圆为本位币,每元含纯金零点二二二一七克,其实全为纸币。同时强制市民将持有的黄金、白银、银币以及外币,向银行兑换金圆券,比率是:黄金每市两二百元、白银每市两三元、银币每枚两元、美钞每元四元。8月份,苏州市面上已有金圆券流通。8月31日,苏州七家行局开始兑换金圆券。至同年9月30日止,苏州中国、邮汇、中信、江苏四家行、局计兑出金圆券六十二万多元,合计收进黄金一千四百七十六点八六两、纯银四万一千零三十一点六两、银元八万四千七百五十九枚、银角六万两千九百三十八枚、美钞两万五千七百零四元、港币四千六百二十九元。

国民政府在发行金圆券的同时,把物价强制冻结在8月19日"限价"上。金圆券发行不久,苏州主要日用品价格大多突破限价。半月后,市场出现抢购风,观前街、石路一带商店半闭半启,无货应市,黑市猖獗。10月9日,蒋经国在无锡召开有吴县参加的十一县县长、参议长及中央银行负责人的秘密会议,策划弹压,但仍无济于事。11月1日,当局被迫取消限价。此后,全国物价如脱缰之马,一日数涨。民国三十八年年初,金圆券贬值更烈,继壹佰圆、伍佰圆、壹仟圆大钞之后,又出现面额为伍万圆的大钞。至此,金圆券出现全面崩溃之势,金圆券很快与法币一样成了废纸。至苏州解放前夕,米价的单位只能以"粒"来计算了,购买一粒米的价钱是一百三十元。苏州百姓这样传唱:"粒米一百元,寸布十五万。呜呼将介石,哪得不完蛋?"大学教授难糊口,学生反饥饿斗争更为激烈。当时,苏州女子师范学生一个月之粮款,只够买两个大饼。"如果在国难当头之际全国上下各阶层都同甘共苦,那么即使挨饿也没有什么关系。"这是民众的心声。但是,他们看

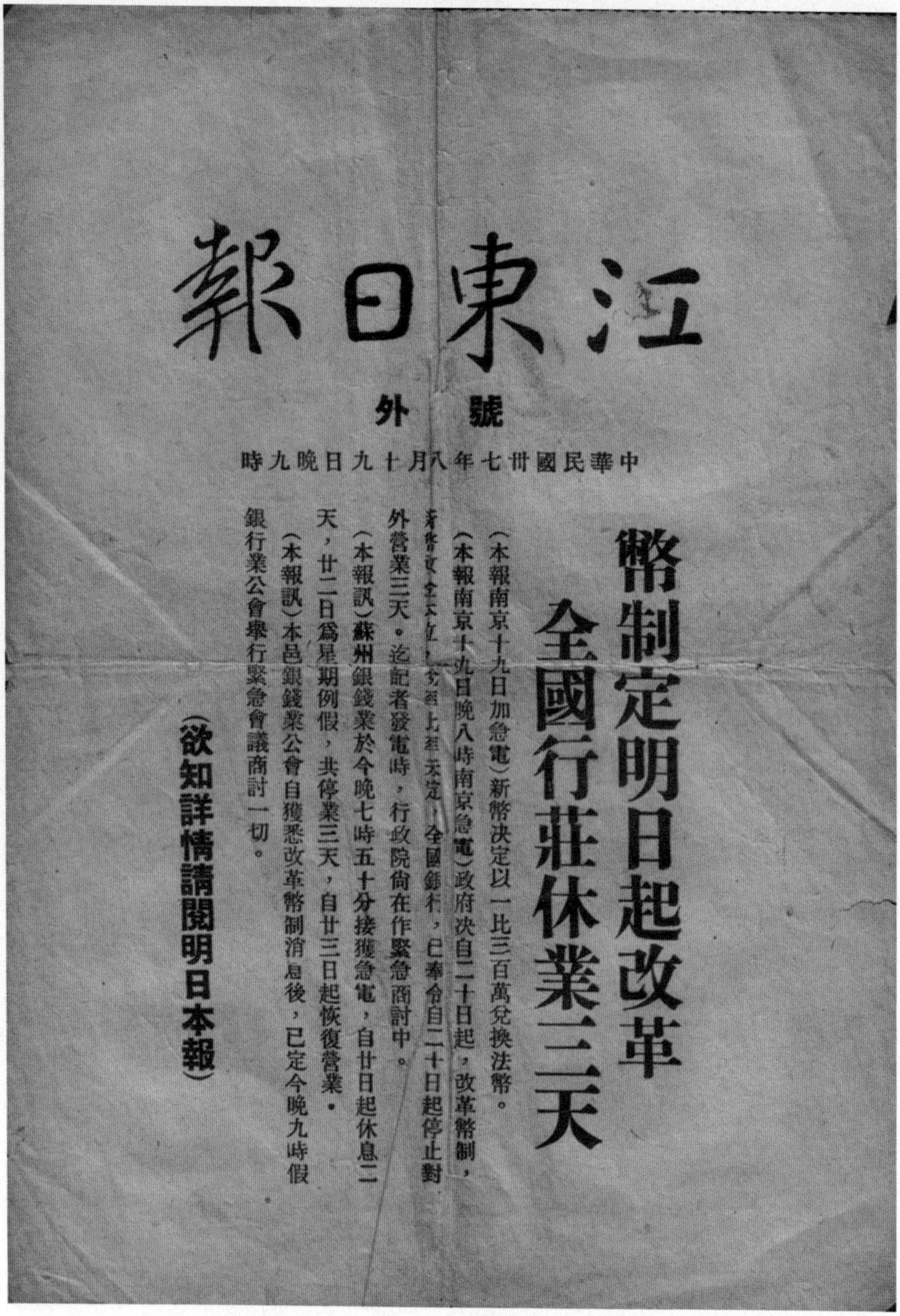

江東日報

號外

中華民國卅七年八月十九日晚九時

幣制定明日起改革
全國行莊休業三天

（本報南京十九日加急電）新幣決定以一比三百萬兌換法幣。

（本報南京十九日晚八時南京急電）政府決自二十日起，改革幣制，[illegible]，全國銀行，已奉令自二十日起停止對外營業三天。迄記者發電時，行政院尚在作緊急商討中。

（本報訊）蘇州銀錢業於今晚七時五十分接獲急電，自廿日起休息二天，廿二日爲星期例假，共停業三天，自廿三日起恢復營業。

（本報訊）本邑銀錢業公會自獲悉改革幣制消息後，已定今晚九時假銀行業公會舉行緊急會議商討一切。

（欲知詳情請閱明日本報）

19.7 cm×26.8 cm

到的都是触目惊心的不平等现象和社会上层的奢侈浪费。“为什么政府就不可以征发豪商巨富的资产并限制一般富有者‘满不在乎’的购买力?”这些文字迄今仍在新闻史上散发着光芒。

所谓古老的政治现象,就是天命所归的变动,也是民心所向的变动。一个失去底层民众和知识阶层普遍信任的政权,当然是不可能长久维持下去的。

国民党政府发行金圆券的主要目的,一是由于国民党财政金融赤字惊人,经济危机日趋严重;另一方面则有着更深层次的目的,即当时以蒋介石为代表的政权命运已定,国民党政府灭亡的形势已不可逆转,以调换金圆券之名来搜括老百姓手中的金银,实为战略撤退之备。

《江东日报》为当时苏州的日报,对开四版。民国三十七年(1948)五月创刊。社长叫严欣淇,社址在平门路。主要刊载国内外电讯、社会新闻、省会电讯、商情等。1949 年 4 月 27 日,苏州解放,该刊即停刊。

《江东日报》号外为国民党政府腐败和灭亡留下了历史的见证,也足见其民心全失,气数已尽,具有一叶落而知秋之史料价值。

《永生》封面上的苏州姑娘田蔚

天上下着雨,姑娘撑着油纸伞,走在悠长而又寂寥的雨巷,雨水顺着两旁的屋檐一串串地挂下来。就像梦中飘过一枝丁香花,默默地远了,远了,到了颓圮的篱墙,走进这雨巷。在很多人的印象里,苏州姑娘和小巷、雨纸伞是划上等号的。

温柔、含蓄、内敛是苏州姑娘的秉性。如今已经消失的卖花姑娘,上了年纪的人一定记忆犹新。姑娘们挎着花篮,静静地守候,见行人则轻轻叫唤:“阿要白兰花……栀子花……”这声音,就如美妙的音律飘散。她们虽是平民家女子,但极具涵养礼貌,你买她一朵花,她高兴;你不买,她也没什么不高兴的表示。她们绝不会纠缠你,或者跟着你。

恬静是苏州姑娘的特性,也是共性。苏绣靠的就是恬静的心境。试想,一根丝线相当于一根头发,劈成六十四股,这需要何等的心境?

苏州姑娘的形象已固定在人们的印象中。当陈艳青成为世界举重冠军后,外地的一些媒体用的是“苏州惊现”的字眼。敢于挑战、张扬个性、英勇顽强,颠覆传统的苏州姑娘的印象特别让人惊喜。

由浙江古籍出版社 2001 年 12 月出版,陈玉堂编著的《中国近现代人物名号大辞典》续编第 47 页记载了苏州的一名女性:田蔚(1919—1989),女,苏州人。原名陈吟秋,化名田蔚(1935 年冬到上海后用),笔名唐荫乔、黛涅。早年就读于苏州女子师范。1935 年因参加救亡活动,被学校除名。同年冬到上海。1936 年参加上海各界救国联合会所发动的“三八”国际劳动妇女节活动,和俞瑛高擎横幅走在游行队伍前列(1936 年 3 月 14 日的《永生》周刊一卷二期封面照片即是她们)。同年参加上海业余剧人协会和剧联,并在 7 月加入中国共产党。1937 年抗日战争爆发后,参加上海救亡演剧三队。1938 年到山西临汾参加八路军,后到延安,先在陕北公学学习,后在鲁艺、马列学院和中央研究院工作。1946 年到晋冀鲁豫边区、中央局《人民日报》工作。1947 年到新华广播电台邯郸台。1949 年 10 月随军进入广州。此后创建广东和广州人民广播电台。历任广东人民广播电台副台长、台长,省广播事业局局长、党委书记。1972 年后任广州外语学院党委副书记,中共广东省委文教办公室副主任,新华社香港分社副秘书长,广东省委宣传

18.8 cm×26.0 cm

部副部长、顾问，省纪检委委员等职，后病逝。

对号家中收藏的《永生》，田蔚虽在封面，但刊中并没有注释她的名字，要不是陈玉堂编的这本辞典，她珍贵的历史印象，就不会被今人所知。《永生》这期的封面让我感知，七十多年前这个节日的盛装，是额前飘散的头发，是生命延伸的燃烧，是绵延不绝的思想。苏州姑娘田蔚虽不是名人，但她汇入革命洪流的飞扬个性和激情，值得我们永远欣赏和牢记。

另外，刊中《从中日财政经济观察未来战争》、《目前国际形势与中国》、《一个东亚的阴谋家回去了》等文，昭示着战争的阴云。

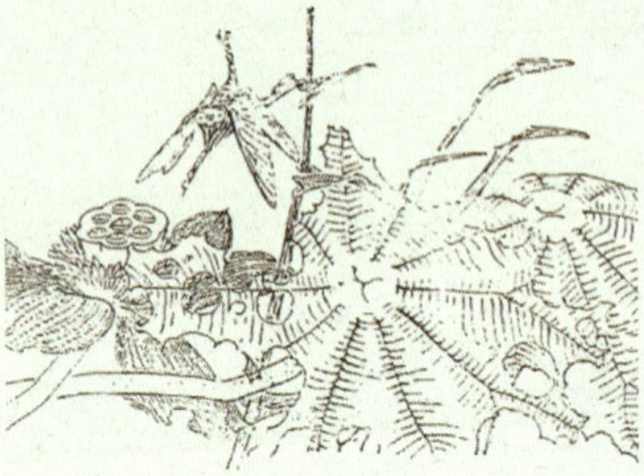

一位小学教员新中国成立前夕的日记

这是一位小学教员的日记。日记分1948年6月29日至1948年12月31日和1949年1月1日至1949年4月30日两部分,共九十四页,线装。

记述者姓名不详,但可以肯定是苏州木渎一所小学的国文教师。日记完整,一天不漏。记录内容有天气、学校情况、教学过程、学生情况、家庭生活情况、与社会亲友交往情况,还涉及风土人情、社会治安、政策、民心、物价等内容。日记中基本不带个人的观点。

笔者以为,这尽管是普通民众的日记,却真实地反映了木渎、苏州当时的社会形态,很有史料研究价值。木渎是苏州重镇,历史上乃兵家必争之地,历代驻有重兵。解放上海前夕,解放军第三野战军政治部就驻在木渎下塘街。从日记中可知,解放军进驻木渎是四月二十七日。日记是这样记载的:

四月二十七日,丁亥,晴,星期三。黎明即起,炮声隆隆,均在东北角……居民均在屋外探望喁语……枫桥浒关一带似有战事。六七时,人民解放军到渎,人心乃定。

从日记中还看到,四月二十八日,学校还照常上课,只不过改上临时课。这说明解放军到后社会秩序良好。日记记录到新中国成立后的第四天,这似乎有着终极意义。虽然日记中更多的是闲话家常,但真实展现了百姓的心灵对话。

日记呈现于世,对于木渎地方史料的研究和核对有一定的参考价值,对现有公开出版的书中记载,提供了值得推敲的可能。

春，下午於園内一鋪人士，忽聞槍声一陣，人心更慌，早睡，午夜聞

机槍声及小炮声，由近而远，即披衣起，巡视室内。

廿七日　丁亥　晴　寒　柏三

黎明即起，炮声隆隆，均在东北角，闻门内村门外均三至后来说，

沙塘寄寓巡视一周，居民均在屋外探视嘈杂，盖昨夜莫不为

炮声所惊也。闻长浜黄泉娘桥、清嘉山顶上有炮四尊，机枪阵

阻一番，似有抵抗之状，人民解放军到苏，人心乃定，晚访花价华庐师。

下午在园中铺路整土。

廿八日　戊子　晴

今日起校中改上临时课，余上第一节即一年级国文，以今日所拟苏州新校

二十七元

新闻两节作备解，为在士作向导之意，云风不拓俗费，近一年自荐。

17.8 cm×29.6 cm

中共华中工委会编的《苏州概况》

2006 年，笔者在苏州苏福路花鸟市场的旧书店，以三十元的价格购得一册由中共华中工委会调研室编印的《苏州概况》。封面上有“机密”字样，还有加盖的蓝色“剔除”章。这应该是某机关单位将其当做废品卖掉的。此书 1949 年 3 月编印，共一百四十页。

一看此书封面，就会让人感知隆隆的炮声和硝烟。国民党即将败退，苏州的解放已指日可待。前言中说：“由于长江阻隔，材料搜罗不易，时不我待，集稿匆促；赶编付印，更值全国解放前夕，匪情变化频繁，机构人事，朝令夕改，内容与实情有出入，仅供参考。”

全书分七个部分：第一部分为一般概况（地理、地形、人口、财赋、物产等）。第二部分为政治（政权机构、行政机构、司法、驻苏机关、党派、特情）。第三部分为军事（驻苏机关、地方部队）。第四部分为公用交通（邮电、铁路、公路、航运）。第五部分为金融业、工商业（包括银行、钱庄、银楼、保险公司、纱布业、蚕丝业、丝绸业、面粉业、媒

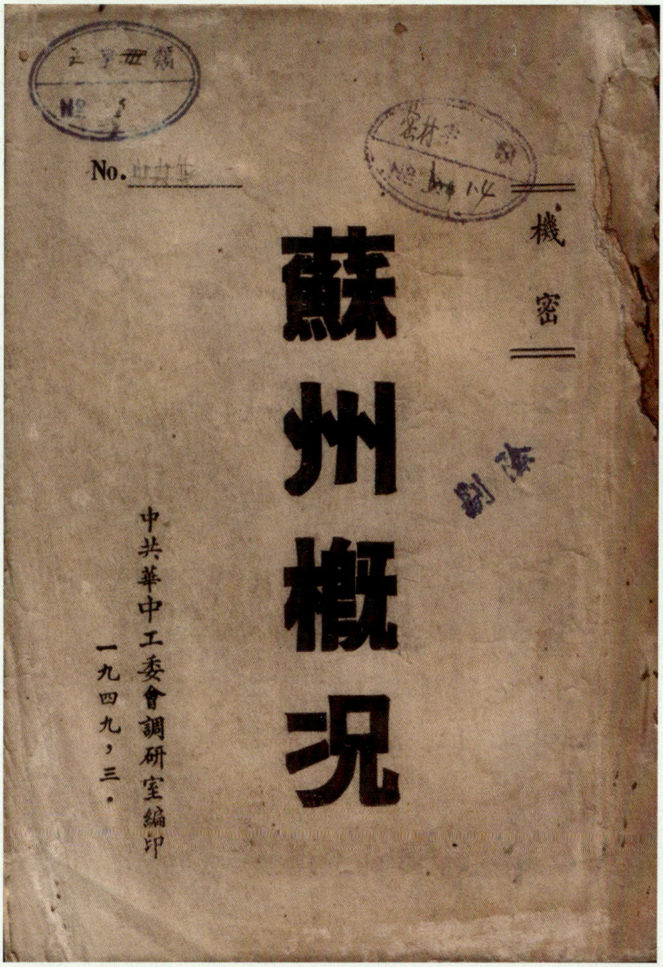

13.0 cm×18.3 cm

铁、火柴、皂、烛、仓库、农场、合作社等其他各业)。第六部分为文教(包括报社、通讯社、广播电台、学校、大学、专科学校、师范学校、中学、中小学、书店、印刷所)。第七部分为社会情况(社会团体、匪伪法定团体、社团、医院与救济事业、教堂、旅社、茶室、浴室、匪伪住宅、人物、外侨等)。另附苏州城区简图。

军事作战原则中有一条是“知己知彼”。其中“知彼”更是胜利的保证。苏州解放是5月27日,3月份苏州详情已编印,且细密详尽,可见准备充分。从涉及内容看,其价值高于军事地理兵要志。战争不是单纯的军事较量。书中涉及的内容很广,百姓思想、宗教也一一记述。从军事上看,每一条街道、河流走势、房屋高低都一一在案;从工商业、文教方面来看,执政苏州已有了可靠数据;从匪伪住宅来看,进入苏州后肃特剿匪也有了基本目标。可以说,这是一本为解放苏州、建设苏州而编写的工具书,估计当时此书解放军发到连以上单位。因为作为连一级作战单位,在解放战争中具有独立执行任务之职能。

广陵书社2010年1月版《亲历苏州解放》一书中《六十年前的那个黎明》一文,作者张英霖也提到这本《苏州概况》,文中介绍说:当时苏州已有地下党工委,《苏州概况》提到了苏州地下党工委布置搜集的苏州国民党军、政、特和社会情况等内容。同时进行的还有常熟、昆山、沪宁线各县市,当时由上海局外县工委副书记周克同志汇总各县市情况后秘密送到苏北,渡江前分别编印成手册,交由入城部队和接管干部使用。

《苏州概况》有其特殊性,被视为一般图书剔除散出,真不知办事人员有无头脑?《苏州概况》是苏州历史转折的见证,是我党我军战胜敌人的战斗力内核和主要要素之一,是军事、政治、经济价值兼具的重要文献和工作指南。此书是热爱祖国忠于党的先辈们冒着生命危险编成的,来之不易,理应视为革命历史文物而待之。

从学术角度看,此书也是研究当时苏州政治、军事、经济、文化、社会、地理、宗教等诸多方面的第一手可靠材料,非常值得珍视。

《新苏州报》号外

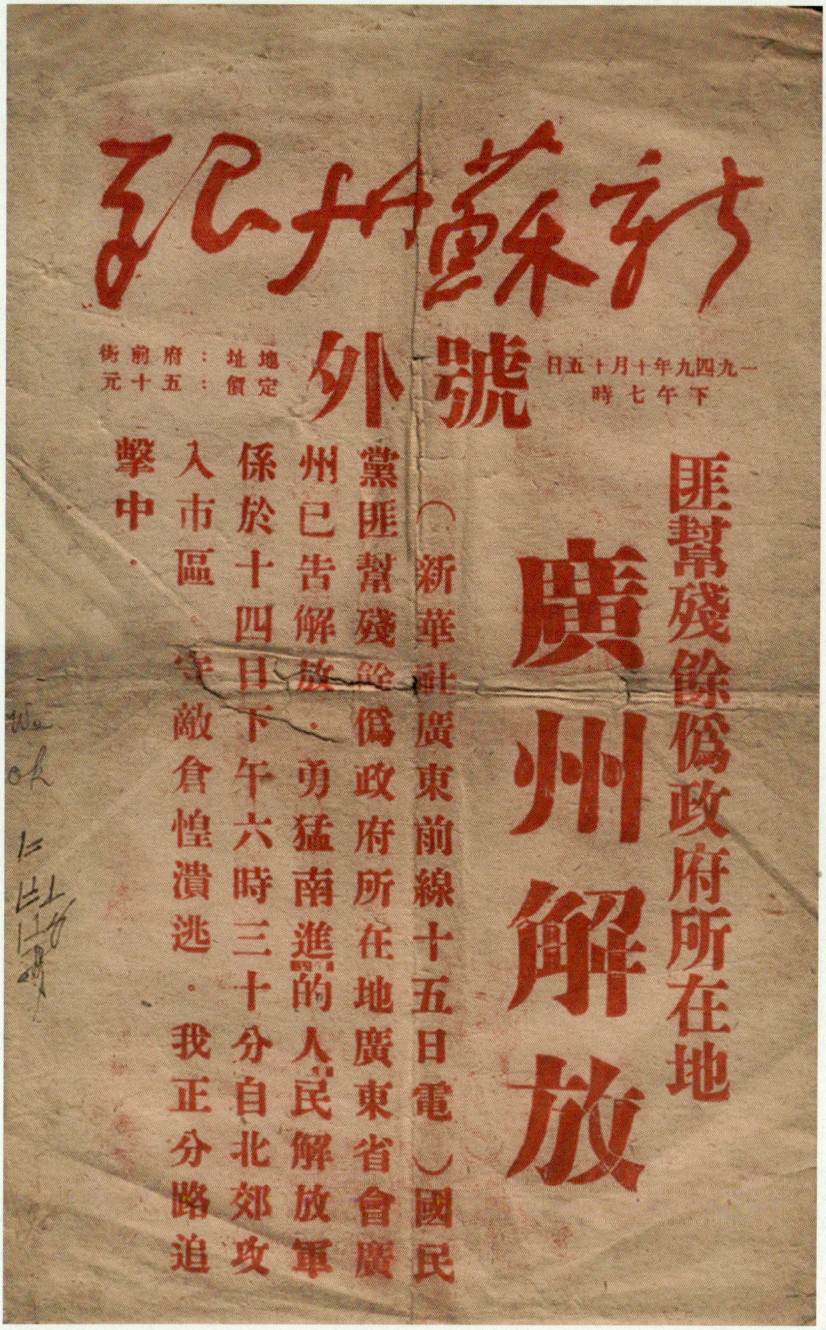
新蘇州報

號外

一九四九年十月十五日
下午七時

地址：府前街
定價：五十元

匪幫殘餘偽政府所在地
廣州解放

（新華社廣東前線十五日電）國民黨匪幫殘餘偽政府所在地廣東省會廣州已告解放。勇猛南進的人民解放軍係於十四日下午六時三十分自北郊攻入市區，守敵倉惶潰逃。我正分路追擊中。

18.8 cm×30.7 cm

这是1949年10月5日下午7时《新苏州报》播发广州解放的号外。此时的苏州早已是秋歌伴着锣鼓敲,青春伴着旭日升。

1949年4月27日凌晨,担负解放苏州主攻任务的人民解放军二十九军从阊门进入苏州,古老的苏州从此进入了一个新的时代。随着这年10月1日毛泽东主席天安门城楼上“中华人民共和国成立了”的洪亮声音,中国从此屹立在世界的东方。

雄壮的兵马,闪光的刀,崭新的山河正翘望着拂晓。人民解放军正奋勇追歼逃敌,胜利的消息一个接着一个传来。创刊于1949年7月1日的《新苏州报》以鲜红色的号外带来的振奋和喜庆,已成为一种永恒的时代记录。

后记：终有着一颗上进的心

在呼出长长的一口气，完成书稿的最后一字时，我在问自己：这是我该做的事吗？在这喧闹张扬的世界上，很多人都在闹哄哄地争夺名利，我却在做着最枯燥、最寂寞的，而且是于名利都毫不相干的，更何况是与自己的身份浑然不相干的“事业”。如果说，业余时间搞点文学创作乃是爱好，年近五十学做这与深不见底的古籍版本学相关的功课，有何意义呢？

严格地说，我既不是专业作家，又非学者，仅是一个“广告人”。白天忙的是生意，晚上忙的却是文字，两者似乎风马牛不相及。说为“官”，需要学问做底，给自己证明点什么，我今年3月已离开供职多年的苏州电视台东吴中心；说为“利”，如今出版书籍，恐怕自己不倒贴钱，就算不错了，就算版税之类的，相较于付出的心血，简直不能成正比，这自是圈内人都明白的现实。说为“名”，也不是现实。曾记得20世纪70年代末80年代初，文学和学术占据着时代的中心位置，一部小说、一首诗、一篇论文、一部电影就有可能使个人享受到“天下谁人不识君”的风光。因为那是一个特别尊重知识、尊重人才的时代。如今，在这以“经济增长”为中心的时代，如果还有那朴素的想法，恐怕早已陷入困境了。

那么，我究竟为了什么？3月份我离开了我很热爱的广电事业，创办传媒公司，10月份受聘央视网“招商频道”苏州总监。一个人在遭遇困境或转折时，最能激发出他的天赋优质，也最能表现他人格中的文化修养。我呢？公司的业务定位，客户的争取，生存与发展，在这“战斗”的半年多时间里，自是要摆在前面的。不舍昼夜，在非自己的专业领域里研读和写作，硬要一个人生划出几乎不同的人生轨迹，心因又是什么？

其实，回答上述问题并不难，就是一个“人活在世究竟为什么”的老问题，即“人生观”。在我灵魂深处，中学语文的课文中一句话是永远植根我心的，那就是：“当我们回首往事的时候，我们不能为一生碌碌无为而感到羞愧。”粉碎“四人帮”时，我十三岁，我们沐浴着全国科学大会召开的春风，在“坚冰已经打破，航道已经开通”的激昂声中，在新长征的号角中，和着“再过二十年，我们再相会”等十五首励志歌曲的旋律，跟着大哥哥大姐姐们一同出发，去攀登科学文化的高峰。那时，还有一首王洁实的歌叫《脚印》，是我最喜欢的。歌词这样唱道：“洁白的雪花飞满天，白雪铺盖着我的校园，漫步走在这小路上，脚印留下一串串。有的直，有的弯，有的深，有的浅。朋友啊想想看，道路该怎样走？洁白如雪的大地上，该怎样留下，留下脚印一串串？”是啊，我们这曾是20世纪80年代的新一辈，该留下什么样的人生脚印呢？我始终认为：人活在世上，当他离开这个世界的时候，什么都是空的，只有传承下来的知识和经验才是真正的财富。

第二个问题是“苦乐观”问题。曾经记得高中语文课《劝学篇》中“锲而不舍，金石可镂”的句子，老师常讲“滴水穿石，秘密在于持之以恒”的道理，更记得雷锋“干一行，爱一行、钻一行”的工作态度和学习上的“钉子精神”。试想，一个人如果做一样没一样，做这样想那样，就必然一世一事无成。

白天忙“生意”，晚上钻学问、搞写作，两者并不矛盾。晚上时间且是整块时间，效率高。我基本上每天晚饭后能在书桌旁坐到十二点，枕边、厕边皆有捧书习惯，并不间断地记读书笔记。试想，如果每天晚上坚持五个小时写作，一生将何等精彩。至于睡眠时间，每天七个小时足矣。不为写作而写作，把读书写作看成是另一种休闲方式，虽苦犹乐。让写作远离和摆脱功利，写作就融入了生命，就成为怡然之乐，也才会活得坦然，写得愉悦，干得带劲，人生自是更精彩。

除了上述两个方面的问题外，促使我写作此书的动因，乃是女儿榜样的力量。

面对家中这么多藏书，在南京大学读书的女儿文洁走在我前面。女儿搞学问甚于我，虽在校读书，却常把书缘来牵挂。2010 年寒假一回家，她便着手编著《民国女子书影知见录》一书。一个寒假，十万字书稿完成，令我敬叹。上海远东出版社很快将此书出版。此书填补了民国才女版本图录的空白。这一百余个民国才女的版本图录让人惊喜，使读者知识层面瞬间扩大，亦有学术之发现。据出版社反映，书发至全国各新华书店，没有退货，读者很是欢迎。值得一提的是女儿全面发展，高考考的虽是文科，数学却能达一百四十分，英语获得全国赛事大奖，绘画也颇见长。高考以文科吴中区第三名、苏州市文科前十名成绩被南京大学录取。进入南京大学后，连续三年获系专业第一名成绩，还提前获得南京大学法律专业学士学位，今年进入大四。南京大学按规定推免保送北京大学须是本校专业前三名者，女儿本专业连续三年第一，自在其中。经北京大学笔试面试，9 月份，女儿以南大所在系第一名成绩被北京大学录取为研究生。小小年纪还特富心智，高中时获得全国赛事大奖，此事直过两年多后才让我偶然知道。孩子特懂事，大一寒假就实习于泰华商场，以了解商业一线；大二实习于中央电视台；大四实习于苏州市委机关，以学习的态度增长知识。其间，暑假还带领南大实践队开展社会实践，组织才能也得到发挥。

女儿作榜样，但要出专著，须读懂藏品中的文言文，这对我这个在农村成长、在“文革”期间读书、当兵出身的人来说，古文底子薄亦是苦事，虽有两本书问世，但似与此领域并无关系。但藏了不研，等于没藏。女儿给了我很大的信心和鼓励。女儿底子毕竟扎实，“五一”长假归来指说，当我遇到难题时，即去电话求援。女儿在电话中为我校正观点，释文释义，有时通话长达半个小时。对于藏书，女儿孩提时便常在假日与我一同淘书，高中大学时虽无时间，但常搜集提供信息并参与讨论，也算父女同藏。因此，这书中自有女儿一番辛劳。

精神的旗帜永在飘扬。“见第一就争，有红旗就扛”，这是深入灵魂的。“能挑千斤担，不挑九百九。”这红色年代的标志性口号让我永远有着不负人生的使命感。“有效克服困难”，给我注入了务实的作风。“攻城不怕坚，攻书莫畏难。”粉碎“四人帮”后，叶剑英元帅鼓励我们那一代人的著名诗句永远在耳边回响，并成为我刻苦学习的座右铭。

当然，还有另一种力量像鞭子一样抽打着我。我永远不会忘记，十岁那年，为了买一本长篇小说《连心锁》,到邻村河边每个垃圾堆里捡破布条、废瓶子的情形。我永远不会忘记当农民时凄风苦雨的劳作,永远不会忘记在海岛边防军营中写稿的艰难,更不会忘记我那希望与遗憾、微笑和叹息相伴的人生苦旅。如今能在这台灯底下有茶有烟地“静轩寻书追古贤,莽野觅路溯物源”,已是莫大的幸福,足矣。再不努力,让光阴流失,恐真对不住自己。

这就是我的写作动力或总想干点什么的原因。

本书从今年3月开始动笔,历时八个月时间,全是利用节假日和平时的晚上时间完成的,几乎是每天熬夜到十二点以后,好几个晚上竟是通宵。适逢相邻的吴中人民医院翻建高楼,工地施工几乎每天晚上通宵达旦,声音震耳,让人不得安宁,居民多有反映,亦无可奈何。虽苦不堪言,但好在在部队时即已练得虽嘈杂之声亦能构思动笔之功。

最让我感动的是,全国政协委员,江苏省作家协会主席,党组书记,苏州市文联主席,南京大学、复旦大学名誉教授范小青老师在百忙之中欣然为我作序,这乃是作为一个基层作者最大的荣光。范老师是江苏省文学文化的旗帜。在迎接新中国成立六十周年之际,范老师是“共和国记忆:六十个有影响的苏州人”之一。作为国内外知名的名人,她导引着我们前进的方向,也具体指导着我的创作。

我还要感谢苏州教育界知名的李建邡教授,十年前他的两本专著《语文教育散论》、《教苑漫录》让我受益匪浅。我和他曾是家乡邻居,我从他身上学到了沉稳和理性、才情和学识、语文的广度和深度,这些都是人生或专业最宝贵的精神财富。在成书过程中,他给予我更多的关注。他的序同样为本书增色不少。

在编写过程中,八十六岁高龄的国内著名版本学家、文学山房传人江澄波先生曾为本书中《沧浪小志》的编写,冒雨陪我去苏州市图书馆考证,令我不胜感激,在此一并表示感谢。

在编写过程中,为给读者兼听则明之方便,笔者引用了一些相关资料,特此说明。当然,因本人才疏学浅,书中难免有谬误,敬请专家读者批评指正。

朱海明

2010年10月30日

于苏州东吴花园